Rules of Origin & Classification of Goods

原産地規則と
品目分類

HS番号の確定から原産地証明書類の作成・保存まで

長谷川 実也・尾本 薫 共著

日本関税協会

はじめに

　2022年1月1日に、それまで日本との経済連携協定（EPA：Economic Partnership Agreement）が存在しなかった中国及び韓国もその締約国に含めたRCEP協定が発効しました。我が国はこれまで24か国・地域の間で21のEPAを締結し、RCEP協定を含め20ものEPAがすでに発効しており、我が国の貿易相手国の約8割がEPAによりカバーされる状況となっています。

　これら多くのEPAを活用し、そのメリットである特恵税率の適用を受けるためには、貿易取引される産品が当該EPAの原産地規則を満たすことが求められますが、EPAの原産地規則を満たすことの確認を含め、EPAの特恵税率の適用を受けるために確実に行わなくてはならない作業・手続きがあり、それらは9つのステップ（後図参照）で示すことができます。

　本書は、EPAの基礎的な解説書として当協会から発行された『基礎から学ぶ原産地規則』に続くもので、実際にEPAの利用を経験されている方など、すでにEPAの基礎的な知識をお持ちになる方を対象に、原産地規則が特に複雑とされている**機械類、繊維・繊維製品、化学品**及び**農産品**のそれぞれのセクターについて知識を深めていただき、これらセクターでのEPAのいっそうの活用に役立てていただくことを目的としています。

　本書では、上記の9つのステップについて、まず、その概要を紹介し、続いて、「機械類」、「繊維・繊維製品」、「化学品」及び「農産品」のそれぞれのセクターについて、この9つのステップに従い、各セクターにおいて特に留意すべき点・ポイントに重点をおいて解説していきます。また、原産地規則の適用において、輸出入する産品及びその材料の正しいHS番号の確定は必須であり、その確定に必要な品目分類についても詳細な説明を行います。

　なお、執筆の際に利用した税関、外務省等のホームページのURLを参考として脚注に記載しています。当該URLは2025年2月1日時点にアクセス可能であったものを記載しています。上記ホームページのURLは、将来変更される、情報そのものが削除される等もありますので、ご了承ください。

　本書が、貿易関係者、特にEPA特恵税率を適用して貨物を輸出入されている皆様方にとって、原産地規則に関する知識をいっそう深めていただき、適正な税関手続が効率的に行われるための一助となれば幸いです。

2025年3月

＜EPA特恵税率の適用に向けた9つのステップ＞（概要）

ステップ1	輸出入産品のHS番号の確定
ステップ2	EPA特恵税率の対象品目か否かの確認
ステップ3	特恵マージン（一般税率と特恵税率の差）の確認
ステップ4	関税割当制度等の対象か否かの確認
ステップ5	原産地規則を満たすか否かの確認
ステップ6	原産地証明の作成
ステップ7	日本または相手国での輸入手続（EPA特恵税率適用の要求）
ステップ8	証明書類の保存
ステップ9	輸入国税関の事後の確認（輸入事後調査、輸入国税関からの検証）への対応

＊ 9つのステップについて、さらに詳細をお知りになりたい方は、『基礎から学ぶ原産地規則』(日本関税協会発行)をご参照ください。

ステップ1：輸出入産品のHS番号の確定

　EPA特恵税率の利用に際しては、まず、輸出入しようとする産品のHS番号を確定する必要があります。

　現在、日本で発効しているEPAにおいて、EPA特恵税率（関税の撤廃又は削減）の対象となる産品、撤廃又は削減の方法等はそれぞれのEPAの譲許表に記載されています。そのEPA譲許表は、後述するように、HS品目表に基づき作成

されていることから、輸出入しようとする産品がEPA特恵税率の対象となるか否かを把握するためには、当該産品の正しいHS番号を知ることが最初のステップとなります。

　また、輸出入しようとする産品がEPA締約国の原産品か否かを判断するためのEPA原産地規則（品目ごとに原産品か否かを判断する基準〈原産性判断基準〉を規定したもので、品目別規則といいます）もHS品目表に基づき作成されています。さらに、品目別規則に用いられる原産性判断基準の一つである関税分類変更基準を用いるためには、輸出入しようとする産品のHS番号に加え、当該産品の生産に直接使用した材料のHS番号も知る必要があります。

　序章「HS品目表／関税率表の解釈に関する通則」では、HS番号の確定に必要な品目分類をよく理解いただくために、HS品目表の概要及びその構造、正しく品目分類を行いHS番号を特定するために最も重要な規則である「関税率表の解釈に関する通則」について説明します。そして各章において、それぞれの品目セクターにおける品目分類について詳しく説明します。

ステップ2：EPA特恵税率の対象品目か否かの確認

　輸出入しようとする産品の正しいHS番号が確定できたら、利用を予定しているEPAの譲許表と産品のHS番号を対比して、産品が当該EPAの特恵対象となっているか否かを確認します。相手国によっては複数のEPAが適用可能なので、どのEPAを利用するか比較・検討する必要があります。たとえば、ベトナムとの輸出入を行う場合には、RCEP、CPTPP、日アセアンEPA及び日ベトナムEPAの4つのEPAが利用可能です。

　輸出の場合は「各EPAの相手国の譲許表」と「産品のHS番号」を、輸入の場合は「日本の譲許表」と「産品のHS番号」を対比し、産品がEPAの特恵税率適用の対象となっているか否かを確認します。

ステップ3：特恵マージン（一般税率とEPA特恵税率の差）の確認

　ステップ2で、輸出入しようとする産品がEPAの特恵税率の適用対象となっ

ていれば、輸出入する産品に適用される一般税率とEPA特恵税率の差（特恵マージン）を確認します。この特恵マージンを当該産品の年間の輸出入額に乗じることにより、EPA特恵税率を利用した場合の年間の関税の節税額が計算され、当該節税額とEPA利用に係るコストを対比し、EPA特恵税率の利用の是非を決定します。

ステップ4：関税割当制度等の対象か否かの確認

　輸出入される産品に対してEPA特恵税率を利用する場合、輸入国において関税割当制度等の輸入規制があるか否か、対象の場合は必要な割当枠を有しているか否かを確認します。

ステップ5：原産地規則を満たすか否かの確認

　輸出入しようとする産品が、利用しようとするEPAの原産地規則を満たしているか否か確認し、そのことを裏付ける資料（以下「証明資料」）を作成します。EPA特恵税率の適用を受けるためには、各EPA上の原産品とされることが必要であり、このステップが、EPA特恵税率適用のステップ全体の中で最も重要なステップとなります。

ステップ6：原産地証明の作成

　ステップ5で、輸出入しようとする産品が利用しようとするEPAの原産地規則を満たしていることが判明した場合、輸入国税関に提出する原産地証明の作成又は入手を行います。

ステップ7：日本又は相手国での輸入手続（EPA特恵税率の適用の要求）

　ステップ6で作成又は入手した原産地証明を、輸入者が輸入申告書等とともに輸入国税関に提出して、EPA特恵税率の適用を要求します。

ステップ8：証明書類の保存

　ステップ6で原産地証明を作成した輸出者、生産者又は輸入者は、原産品であることを裏付ける証明資料、原産地証明、インボイス、輸入申告書等、EPA特恵税率の適用の要求に関係する全ての書類(以下「証明書類」)を一定期間保存します。

ステップ9：輸入国税関の事後の確認（輸入事後調査、輸入国税関からの検証）への対応

　ステップ6で作成された原産地証明が正しいかどうかについて、輸入国税関からの事後の確認（輸入事後調査又はEPAに基づく検証）が行われる場合があり、その場合には、証明書類の提出等の速やかな対応が求められます。

目　次

はじめに･･ 3

EPA特恵税率の適用に向けた9つのステップ ･････････････････････ 4

序　章　HS品目表／関税率表の解釈に関する通則････････････ 13

１．HS品目表の概要 ･･･ 14

２．HS品目表の構造 ･･･ 19

３．関税率表の解釈に関する通則（通則）････････････････････････ 24

４．HS品目表の英語原文の参照による正確な理解･･･････････････ 47

第1章　機械類 ･･･ 53

ステップ1：輸出入産品のHS番号の確定････････････････････････ 54

　　１．分類体系 ･･ 54

　　２．分類のポイント ･･････････････････････････････････････ 55

ステップ2：EPA特恵税率の対象品目か否かの確定 ････････････ 77

ステップ3：特恵マージン（一般税率と特恵税率の差）の確認･･････ 77

ステップ4：関税割当制度等の対象か否かの確認･･･････････････ 77

ステップ5：原産地規則を満たすか否かの確認････････････････ 77

　　１．機械類の原産性判断基準 ････････････････････････････ 77

　　２．機械類の生産工程とHS品目表････････････････････････ 77

　　３．機械類の品目別規則適用のポイント ･･････････････････ 83

　　４．証明資料の作成 ････････････････････････････････････ 87

　　５．事例研究 ･･ 90

　　６．日本のEPAの原産地規則（機械類に関連が深い規定）････ 97

　　７．機械類の特徴的な規定（CPTPP、日EU・EPA、RCEP）････ 103

ステップ6：原産地証明の作成 ･･････････････････････････････ 106

　　１．第三者証明制度 ････････････････････････････････････ 107

　　２．認定輸出者制度 ････････････････････････････････････ 107

　　３．自己申告制度 ･･････････････････････････････････････ 107

ステップ7：日本又は相手国での輸入手続（EPA特恵税率の適用の要求）・・・・・・107

ステップ8：証明書類の保存 ・・・108

　　1．証明書類の保存期間 ・・・・・・・・・・・・・・・・・・・・・・・・・・・・・・・・・・・・・108

　　2．求められる社内管理体制 ・・・・・・・・・・・・・・・・・・・・・・・・・・・・・・・・108

ステップ9：輸入国税関の事後の確認（輸入事後調査、輸入国税関からの検証）への対応

　　・・110

　　1．事後の確認の方法 ・・・・・・・・・・・・・・・・・・・・・・・・・・・・・・・・・・・・・・110

　　2．輸入国税関からの検証 ・・・・・・・・・・・・・・・・・・・・・・・・・・・・・・・・・111

第2章　繊維・・・・・・・・・・・・・・・・・・・・・・・・・・・・・・・・・・・・・117

ステップ1：輸出入産品のHS番号の確定・・・・・・・・・・・・・・・・・・・・・・・・・・・・118

　　1．分類体系 ・・・118

　　2．分類のポイント ・・120

ステップ2：EPA特恵税率の対象品目か否かの確定 ・・・・・・・・・・・・・・・・・・156

　　1．日本へ輸入される産品のEPA特恵税率の確認 ・・・・・・・・・・・・・・156

　　2．日本から輸出される産品のEPA特恵税率の確認 ・・・・・・・・・・・158

ステップ3：特恵マージン（一般税率と特恵税率の差）の確認・・・・・・・・・・・159

ステップ4：関税割当制度等の対象か否かの確認・・・・・・・・・・・・・・・・・・・160

ステップ5：原産地規則を満たすか否かの確認・・・・・・・・・・・・・・・・・・・・・161

　　1．繊維・繊維製品の原産性判断基準・・・・・・・・・・・・・・・・・・・・・・・161

　　2．繊維・繊維製品の生産工程とHS品目表・・・・・・・・・・・・・・・・・・161

　　3．衣類の代表的な品目（男子用のシャツ（第62.05項））の品目別規則・・・・・164

　　4．CPTPP、日EU・EPA（日英EPA）及びRCEPの品目別規則・・・・・・・・・167

　　5．第61類〜第63類の産品の品目別規則の適用方法 ・・・・・・・・・・・171

　　6．日本のEPAの原産地規則（繊維・繊維製品に関連が深い規定）・・・・・・・173

　　7．証明資料の作成 ・・・・・・・・・・・・・・・・・・・・・・・・・・・・・・・・・・・・・・・178

　　8．事例研究 ・・179

　　　　（事例1）男子用シャツ（綿製のもの） ・・・・・・・・・・・・・・・・・・180

　　　　（事例2）産品：男子用ベスト（人造繊維製のもの）・・・・・・・・・190

ステップ6：原産地証明の作成 ・・・・・・・・・・・・・・・・・・・・・・・・・・・・・・・・・195

　　1．税率差ルール ・・・195

　　2．RCEPを用いた日本への輸入の場合 ・・・・・・・・・・・・・・・・・・・・197

３．RCEP：Ｔシャツ（関税分類変更基準）（税率差有・特別ルール非該当）‥‥198

ステップ７：日本又は相手国での輸入手続（EPA特恵税率の適用の要求）‥‥‥‥203

ステップ８：証明書類の保存 ‥‥‥‥‥‥‥‥‥‥‥‥‥‥‥‥‥‥‥‥‥203

ステップ９：輸入国税関の事後の確認（輸入事後調査、輸入国税関からの検証）への対応
‥‥‥‥‥‥‥‥‥‥‥‥‥‥‥‥‥‥‥‥‥‥‥‥‥‥‥‥‥203

第3章　化学品 ‥‥‥‥‥‥‥‥‥‥‥‥‥‥‥‥‥‥‥‥‥207

ステップ１：輸出入産品のHS番号の確定‥‥‥‥‥‥‥‥‥‥‥‥‥‥‥‥208

　　１．分類体系‥‥‥‥‥‥‥‥‥‥‥‥‥‥‥‥‥‥‥‥‥‥‥‥‥208

　　２．分類のポイント ‥‥‥‥‥‥‥‥‥‥‥‥‥‥‥‥‥‥‥‥‥209

ステップ２：EPA特恵税率の対象品目か否かの確定 ‥‥‥‥‥‥‥‥‥‥239

ステップ３：特恵マージン（一般税率と特恵税率の差）の確認‥‥‥‥‥‥239

ステップ４：関税割当制度等の対象か否かの確認‥‥‥‥‥‥‥‥‥‥‥239

ステップ５：原産地規則を満たすか否かの確認‥‥‥‥‥‥‥‥‥‥‥‥239

　　１．化学品の原産性判断基準 ‥‥‥‥‥‥‥‥‥‥‥‥‥‥‥‥240

　　２．化学品の生産工程とHS品目表‥‥‥‥‥‥‥‥‥‥‥‥‥240

　　３．化学品の品目別規則 ‥‥‥‥‥‥‥‥‥‥‥‥‥‥‥‥‥241

　　４．日本のEPAの原産地規則（化学品に関連が深い規定）‥‥‥‥‥243

　　５．証明資料の作成 ‥‥‥‥‥‥‥‥‥‥‥‥‥‥‥‥‥‥‥248

　　６．事例研究 ‥‥‥‥‥‥‥‥‥‥‥‥‥‥‥‥‥‥‥‥‥249

ステップ６：原産地証明の作成 ‥‥‥‥‥‥‥‥‥‥‥‥‥‥‥‥‥259

　　（事例）RCEP：調製顔料（付加価値基準）（税率差有・特別ルール非該当）‥‥259

ステップ７：日本又は相手国での輸入手続（EPA特恵税率の適用の要求）‥‥‥‥264

ステップ８：証明書類の保存 ‥‥‥‥‥‥‥‥‥‥‥‥‥‥‥‥‥‥264

ステップ９：輸入国税関の事後の確認（輸入事後調査、輸入国税関からの検証）への対応
‥‥‥‥‥‥‥‥‥‥‥‥‥‥‥‥‥‥‥‥‥‥‥‥‥264

第4章　農産品 ‥‥‥‥‥‥‥‥‥‥‥‥‥‥‥‥‥‥‥‥267

ステップ１：輸出入産品のHS番号の確定‥‥‥‥‥‥‥‥‥‥‥‥‥‥‥268

　　１．分類体系‥‥‥‥‥‥‥‥‥‥‥‥‥‥‥‥‥‥‥‥‥‥‥‥‥268

　　２．分類のポイント ‥‥‥‥‥‥‥‥‥‥‥‥‥‥‥‥‥‥‥‥‥271

ステップ2：EPA特恵税率の対象品目か否かの確定 ・・・・・・・・・・・・・・・・・・・・・・310

ステップ3：特恵マージン（一般税率と特恵税率の差）の確認・・・・・・・・・・・・・310

ステップ4：関税割当制度等の対象か否かの確認・・・・・・・・・・・・・・・・・・・・・・310

   1．産品のHS番号の確定 ・・・・・・・・・・・・・・・・・・・・・・・・・・・・・・・・311

   2．EPA特恵税率の対象の有無の確認 ・・・・・・・・・・・・・・・・・・・・311

   3．特恵マージン（一般税率と特恵税率の差）の確認 ・・・・・・・・・・313

   4．関税割当制度等の対象か否かの確認・・・・・・・・・・・・・・・・・・・314

ステップ5：原産地規則を満たすか否かの確認・・・・・・・・・・・・・・・・・・・・・・・314

   1．農産品の原産性判断基準 ・・・・・・・・・・・・・・・・・・・・・・・・・・315

   2．完全生産品 ・・・・・・・・・・・・・・・・・・・・・・・・・・・・・・・・・・・315

   3．主要な農産品の品目別規則 ・・・・・・・・・・・・・・・・・・・・・・・318

   4．日本のEPAの原産地規則（農産品に関連が深い規定）・・・・・・・・324

   5．証明資料の作成 ・・・・・・・・・・・・・・・・・・・・・・・・・・・・・・324

   6．事例研究 ・・・・・・・・・・・・・・・・・・・・・・・・・・・・・・・・・・・326

ステップ6：原産地証明の作成 ・・・・・・・・・・・・・・・・・・・・・・・・・・・・・・334

   （事例1）日豪EPA：冷凍牛肉（骨なし）（完全生産品）・・・・・・・・・・・・335

   （事例2）RCEP：イチゴジャム（関税分類変更基準）（税率差有・特別ルール該当）

   ・・・337

ステップ7：日本又は相手国での輸入手続（EPA特恵税率の適用の要求）・・・・・・342

ステップ8：証明書類の保存 ・・・・・・・・・・・・・・・・・・・・・・・・・・・・・・342

ステップ9：輸入国税関の事後の確認（輸入事後調査、輸入国税関からの検証）への対応

   ・・・342

原産地規則の説明でよく使われる略語

EPA	経済連携協定 *Economic Partnership Agreement*
FTA	自由貿易協定 *Free Trade Agreement*
GSP	一般特恵制度 *Generalized System of Preferences*
HS	HS条約 *The International Convention on the Harmonized Commodity Description and Coding System*
PSR	品目別規則 *Product Specific Rules of Origin*
CC	類変更 *Change in Chapter*
CTH	項変更 *Change in Tariff Heading*
CTSH	号変更 *Change in Tariff Sub-Heading*
CO	原産地証明書 *Certificate of Origin*（第三者証明）
COO	原産地証明書 *Certification of Origin*（CPTPP）
SOO	原産地申告書 *Statement of Origin*（日EU・EPA）
FOB	本船甲板渡し価格 *Free on Board*
CIF	輸入港到着価格 *Cost, Insurance, Freight*
EXW	工場渡し価格 *Ex-works*
CTC	関税分類変更基準 *Change in Tariff Classification*
VA	付加価値基準 *Value-added*
RVC	域内原産割合 *Regional Value Content*
QVC	原産資格割合 *Qualifying Value Content*
LVC	原産資格割合 *Local Value Content*
VNM	非原産材料の価額 *Value of Non-Originating Materials*
VOM	原産材料の価額 *Value of Originating Materials*
MaxNOM	非原産材料の最大限の割合 *Maximum value of Non-Originating Materials*

序章

HS品目表／
関税率表の解釈に
関する通則

14　HS品目表／関税率表の解釈に関する通則

1. HS品目表の概要

(1) 関税率表とHS条約

　まず、最も基本的なこととして、関税率表及び輸出入統計表の品目表部分は、HS条約によって国際的に統一されています。したがって、日本の関税率表及び輸出入統計表の品目表部分は、HS条約の品目表（HS品目表）に規定するHS番号とその品名に基づいて作られています。このHS条約の正式名称は、「商品の名称及び分類についての統一システムに関する国際条約」といいます。

　日本の関税率表の抜粋を**図表1**に示しますが、関税率表は大きく2つの部分から成っており、品目表部分は関税率部分を含まない表の左側となります。

　図表1において、品目表部分の中でHS品目表の規定に基づいているのは、4桁のHS番号の第75.06項とその品名の「ニッケルの板、シート、ストリップ及び

図表1　関税率表とHS条約（概要）

　関税率表及び輸出入統計表の基となる品目表は、**HS条約**（商品の名称及び分類についての統一システムに関する国際条約）によって国際的に統一されている。

　日本の関税率表及び輸出入統計表の**品目表部分**は、
＊HS条約附属書に規定される**HS品目表（HS番号及び品名）**がそのまま用いられている。
＊さらに、HS品目表を必要に応じて、細分して作られている。

(例) 関税率表 (抜粋)

◀──────── 品目表部分 ────────▶ ◀──────── 関税率表部分 ─ ─ ─ ─ ─▶

統計番号 Statistical code		品名 Description	関税率 Tariff rate				
番号 H.S. code			基本 General	暫定 Temporary	WTO協定 WTO	特恵 GSP	特別特恵 LDC
75.06		ニッケルの板、シート、ストリップ及びはく					
7506.10		ニッケル（合金を除く。）のもの					
	100	1　真空管用ゲッター又はアルカリ蓄電池の製造に使用するもの	◎無税		（無税）		
	200	2　その他のもの	5.8%		3%	無税	
7506.20	000	ニッケル合金のもの	4.6%		3%	無税	

税関HP（実行関税率表）

1．HS品目表の概要　**15**

はく」、6桁のHS番号の第7506.10号とその品名の「ニッケル（合金を除く。）のもの」及び6桁のHS番号の第7506.20号とその品名の「ニッケル合金のもの」となります。

　さらに、日本の関税率表は、HS品目表を必要に応じて細分して作られていて、この例においては、第7506.10号の「ニッケル（合金を除く。）のもの」をプラス3桁の統計細分100の「1　真空管用ゲッター又はアルカリ蓄電池の製造に使用するもの」と、200の「2　その他のもの」とに2分割していることが分かります。この2つの細分がHS品目表をさらに分割した日本独自のものとなります。

　図表1に示されているように、関税率表は、品目表部分と関税率部分とがペアになっており、輸入品について、品目分類が決まれば、そこには、その輸入品に対して適用される税率が設定されています。例えば、ニッケル合金のものは7506.20-000に分類され、そこには基本税率4.6％、WTO協定税率3％及び一般特恵税率無税が適用税率として示されています。

　したがって、輸入品について、関税率表において、その品目分類を正しく行うことは、正しい関税率を適用する上で非常に重要となります。

（2）HS条約について

　図表2はHS条約について説明しています。HS条約締約国の義務は、条約本文第3条に規定されていますが、自国の関税率表の品目表及び貿易統計品目表をHS品目表に適合させることです。2025年1月15日現在の締約国は161か国・地域で、実際のHS品目表の適用国はさらに多く、条約締約国を含む200以上の国・地域となります。したがって、世界貿易貨物の98％以上がHS品目表によって分類されており、HS番号が貿易貨物についてその商品の種類を特定するのに

図表2　HS条約について

条約締約国の義務：
　関税率表の品目表及び貿易統計品目表をHS品目表に適合させる
締約国等：
　161か国・地域（2025年1月15日現在）
HS品目表適用国：
　条約締約国を含む200以上の国・地域
　→世界貿易の98％以上をカバー
　→Language of International Trade
重要な特徴
　多目的な品目表

16 HS品目表／関税率表の解釈に関する通則

利用されていることから、HS品目表はLanguage of International Tradeと呼ばれています。

　HS品目表の重要な特徴は多目的な品目表であるということです。HS品目表は、**図表３**に示すように、あらゆる商品をその特性に基づいて組織的・体系的に分類するための多目的な品目表で、商品の特性ごと（＝品目ごと）に異なる

- ・関税率を適用
- ・原産地規則を適用
- ・重要物品の流通をモニター・規制
- ・貿易統計を集計・編纂

等、多目的に利用されています。

　HS品目表が多目的に利用されていることについて、その具体例を**図表４**にいくつか示します。

　まず最初は、「生鮮ぶどう（第08.06項）」、「ぶどうジュース（第20.09項）」、「ワイン（第22.04項）」及び「ワインビネガー（お酢）（第22.09項）」の４つの物品について、これらは全て「ぶどう」をもととする物品ですが、それぞれ異なった特性を持っていて、そのHS番号も異なります。４つの物品は関税率も異なり、例えばWTO協定税率で見ると、第08.06項の生鮮ぶどうであれば17％（毎年３月１日から同年10月31日までに輸入されるもの）又は7.8％（毎年11月１日から翌年２月末日までに輸入されるもの）となります。ぶどうジュースは４つのぶどうをもととする物品の中では最も関税率が高く19.1％（2009.69-210に分類され

図表３　多目的な品目表

HS品目表は、あらゆる商品をその特性に基づいて組織的・体系的に分類するための多目的な品目表

　商品の特性ごと（＝品目ごと）に異なる：
　　　・関税率を適用
　　　・原産地規則を適用
　　　・重要物品の流通をモニター・規制
　　　・貿易統計を集計・編纂
　等、多目的に利用されている。

　HS品目表は、多目的な品目表で、品目ごとに異なる貿易政策・関税政策を適切に実施するための手段として重要

1．HS品目表の概要　**17**

図表4　多目的な品目表

① HS番号を商品の特性（品目）ごとに異なる関税率を適用するため手段として利用

(HS 08.06)

(HS 20.09)

(HS 22.04)

(HS 22.09)

②

＜HS2022改正＞
　新HS番号（第2903.41号）は、モントリオール議定書（キガリ改正）において、新たに規制対象（温暖化ガス）に追加されたトリフルオロメタン（HFC-23）の物流（輸出入）を、HS品目表を利用している200を超える国・地域において、国際的にモニターするための手段として、設けられた。

トリフルオロメタン（HFC-23）
（HS 2903.41）

③

品目別規則の例示（日EU・EPA）

第9類　コーヒー、茶、マテ及び香辛料

09.01	CTSH又は配合
0902.10 – 0902.20	生産において使用される第0902.10号及び第0902.20号の全ての材料が締約国において完全に得られるものであること
0902.30 – 0903.00	CTSH又は配合
09.04 – 09.10	CTSH又は配合、破砕若しくは粉砕

（出所：外務省ホームページ）

HS品目表
・品目ごとに異なる原産地基準を規定するために利用
・関税分類変更基準の中身として利用

↓

EPA活用による輸出入拡大
商品の正しいHS分類が必要

関税分類変更基準
号変更

項（4桁）で規定

号（6桁）で規定

る場合）、ワインは15％（正確には2204.21-020に分類される場合は「15％又は125円/lのうちいずれか低い税率、ただしその税率が67円/lを下回る場合は67円/l」）、ワインビネガーは7.5％となります。

このように同じぶどうをもととする物品であっても、適用される関税率は、生鮮であるか、ジュースであるか、ワインであるか、お酢であるか、その物品の特性ごとに異なります。

そこで、例えば、第20.09項というHS番号は、ぶどうから作ったジュースに、この中では最も高いぶどうジュースとしての関税率を適用するための手段として利用されています。

同様に、第22.04項というHS番号は、ぶどうから作ったワインにワインとしての関税率を適用するための手段として利用されています。

このように、HS品目表は物品ごとに、すなわち物品の特性ごとに異なる関税率を適用するための手段として利用されています。

次に、関税率を適用する目的以外のHS番号の利用例として、HS2022改正では、第2903.41号にトリフルオロメタンを分類するHS番号が新設されました。この新しいHS番号は、モントリオール議定書（キガリ改正）において、新たに規制対象（温暖化ガス）に追加されたトリフルオロメタン（HFC-23）の取引をHS品目表を利用している200を超える国・地域において、国際的にモニターするための手段として利用されています。

HS品目表が多目的な品目表であることの最後の例として、EPAの原産地規則を規定する上で、HS品目表がどのように利用されているかを少し詳しく見てみます。

図表4の最後の表は、日EU・EPAの品目別規則の抜粋ですが、表の縦線から左側の列では、HS品目表が品目ごとに異なる原産地規則を規定するために利用されています。

例えば、第09.01項はコーヒーを分類しますが、この表の第09.01項というHS番号は、この行の右にコーヒーに対して適用される品目別規則を個別に規定するために利用されています。

同様に、第0902.10号から第0902.20号は緑茶を分類しますが、このHS番号は、この行の右に緑茶に適用される品目別規則を個別に規定するために利用されています。さらに、第0902.30号から第0903.00号は紅茶、部分的に発酵した茶及びマテ茶を、第09.04項から第09.10項は香辛料を分類しますが、それぞれの物品に適用される品目別規則を個別に規定するために、これらのHS番号が利

用されています。

　また、品目別規則が規定されている表の縦線から右側の列では、CTSH（号変更（Change in Tariff Sub-Heading））のようにHS品目表が関税分類変更基準を規定する中身としても利用されています。

　このように、HS品目表はEPAの品目別の原産地規則を規定するための道具としても重要な役割を果たしています。

　したがって、EPAを活用し、輸出入を拡大するためには、商品の正しいHS品目分類が不可欠となります。

　上記の３つの例から分かるように、HS品目表は多目的な品目分表で、品目ごとに異なる貿易政策・関税政策を適切に実施するための手段として非常に重要です。

2. HS品目表の構造

　HS品目表は統一的・正確な分類を確保するため、項（４桁レベルの品目）が組織的・体系的に配列されています。

　全体の構造は**図表５**に示すようにピラミッド型をしており、一番始めに、この後の３．で説明する「関税率表の解釈に関する通則」が規定されています。次に、大きな括りの方から見ていくと、まず21の**部**に分かれています。

　21の部は96の**類**から成ります。HS品目表には最も大きな類の番号として第97類がありますが、これは１から97類の間において第77類が欠番になっているためであり、実際には96個の類からなります。

　ここでいう第77類は、将来、特別な理由が生じて新たな類番号を設けることが必要となった場合に備えているリザーブです。

　なお、類番号の２桁は、そのまま４桁の**項**番号の上２桁となります。

　HS品目表の中には全体で1,228個の**項**がありますが、HS品目分類ではこの４桁の項番号を決めるのが最も重要で、繰り返しになりますが、統一的・正確な分類を確保するため項（４桁レベルの品目）が組織的・体系的に配列されています。

　項の下には６桁の**号**が設けられています。

　ここまでがHS品目表で、さらに、日本においては、号の下にプラス３桁の全体で９桁となる統計細分が設けられています。

　確認になりますが、図表５の下の四角で示すように、最初２桁が類、この２

図表5　HS品目表の構造

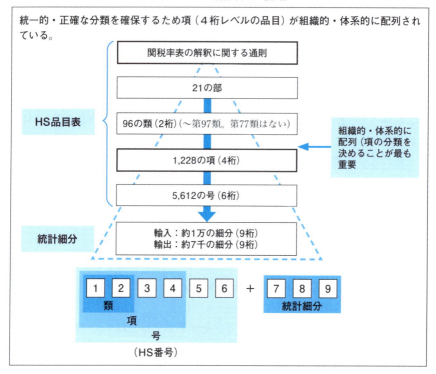

桁を含め4桁が項、この4桁を含め6桁が号で、ここまでがHS品目表に基づくHS番号です。日本の場合は、さらにプラス3桁の統計細分が設けられているので、全体が9桁となります。

図表6は、項、号及び統計番号の構造を説明しています。

まず、項番号についてですが、項番号は4桁の数字から成りますが、最初の2桁は項が属する類の番号を示しています。この例の中の項は、第28類の「無機化学品及び貴金属、希土類金属、放射性元素又は同位元素の無機又は有機の化合物」に属していることが分かります。

なお、第28類に属するこの項は、第6部の「化学工業(類似の工業を含む。)の生産品」にも属しています。

次に、項の3桁目と4桁目の番号は、類の中の項の位置を示しています。したがって、この例の第28.02項は第28類の中の2番目の項であることを、また、第28.04項は4番目の項であることを示しています。

図表6　項、号及び統計番号（国内細分）の構造

項　番　号：最初の2桁は類番号を示す。
　　　　　　3番目、4番目の桁は、類の中の位置を示す。
号　番　号：項は、さらに2以上の号に細分化されていることがある。
統計番号：号は、さらに2以上に細分化されていることがある。

　　　　　第6部　化学工業（類似の工業を含む。）の生産品
第28類　無機化学品及び貴金属、希土類金属、放射性元素又は同位元素の無機又は有機の化合物

項番号	号番号（HS番号）	統計番号	品　名
28.02	2802.00	2802.00-000	昇華硫黄、沈降硫黄及びコロイド硫黄
28.04			水素、希ガスその他の非金属元素
	2804.10	2804.10-000	水素
	(2804.2)		希ガス
	2804.21	2804.21-000	アルゴン
	2804.29		その他のもの
		2804.29-100	ヘリウム
		2804.29-200	その他のもの

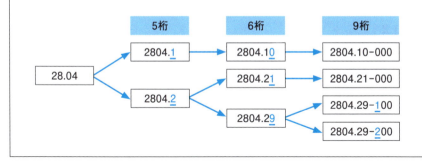

　号の番号は6桁の数字から成りますが、項がさらに2以上の号に細分されることがあり、号の5桁目と6桁目の番号を見ることにより、項が細分化されているか、また、細分化されている場合にはどのように細分化されているかが分かります。

　まず、この例の第2802.00号については、5桁目と6桁目が共にゼロで埋められています。この場合は、項が細分化されずにそのまま号となっていることが分かります。ゼロは細分化されていないときに用いられる番号です。

　次に、第28.04項を見てみると、この項は、まず5桁目の数字に着目して号番号を示すと、1段落ちの号（水準1）である第2804.1号（水素）と第2804.2号（希

22 HS品目表／関税率表の解釈に関する通則

ガス）に、一度、細分されていることが分かります。

このような細分化された構造を正確に理解するのは重要なことから、１段落ちの号番号（2804.2）を希ガスのHS番号として示すことがあります。

６桁目に着目すれば、第2804.1号はこれ以上細分化されずに、そのまま第2804.10号となっていることが分かります。その場合は、６桁目がゼロとなります。

一方、第2804.2号については、さらにもう一度、細分されて６桁目がゼロ以外の１と９とからなる２つの２段落ちの号（水準２）となっていることが分かります。すなわち、第28.04項から２度の細分化によって設けられた第2804.21号（アルゴン）と、第2804.29号（その他のもの）とになっています。

この項が細分化されて、５桁の号、６桁の号となる様子については、ちょうど親子関係のようで、どの親から、どの子どもが細分化されてできたかを、常に意識することが大切です（図表６下段参照）。

この例では、まず親の第28.04項が細分化され、２人の子どもの第2804.1号と第2804.2号ができます。

第2804.1号はこれ以上細分化されずに、６桁目にゼロが埋められ第2804.10号となります。

一方、第2804.2号が今度は自分が親になり、第2804.21号と第2804.29号の２人の子どもができます。

この後の通則６でも説明しますが、号レベルの分類では、同じ親から細分化された等しいレベルの子どもの号同士のみが比較の対象となります。

したがって、この例の場合は、第2804.10号（水素）と第2804.2号（希ガス）とは、親が同じ第28.04項なので分類を決める上で比較可能ですが、第2804.10号（水素）と第2804.29号（その他のもの）とは、親が異なっており、分類を決める上で、第2804.2号（希ガス）を飛び越えて比較できない関係にあることとなります。すなわち、第2804.10号（水素）と第2804.29号（その他のもの）とを直接比較すると、第2804.21号（アルゴン）の細分が機能しなくなります。

次は、７桁目から９桁目を構成する統計番号についてですが、号はさらに２以上に細分化されていることがあります。この例では、７桁から９桁がゼロで埋められている統計番号2802.00-000と2804.10-000及び2804.21-000の３つは号レベルの物品の範囲が細分化されずに、そのまま統計品目番号上の物品となっていることが分かります。

一方、第2804.29号は、統計番号100（ヘリウム）と200（その他のもの）との２

つに細分化されていることが分かります。

　HS品目表の構造を正しく理解することは、正しい分類を行う上で非常に重要です。分類を行う時には、常に品目表の構造を意識することが必要です。

　HS品目表には、**図表7**に示すように、輸出入貨物を特定のHS番号に分類するためのルールとして、①関税率表の解釈に関する通則と②品目表の各部、各類において部注、類注、さらには号注が設けられているので、これらの規則に従ってHS番号を決定します。

　さらに、分類をより明確化するための参考として、「関税率表解説」と「関税分類例規集」が関税局長通達として公開されています。

　「関税率表解説」は、WCOのHS委員会が作成した主に項レベルの分類について、含まれる物品の範囲等を解説したExplanatory Notesを日本語に直したものです。

　また、「関税分類例規集」は、WCOのHS委員会で実際に検討し分類を決定した個別物品の事例をまとめた「国際分類例規」と、日本の税関により国内で分類決定された個別物品の分類事例等について解説した「国内分類例規」から成ります。

　したがって、物品の分類を検討する際には、必要に応じて適宜これらを参照することが大切です。

図表7　HS品目表の構造

　輸出入貨物を特定の品目番号に分類するためのルールとして、
* 関税率表の解釈に関する通則
* 品目表の各部、各類において、部注、類注、号注
が設けられているので、これらに基づき品目番号を決定することになる。

＜参考資料＞
　さらに、分類をより明確化する参考として
* **関税率表解説**（主に項レベルの分類について解説）
    ・WCO HS委員会作成（Explanatory Notes）
* **関税分類例規集**（主に個別物品の分類事例について解説）
    ・国際分類例規（WCO HS委員会作成）
    ・国内分類例規（日本税関作成）
などがあるので、必要に応じ適宜参照することが大切

24 HS品目表／関税率表の解釈に関する通則

3. 関税率表の解釈に関する通則（通則）

　正しく品目分類を行いHS番号を特定するために最も重要な規則である「関税率表の解釈に関する通則」について説明します。

　HS品目表の最初の部分に規定されている通則を**図表8**に示します。通則は、最初の導入部分とその後に続く1から6までの6つの規則から成ります。よく見ると、通則2は（a）及び（b）の2つのサブパラグラフから、3は（a）、（b）及び（c）の3つのサブパラグラフから、5は（a）及び（b）の2つのサブパラグラフから成ります。さらによく見ると、通則3及び5には、サブパラグラフの前に導入部分があります。

（分類方法）

　それでは通則の説明に入る前に、**図表9**を用いて、<u>HS品目分類の方法</u>について、分類事例として「プラスチック製のもの（アヒル？）で子供が遊ぶもの」を用いて説明します。

　品目分類において、最初に行うことになる最も大切なことは、物品を正しく捉えることです。そのための方法として「<u>物品をHS品目表の規定（項、注の規定）を踏まえて正確に確認・記述する</u>」こととなります。

　分類事例の物品については、HS品目表の規定を踏まえて、「プラスチック製の玩具」と確認・記述できることが大切です。このように確認・記述することができれば、本品のHS番号は正しく決められます。

　すなわち、本品を「プラスチック製の玩具」と確認・記述することにより、分類候補として、正しく、第39.26項（その他のプラスチック製品）と第95.03項（玩具）を見つけることができ、第39類と第95類の関係において、第39類には注2（y）に除外規定が用意されており、第39類に対し第95類が優先されることから、本品は第95.03項に分類するという結論に辿り着けます。

　ここで大切なことは、繰り返しになりますが、本品をHS品目表の規定を踏まえて「プラスチック製の玩具」と確認・記述することができるということです。例えば、本品を「プラスチック製のアヒル」と確認・記述してしまうと、いつまで経っても、正しい分類の第95.03項には辿り着けません。

（目的・概要（図表10参照））

　通則（1から6）は、分類の大原則を定めています。

3．関税率表の解釈に関する通則（通則） **25**

図表8 関税率表の解釈に関する通則（通則）

この表における物品の所属は、次の原則により決定する。

1　部、類及び節の表題は、単に参照上の便宜のために設けたものである。この表の適用に当たつては、物品の所属は、項の規定及びこれに関係する部又は類の注の規定に従い、かつ、これらの項又は注に別段の定めがある場合を除くほか、次の原則に定めるところに従つて決定する。

2 (a)　各項に記載するいずれかの物品には、未完成の物品で、完成した物品としての重要な特性を提示の際に有するものを含むものとし、また、完成した物品（この2の原則により完成したものとみなす未完成の物品を含む。）で、提示の際に組み立ててないもの及び分解してあるものを含む。

(b)　各項に記載するいずれかの材料又は物質には、当該材料又は物質に他の材料又は物質を混合し又は結合した物品を含むものとし、また、特定の材料又は物質から成る物品には、一部が当該材料又は物質から成る物品も含む。二以上の材料又は物質から成る物品の所属は、3の原則に従つて決定する。

3　2 (b) の規定の適用により又は他の理由により物品が二以上の項に属するとみられる場合には、次に定めるところによりその所属を決定する。

(a)　最も特殊な限定をして記載をしている項が、これよりも一般的な記載をしている項に優先する。ただし、二以上の項のそれぞれが、混合し若しくは結合した物品に含まれる材料若しくは物質の一部のみ又は小売用のセットの構成要素の一部のみについて記載をしている場合には、これらの項のうち一の項が当該物品について一層完全な又は詳細な記載をしているとしても、これらの項は、当該物品について等しく特殊な限定をしているものとみなす。

(b)　混合物、異なる材料から成る物品、異なる構成要素で作られた物品及び小売用のセットにした物品であつて、(a) の規定により所属を決定することができないものは、この (b) の規定を適用することができる限り、当該物品に重要な特性を与えている材料又は構成要素から成るものとしてその所属を決定する。

(c)　(a) 及び (b) の規定により所属を決定することができない物品は、等しく考慮に値する項のうち数字上の配列において最後となる項に属する。

4　前記の原則によりその所属を決定することができない物品は、当該物品に最も類似する物品が属する項に属する。

5　前記の原則のほか、次の物品については、次の原則を適用する。

(a)　写真機用ケース、楽器用ケース、銃用ケース、製図機器用ケース、首飾り用ケースその他これらに類する容器で特定の物品又は物品のセットを収納するために特に製作し又は適合させたものであつて、長期間の使用に適し、当該容器に収納される物品とともに提示され、かつ、通常当該物品とともに販売されるものは、当該物品に含まれる。ただし、この (a) の原則は、重要な特性を全体に与えている容器については、適用しない。

(b)　(a) の規定に従うことを条件として、物品とともに提示し、かつ、当該物品の包装に通常使用する包装材料及び包装容器は、当該物品に含まれる。ただし、この (b) の規定は、反復使用に適することが明らかな包装材料及び包装容器については、適用しない。

6　この表の適用に当たつては、項のうちのいずれの号に物品が属するかは、号の規定及びこれに関係する号の注の規定に従い、かつ、前記の原則を準用して決定するものとし、この場合において、同一の水準にある号のみを比較することができる。この6の原則の適用上、文脈により別に解釈される場合を除くほか、関係する部又は類の注も適用する。

通則

図表9 HS品目分類の方法

物品をHS品目表の規定（項、注の規定）を踏まえ正確に確認・記述する。

<分類事例>
商品説明：プラスチック製のもの（アヒル？）で子供が遊ぶもの

HS品目表の規定（項、注の規定）を踏まえ、本品を「プラスチック製の玩具」と確認・記述することができれば、HS番号が決まる。

分類候補（可能性のある項）
　第39.26項（その他のプラスチック製品）
　第95.03項（玩具）

（第39類　注2(y)：除外規定）
　　　　　第39類　プラスチック及びその製品
注2　この類には、次の物品を含まない。
(y)　第95類の物品(例えば、玩具、遊戯用具及び運動用具)

　通則は、関税率表における物品の分類が常に統一的に決定されるよう設けられた規則です。通則は、具体的には、ある特定の物品の分類について、同じ物品である限り、どこの、誰が、分類しても、同じ分類結果、同じHS番号となることを確保するために設けられています。

　6つの通則のうち、1から5までは項レベルの分類に適用され、6が号レベルの分類に個別に適用されます。

　前述の「2．HS品目表の構造」のところでも説明しましたが、品目分類で最も大切なのは項レベルの分類を決めることであって、それには通則1から5までが関係します。

　通則1から4までには適用上の優先順位があり、通則1が最も優先され、数の順に優先されることになります。

　通則5は容器・包装材料等に関するもので、物品が容器に入れられていたり、包装されていたりする場合に、必要に応じて個別に適用されます。

　繰り返しになりますが、通則6は、通則1から5までにより項レベルの分類が決まった上で、項内のどの号に分類されるかについて、個別に適用される規則です。

　通則1から6の概要は、**図表10**の下の四角に示すように、以下のような規則

3．関税率表の解釈に関する通則（通則）　**27**

図表10　関税率表の解釈に関する通則（通則）の目的・概要

通　則

> **通則（１から６）は、分類の大原則**
> 関税率表における物品の所属が常に統一的に決定されるよう設けられた規則
>
> 　**通則１〜５：項レベルの分類に適用**
> 　　**＜適用上の優先順位＞**
> 　　　通則１＞通則２＞通則３（a）＞通則３（b）＞通則３（c）＞通則４
> 　　　通則５：個別に適用　通則５（a）＞通則５（b）
> 　**通則６：号レベルの分類に個別に適用**
>
> | | |
> |---|---|
> | **通則１** | 基本原則 |
> | **通則２** | 項の範囲を拡大する規定 |
> | **通則３** | 物品が二以上の項に属するとみられる場合の所属の決定方法 |
> | **通則４** | 関税率表に該当するとみられる項がない場合の所属の決定方法 |
> | **通則５** | 収納容器、包装材料及び包装容器の所属の決定方法（必要に応じて個別に適用） |
> | **通則６** | 項のうちで物品がいずれの号に所属するかの決定方法（項の分類を特定した上で個別に適用） |

です。

- ・通則１：基本原則
- ・通則２：項の範囲を拡大する規定
- ・通則３：物品が二以上の項に属するとみられる場合の所属の決定方法
- ・通則４：関税率表に該当するとみられる項がない場合の所属の決定方法
- ・通則５：収納容器、包装材料及び包装容器の所属の決定方法（必要に応じて個別に適用）
- ・通則６：項のうちで物品がいずれの号に所属するかの決定方法（項の分類を特定した上で個別に適用）

（通則１）

　図表11に通則の導入部分及び通則１の規定並びに四角の中に通則１のポイントを示します。

　HS品目表の最初に位置する通則の導入部分に「この表における物品の所属は、次の原則により決定する」と規定されていることから、通則は、物品の所属を決定する上において、HS品目表全体（第１部から第21部（第１類から第97類））に対して、適用される原則となります。

　通則１の第１文に「部、類及び節の表題は、単に参照上の便宜のために設け

28　HS品目表／関税率表の解釈に関する通則

図表11　通則の導入部分及び通則1

> この表における物品の所属は、次の原則により決定する。
>
> **通則1**
>
> 　部、類及び節の表題は、単に参照上の便宜のために設けたものである。この表の適用に当たっては物品の所属は、項の規定及びこれに関係する部又は類の注の規定に従い、かつ、これらの項又は注に別段の定めがある場合を除くほか、次の原則に定めるところに従って決定する。

> **＜通則1＞　分類の基本原則を示している。ほとんどの物品は、この通則1の最優先の原則により、まず、その項レベルの分類を決定することができる**
>
> 物品の所属は、
> 　＊　項の規定及びこれに関係する部又は類の注の規定に従い、　←【最優先の原則】
> 　　　かつ
> 　＊　これらの項又は注に別段の定めがある場合を除くほか、2以下の原則にも従って、
> 決定する。

たものである」と規定されていることから、部、類及び節の表題は、所属を決定するための規定ではないことが明確化されています。

　通則1の重要な規定は、第2文に記載されており、そのポイントは四角の中に示すように、

　物品の所属は、
　　・項の規定及びこれに関係する部又は類の注の規定に従い、
かつ
　　・これらの項又は注に別段の定めがある場合を除くほか、2以下の原則にも
　　　従って、
決定する。

ということになります。

　したがって、最初の行の「物品の所属は、項の規定及びこれに関係する部又は類の注の規定に従い」が通則2以下に対して、最優先の原則となります。

　ほとんどの物品は、この通則1の最優先の原則（項の規定及びこれに関連する部又は類の注の規定）により、その項レベルの所属を決定することができます。

　この最優先の原則により、物品の項レベルの所属を決定することについては、すでに、図表9を用いたプラスチック製のアヒルの玩具の分類のところで説明

3. 関税率表の解釈に関する通則（通則） **29**

通則

しています。

　プラスチック製のアヒルの玩具については、まず、本品をHS品目表の規定（項、注の規定）を踏まえて「プラスチック製の玩具」と確認・記述することで、項の規定から第39.26項（その他のプラスチック製品）と第95.03項（玩具）への分類の可能性があることが分かります。

　ここで関係する類の注の規定として、第39類注2（y）の除外規定により、第39類の項に対して第95類の項の方が優先されることが規定されています。

　したがって、項の規定及び関係する類の注の規定に従い、プラスチック製の玩具は第95.03項（玩具）に分類されることになります。この分類は、まさに通則1の最優先の原則に従って、その所属を決定したこととなります。

　品目分類の方法として説明した「物品をHS品目表の規定（項、注の規定）を踏まえ正確に確認・記述する」ことは、物品を通則1の原則を用いて正確に確認・記述することになります。これにより、ほとんどの物品の項レベルの所属は、正しく統一的に決定することができます。

（通則２）

　通則2は、項の範囲を拡大する規定で、**図表12**に示すように（a）と（b）との規定から成ります。これらの規定のポイントは、四角の中に示すように、

　項の範囲を拡大する規定
　（a）未完成の物品(完成した物品としての重要な特性を提示の際に有するもの)
　　　未組み立て及び分解してある物品
　（b）混合又は結合した物品 （一部が当該材料又は物質 （他の材料又は物質）から成る物品）　➡通則3

ということになります。

　（a）の規定は、項の規定からすると、項に記載されている物品は、本来、完成品や組み立て品が含まれるのですが、未完成品や分解してあるものであっても、同じ項に分類できるように項に記載の物品の範囲を拡大する規定です。

　（b）の規定は、項の規定の中に材料や物質に関する記載があると、混合し又は結合した物品で、一部が当該材料又は物質（他の材料又は物質）からなる物品の場合、項の規定に従うと、対象となる物品の一部しかその項に含まれないこととなる場合でも、その項に記載の材料や物質の範囲を拡大して、その項に含

30 HS品目表／関税率表の解釈に関する通則

図表12 通則2

通則2

(a) 各項に記載するいずれかの物品には、**未完成の物品**で、完成した物品としての重要な特性を提示の際に有するものを含むものとし、また、完成した物品（この2の原則により完成したものとみなす未完成の物品を含む。）で、提示の際に**組み立ててないもの**及び**分解してあるもの**を含む。

(b) 各項に記載するいずれかの材料又は物質には、当該材料又は物質に他の材料又は物質を**混合し又は結合した物品**を含むものとし、また、特定の材料又は物質から成る物品には、**一部が**当該材料又は物質から成る物品も含む。二以上の材料又は物質から成る物品の所属は、3の原則に従って決定する

＜通則2＞　項の範囲を拡大する規定

(a) 未完成の物品（完成した物品としての重要な特性を提示の際に有するもの）
　　未組み立て及び分解してある物品
(b) 混合又は結合した物品（一部が当該材料又は物質（他の材料又は物質）から成る物品）
　　➡通則3

めて分類することができるという規定です。もっとも、（b）の規定が適用される場合には、通則3の原則によりその分類を決めることとなります。

　通則2の適用について、**図表13**の具体例を用いて確認します。

　通則2（a）の例として、第87.12項には自転車、第87.03項には自動車が分類されますが、これらの項及びこれに関連する部又は類の注に特段の規定がないことから、2つの項にそれぞれ記載されている自転車及び自動車は「完成品・組立品」となります。

　しかしながら、通則2（a）の規定により、自転車について、自転車はサドルがないと完成品とはいえませんが、サドルがない状態であっても、完成した自転車としての重要な特性はすでに有していると考えられることから、完成した完全な状態の自転車として第87.12項に分類します。

　組み立てていない自動車、これはノックダウンともいわれますが、このような形状の物品であっても、組み立てた状態の自動車として第87.03項に分類するというのが通則2（a）の規定です。

　未組み立てや分解してある物品の例は非常に多く、運送上や梱包上の都合から、機械類などの多くの物品が未組立や分解された状態で輸出入されていますが、通則2（a）の規定により、これらは全て組み立てた後の状態の物品として分類しなくてはなりません。

3. 関税率表の解釈に関する通則（通則） 31

図表13　通則2の具体例（項の範囲を拡大）

(a) 未完成の物品、未組み立て、分解してある物品
　　通則2 (a) の規定により
　　　＊サドルのない自転車　➡　第87.12項（自転車）として分類
　　　＊組み立ててない（ノックダウン）自動車　➡　第87.03項（自動車）として分類

　　第87.12項（自転車）　←　自転車の完成品・組立品
　　第87.03項（自動車）　←　自動車の完成品・組立品

(b) 混合又は結合した物品、一部が当該材料（他の材料）からなる物品
　　通則2 (b) の規定により（他の材料を結合したもの／一部が当該材料のものを含む）
　　　＊プラスチックと鉄鋼とからなる食卓・台所用品　➡　通則3による

　　第39.24項（プラスチック製の食卓・台所用品）　←　材料の限定
　　第73.23項（鉄鋼製の食卓・台所用品）　←　材料の限定

　通則2 (b) の例として、第39.24項及び第73.23項は、共に食卓・台所用品を分類しますが、それぞれ項の規定により、プラスチックス製及び鉄鋼製と材料の限定があります。

　したがって、図表13の下部に示すフライパンやおたまでプラスチックと鉄鋼を結合したものの場合、項の規定に従うと、第39.24項はフライパンやおたまのプラスチック製の部分のみを含み、第73.23項は鉄鋼製の部分のみを含むこととなります。すなわち、第39.24項も第73.23項も項で限定された材料から成る一部分のみを含むことになります。

　通則2 (b) の規定は、材料や物質の限定により、対象となる物品の一部分しかその項に含まれない場合でも、その項の材料や物質の限定の範囲を拡大して、他の材料や物質から成る部分も含めて、物品全体をその項に分類することができるという規定です。

　したがって、第39.24項は、フライパンやおたまで一部分がプラスチック製なら、残りの部分が他の材料の鉄鋼製であっても、項の範囲を拡大して、フライパンやおたまの全体を第39.24項に分類することができるという規定です。

　同様に、第73.23項は、フライパンやおたまで一部分が鉄鋼製なら、残りの部分が他の材料のプラスチック製であっても、項の範囲を拡大して、フライパンやおたまの全体を第73.23項に分類することができるという規定です。

　もっとも、通則2 (b) が適用される場合には、フライパンやおたまでプラス

チックと鉄鋼を結合したものについて、第39.24項に分類されるか、第73.23項に分類されるかについては、通則3の原則により決めることとなります。

（通則3）

通則3は(a)、(b)及び(c)の3つのルールから成り、この順に適用されます。

図表14からも分かるように、通則3には、「2(b)の規定の適用により又は他の理由により物品が二以上の項に属するとみられる場合には、次に定めるところによりその所属を決定する」という導入部分があります。

この「2(b)の規定の適用により」というのは、先程のフライパンやおたまでプラスチック製の部分と鉄鋼製の部分から成るものの場合などがこれに当たります。

通則3を適用するに当たっては、まず、この導入部分の規定を満たすかどうか、確認する必要があります。具体的には、物品が2つ以上の項に分類される可能性がある場合に適用する規定です。

（通則3（a））

通則3(a)の第一文の規定「最も特殊な限定をして記載をしている項が、これよりも一般的な記載をしている項に優先する」について、そのポイントは、下の四角に示すように分類の可能性のある「二以上の項のそれぞれの記載を比較

図表14　通則3（a）

通則3

2(b)の規定の適用により又は他の理由により物品が二以上の項に属するとみられる場合には、次に定めるところによりその所属を決定する。

(a) **最も特殊な限定をして記載をしている項**が、これよりも**一般的な記載をしている項**に**優先する**。ただし、二以上の項のそれぞれが、混合し若しくは結合した物品に含まれる**材料若しくは物質の一部**のみ又は小売用のセットの**構成要素の一部**のみについて記載をしている場合には、これらの項のうち一の項が当該物品について一層完全な又は詳細な記載をしているとしても、**これらの項は、当該物品について等しく特殊な限定をしているものとみなす。**

---

* 二以上の項のそれぞれの記載を比較し、最も特殊な限定をして記載をいる項を優先する。
* ただし、二以上の項のそれぞれが材料若しくは物質の一部、構成要素の一部のみ記載の場合、等しく特殊な限定をしているとみなす
* 通則3（a）で所属が決定できない場合　➡　通則3（b）を検討

し、最も特殊な限定をして記載をしている項を優先する」ということです。

通則3（a）には、ただし書きで始まる第二文の規定もあり、そのポイントは下の四角に示すように「ただし、二以上の項のそれぞれが材料若しくは物質の一部、構成要素の一部のみ記載の場合、等しく特殊な限定をしているとみなす」ということです。

通則3（a）の第一文の規定の適用について、図表15の例1の自動車のゴム製の空気タイヤ（新品）の分類を用いて確認します。

自動車のゴム製の空気タイヤ（新品）について、まず、分類の可能性がある項として、「第40.11項（ゴム製の空気タイヤ（新品のものに限る。））」と「第87.08項（自動車の部分品及び附属品）」とがあります。

括弧の中に書かれていますが、部・類の注の中に、本品の分類に関する規定、例えば、2つの項の優先関係を示す除外規定等がありません。したがって、通則1では分類を決めることができません。

したがって、本品、自動車用のゴム製空気タイヤ（新品）の場合、明らかに二以上の項に分類されるとみられる場合に当たるので、通則3の導入部分の規定を満たすことから、その分類については、まず、通則3（a）を適用し決定することができるか検討することとなります。

図表15　通則3（a）の具体例

二以上の項のそれぞれの記載を比較し、最も特殊な限定をして記載をしている項を優先する。
　（例1）自動車のゴム製空気タイヤ（新品）
　　　分類候補（可能性のある項）
　　　　＊第40.11項（ゴム製の空気タイヤ（新品のものに限る。））
　　　　＊第87.08項（自動車の部分品及び附属品）
　　　　（部・類の注に本分類に関連する規定なし）

ただし、二以上の項のそれぞれが材料若しくは物質の一部、構成要素の一部のみ記載の場合、等しく特殊な限定をしているとみなす。
　（例2）三脚付き写真機
　　　分類候補（可能性のある項）
　　　　＊第90.06項（写真機）
　　　　＊第96.20項（三脚）

第90.06項及び第96.20項はともに本品の一部についてのみ記載
……等しく特殊な限定

通則3（a）で所属が決定できない場合
通則3（b）を検討

34 HS品目表／関税率表の解釈に関する通則

通則3（a）の第一文の規定を適用する上で、実際に何を比較するかといえば、項の記載（テキスト）を比較して、どちらが特殊な限定をしているかについて判断することになります。

したがって、本分類の場合、第40.11項の「ゴム製の空気タイヤ（新品のものに限る。）」という記載と第87.08項の「自動車の部分品及び附属品」という記載を比較することになります。一般に、ゴム製の空気タイヤといえば対象となる物品の範囲は限定されますが、自動車の部分品及び附属品といえば、対象となる物品の範囲はタイヤ以外のものも含み、かなり広いと考えられます。

したがって、本品の場合には、通則3（a）を適用して、より特殊な限定をして記載している第40.11項に分類されることになります。

通則3（a）の第二文の規定の適用について、図表15の例2の三脚付き写真機の分類を用いて確認します。

三脚付き写真機について、分類の可能性がある項は、第90.06項（写真機）と第96.20項（三脚）とがありますが、これらは共に本品の一部についてのみ記載しているので、通則3（a）のただし書きで始まる第二文が適用され、第90.06項も第96.20項も共に等しく特殊な限定をしているとみなされます。

したがって、この場合、通則3（a）では分類が決定できないこととなり、次の通則3（b）を適用して分類を検討することとなります。

（通則3（b））

通則3（b）の規定を**図表16**に示します。通則3（b）で大切なことは、下の四角の中に示すように、4つのタイプの物品

①　混合物
②　異なる材料から成る物品
③　異なる構成要素で作られた物品
④　小売用のセットにした物品

に対して適用される規定であり、これらの物品の分類をどのように決めるかというと、「当該物品に重要な特性を与えている材料又は構成要素からなるものとして、その所属を決定する」こととなります。

通則3（b）を適用する上において、重要な特性を与えている材料又は構成要素を決定するための要素については、通則3（b）に関する関税率表解説（総説）に以下のような説明があります（**図表17**参照）。

「重要な特性を決定するための要素は、物品の種類によって異なる。例えば、

3．関税率表の解釈に関する通則（通則）　**35**

図表16　通則３（b）

> （通則３）
>
> （b）混合物、異なる材料から成る物品、異なる構成要素で作られた物品及び小売用のセットにした物品であって、（a）の規定により所属を決定することができないものは、この（b）の規定を適用することができる限り、当該物品に重要な特性を与えている材料又は構成要素から成るものとしてその所属を決定する。

＜通則３（b）＞

① 混合物
② 異なる材料から成る物品
③ 異なる構成要素で作られた物品
④ 小売用のセットにした物品

➡ 当該物品に重要な特性を与えている材料又は構成要素から成るものとしてその所属を決定

➡ 通則３（a）及び３（b）で所属が決定できない場合 ➡ 通則３（c）を検討

図表17　通則３（b）　重要な特性を決定するための要素

＜関税率表解説（総説）＞

（Ⅷ）重要な特性を決定するための要素は、物品の種類によって異なる。
　　例えば、その材料若しくは構成要素の性質（容積、数量、重量、価格等）又は
　　その物品を使用する際の構成材料の役割によって決定することになる。

その材料若しくは構成要素の性質（容積、数量、重量、価格等）又はその物品を使用する際の構成材料の役割によって決定することになる。」

　この関税率表解説は、通則３（b）を適用する上における「当該物品に重要な特性を与えている材料又は構成要素」を決定する際の着眼点であって、実際には、物品ごとにケース・バイ・ケースで検討することが必要です。

　通則３（b）は、通則３（a）で分類が決定できない場合に適用する規定ですが、この通則３（b）でも分類が決定できない場合には、通則３（c）を適用して分類を検討することとなります。

　それでは、通則３（b）の適用について、その具体例を**図表18**に示します。

　最初の例は、小麦粉（第11.01項）と小麦グルテン（第11.09項）から成る混合物です。この混合物の分類は、小麦粉と小麦グルテンとでどちらが当該物品、すなわち混合物に、重要な特性を与えているかによって決めることとなります。

36 HS品目表／関税率表の解釈に関する通則

図表18　通則３（b）の具体例

①混合物、②異なる材料から成る物品、③異なる構成要素で作られた物品及び④小売用の
セットにした物品
➡　当該物品に重要な特性を与えている材料又は構成要素から成るものとしてその所
　　属を決定

①**混合物**
　小麦粉（90％）　＋　小麦グルテン（10％）
　(11.01)　　　　　　　　　(11.09)

②**異なる構成材料から成る物品**
　ベルト（革　＋　プラスチック）
　　　(42.03)　　　(39.26)

③**異なる構成要素で作られた物品**
　写真機　＋　三脚
　(90.06)　　(96.20)

④**小売用のセットにした物品**
　スパゲッティ料理を調製するため共に使用するためのセット
　（生スパゲッティ　＋　粉チーズ　＋　トマトソース：小売用箱入り）
　　　(19.02)　　　　　(04.06)　　　　(21.03)

通則３（a）及び３（b）で所属が決定できない場合　➡　通則３（c）を検討

本混合物の場合には、小麦粉の方が小麦グルテンと比べて値段も高く、体積及
び重量も大きく、さらに実際にパン等を作る際にも重要な役割を果たしている
と考えられるので、本混合物は小麦粉から成るものとして、第11.01項に分類さ
れることになります。

　次の例は、異なる材料から成る物品で、革（第42.03項）とプラスチック（第
39.26項）の分類の異なる２つの材料を貼り合わせたベルトです。革とプラス
チックが同じ厚さの場合には、一般に革の方が、例えば、ベルトとしてのしな
やかさ、外見の美しさ、さらに値段も高く、本品に重要な特性を与えている材
料である考えられます。したがって、本品ベルトの場合には、革製のベルトと
して第42.03項に分類されることになります。

　３番目の例は、異なる構成要素で作られた物品です。この例は、先ほどの通
則３（a）で示した写真機（第90.06項）と三脚（第96.20項）との２つの分類が異な
る構成要素で作られた三脚付き写真機です。本品の重要な構成要素は、値段、
大きさ、使用する際の役割などから、写真機になると考えられるので、本品は、
写真機として第90.06項に分類されることになります。

　最後は、小売用のセットにした物品の例です。生スパゲッティ（第19.02項）、

3. 関税率表の解釈に関する通則（通則）　**37**

粉チーズ（第04.06項）及びトマトソース（第21.03項）の3つの分類の異なる構成要素がスパゲッティ料理を調製するためのセットとして小売用の箱に入れられています。本小売用のセットにした物品においては、スパゲッティ料理を作る際の役割とか、値段、大きさ等を考慮すると、生スパゲッティが最も重要な構成要素と考えられることから、その分類は、生スパゲッティとして第19.02項に分類されることとなります。

　通則3（b）を適用する上で、注意が必要なこととして、分類対象物品が複数の物品をセットにしたものの場合、通則3（b）の対象物品となる「小売用のセットにした物品」の範疇に入るか否かの判断が必要となることです。

　「小売用のセットにした物品」についても関税率表解説に説明があります（**図表19**参照）。具体的には、通則3（b）に関する関税率表解説（総説）の（X）に「小売用のセットにした物品」について、以下の3つの条件を満たすものと規定されています。

「(a) 異なる項に属するとみられる二以上の異なった物品から成るもの（したがって、例えば、6本のフォンデューフォークは、この通則の意味する範囲のセットとはみなさない。）で、

(b) ある特定の必要性を満たすため又はある特定の活動を行うため、共に包装された産品又は製品から成り、かつ、

(c) 再包装しないで、最終使用者に直接販売するのに適した状態（例えば、箱

図表19　通則3（b）　小売用のセットにした物品

＜関税率表解説（総説）＞

（X）この通則の適用上、「小売用のセットにした物品」とは、次の物品をいう。
　(a) 異なる項に属するとみられる二以上の異なった物品から成るもの（したがって、例えば、6本のフォンデューフォークは、この通則の意味する範囲のセットとはみなさない。）で、
　(b) ある特定の必要性を満たすため又はある特定の活動を行うため、共に包装された産品又は製品から成り、かつ、
　(c) 再包装しないで、最終使用者に直接販売するのに適した状態（例えば、箱若しくはケースの中に又は厚紙の上）に包装されている物品

ただし、この通則は、各種の物品を選んで共に包装したもので、例えば、次の物品から成るものには適用しない。
・シュリンプの缶詰（第16.05項）、レバーパテの缶詰（第16.02項）、チーズの缶詰（第04.06項）、薄切りベーコンの缶詰（第16.02項）及びカクテルソーセージの缶詰（第16.01項）
・第22.08項の蒸留酒の瓶詰及び第22.04項のぶどう酒の瓶詰

若しくはケースの中に又は厚紙の上)に包装されている物品」

例えば、図表19にも示されてるように、この通則は、各種の物品を選んで共に包装したもので、シュリンプの缶詰(16.05)、レバーパテの缶詰(16.02)、チーズの缶詰(04.06)、薄切りベーコンの缶詰(16.02)及びカクテルソーセージの缶詰(16.01)の詰め合わせは、先ほどのスパゲッティ料理を調製するためのセットと異なり、特定の活動のために共に必要なものとして包装されたものとはみなされないことから、小売用のセットにした物品とは認められません。

さらに、お酒の場合、蒸留酒とぶどう酒の詰め合わせも、同様に、小売用のセットにした物品として通則3(b)を適用することができません。

このように、類似物品を単に取り揃えたものは、上記(b)の「ある特定の必要性を満たすため又はある特定の活動を行うため、共に包装されたもの」とは認められないことから、通則3(b)が適用されません。

このような類似品の組み合わせの場合、各物品が属する項に別々に分類されることとなります。

(通則3(c))

通則3(c)の規定及びそのポイントを**図表20**に示します。

まず、繰り返しになりますが、通則3は(a)、(b)、(c)の順で適用されることから、四角の中の説明のように、「通則3(a)(特殊な限定をして記載の項)」及び「通則3(b)(重要な特性を与えている材料又は構成要素)」の規定で所属が決定できない場合のみ、通則3(c)の規定が適用されます。

図表20　通則3(c)

(通則3)
(c)　(a)及び(b)の規定により所属を決定することができない物品は、等しく考慮に値する項のうち数字上の配列において最後となる項に属する。

<通則3(c)>

＊通則3(a)(特殊な限定をして記載の項)、
＊通則3(b)(重要な特性を与えている材料又は構成要素)
で所属が決定できない場合
➡　等しく考慮に値する項のうち数字の大きい方に分類

➡　通則3(a)、(b)及び(c)で所属が決定できない場合　➡　通則4を検討

3. 関税率表の解釈に関する通則（通則）　**39**

通則3（c）は、等しく考慮に値する項のうち数字の配列において最後となる項に分類するという規定です。すなわち、項の番号を比べて大きい方の項に分類することとなります。

ここで「等しく考慮に値する項」というのは、分類の可能性のある項が複数ある場合に、その中で、等しく考慮に値するものを選んで、通則3（c）の規定を適用するということです。例えば、分類の可能性がある項が5つある場合に、その中で、等しく考慮に値するものが、3つあるとした場合には、他の2つを除いて、その3つの中で項番号を比較して、最も番号が大きい項に分類することとなります。

なお、通則3（c）でも分類が決定できない場合には、通則4の適用を検討することになります。

それでは、通則3（c）の適用について、通則1から通則3までの復習も兼ねて、その具体例を**図表21**に示します。この物品は、男子用オーバーコート（リバーシブルコート）で、メリヤス編み製の面と織物製の面とから成る両面が使えるものです。したがって、第61.01項（メリヤス編み製の男子用オーバーコート）と第62.01項（織物製の男子用コート）との2つの項に分類される可能性がある物品です。

通則の目的・概要（**図表10**参照）の中でも説明しましたが、通則には適用上の優先順位があり、分類はこの通則の優先順位を踏まえてStep by Stepに検討することが重要です。

図表21　通則3（c）の具体例及び通則1から通則3（c）までの復習

男子用オーバーコート（リバーシブル）（メリヤス編み製の面と織物製の面とからなる）	
通則	**通則の検討結果**
通則1	特定の項なし
通則2（b）	異なる構成材料・物質からなる物品
通則3	通則2（b）により通則3が適用
通則3（a）	二つの項がそれぞれ構成材料・質の一部について記載（等しく特殊な限定）
通則3（b）	二つの構成材料・物質が等しく重要
通則3（c）	第62.01項（織物製）　＞　第61.01項（メリヤス編み製）

通則3（a）、（b）及び（c）で所属が決定できない場合　➡　通則4を検討

分類は通則の優先順位を踏まえStep by Stepに検討することが重要

本リバーシブルコートは、最初に通則1でその分類を検討することになります。通則1の規定に従えば、項の規定及びこれに関連する部又は類の注の規定に従い分類を決定するのですが、関税率表のどの項の規定及び注の規定を見ても、織物からなる面とメリヤス編みから成る面とを持つ、リバーシブルコートをそのまま分類できるような項を特定することができません。したがって、通則1のみでは分類が決定できないことになります。

次に、適用されるのは通則2（a）ですが、2（a）は、未完成の物品や分解してある物品の分類に関する規定なので、ここでは検討の対象となりません。

通則2（b）は、一部が異なる材料・物質から成る物品について、項の範囲を拡大するもので、その物品の分類は通則3の原則に従って決定すると規定しています。リバーシブルコートは、まさに、メリヤス編み製の面と織物製の面から成るものであることから、異なる材料・物質から成るものと考えられます。したがって、本品については、通則2（b）の規定が適用され、その分類については通則3で決定することとなります。通則3の前文にも通則2（b）により物品が二以上の項に分類される可能性がある場合には通則3が適用されると規定されています。

通則3の中では、まず最初に3（a）の規定が適用されます。3（a）の第一文は、最も特殊な限定をして記載している項の方が優先されるという規定ですが、リバーシブルコートは通則3（a）のこの規定では分類が決定できません。リバーシブルコートは、第61.01項（メリヤス編み製の男子用オーバーコート）と第62.01項（織物製の男子用コート）との2つの項に分類される可能性があるのですが、本品について第61.01項はメリヤス編み製の部分のみ、また、第62.01項は織物製の部分についてのみを記載しているので、通則3（a）の第二文の規定により、両方の項が等しく特殊な限定をしているということになります。

次は、通則3（b）の適用を検討することになります。本品はメリヤス編み製の部分と織物製の部分との異なる材料から成る物品であることから、3（b）の4つの適用対象物品の一つに該当すると考えられます。3（b）の規定に従えば、メリヤス編みの部分と織物製の部分とで、どちらの部分がリバーシブルコートに重要な特性を与えているかにより分類を決定しますが、本品は、両方の面が等しく使えるので、メリヤス編み製の部分と織物製の部分との2つの材料が共に等しく重要ということになります。したがって、3（b）では分類が決定できないこととなります。

したがって、いよいよ通則3（c）で分類を検討することになりますが、本リ

3. 関税率表の解釈に関する通則（通則）　**41**

バーシブルコートの場合、メリヤス編み製の面及び織物製の面とが共に等しく重要といえることから、第61.01項と第62.01項とは共に等しく考慮に値することとなります。このことから、本品は、2つの項の番号を比較して数字の大きい方の第62.01項に分類されることになります。

　以上が、リバーシブルコートを例に用いた通則3（c）の適用の説明と通則1から3までの復習となります。

　この例から分類においては、物品を見て一足飛びに通則3（c）を適用するのではなく、正しい結論に辿り着くためには、通則1から始まる優先順位を踏まえて、Step by Stepに検討することが重要であることが分かります。通則の適用順を誤ると、分類誤りに繋がります。

（通則4）

　通則4の規定及びそのポイントを**図表22**に示します。この通則は、通則1から通則3までの原則によりその所属を決定することができない物品について定めたもので、このような物品は、当該物品に最も類似している物品が属する項に属することを定めています。

　通常は少しでも分類の可能性がある項があれば、通則1から通則3（c）までの原則に基づいて、その分類が決められます。

図表22　通則4

通則4
前記の原則によりその所属を決定することができない物品は、当該物品に最も類似する物品が属する項に属する。

＜関税率表解説＞

（Ⅰ）この通則は、通則1から3までの原則によりその所属を決定することができない物品について定めたものである。このような物品は、当該物品に最も類似している物品が属する項に属することを定めている。

＜通則4＞

* 　通常は通則1から3（c）までで分類可能
　　通則4が必要となるケースはほとんどない（非常に稀）
* 　最新技術等で開発された商品で品目表に適当な項が用意されていない場合等で通則4が必要となることが起こり得る。
　➡　将来の品目表の改正に繋がることがある

42 HS品目表／関税率表の解釈に関する通則

したがって、通則4が必要となるケース、分類の可能性のある項が全く見つけられない、ということはほどんどなく、非常に稀な分類ケースとなります。例えば、最新技術等で開発された商品で品目表に適当な項が用意されていない場合等がこれに当たります。通則4の適用を必要する物品があった場合には、このような物品が通則1の項の規定及びこれに関連する部又は類の注の規定で分類が決定できるよう、将来の品目表の改正に繋がることがあります。

それでは、通則4の適用が必要になった稀な事例を**図表23**に示します。

この事例は、実際にHS委員会で分類が検討されたもので、物品は微生物性の油脂です。微生物性の油脂は、新技術で開発・商品化されたもので、貿易量も急速に大きくなってきています。

油脂は第15類に分類のための項が用意されており、HS2022改正前において、通常の油脂であれば、第15.06項（その他の動物性油脂）と第15.15項（その他の植物性油脂）のどちらかに分類されます。

HS委員会は、本微生物性の油脂については、まず学術的に、動物性の油脂にも、植物性の油脂にも属さない種類のものと確認しました。そうなると、分類の可能性がある項がないこととなるので、通則1から3（c）の原則では分類が決定できないということになります。

そこでHS委員会は、微生物性の油脂をその化学的な成分である脂肪酸組成が

図表23　通則4の具体例（適用事例）

前記の原則によりその所属を決定することができない物品は、当該物品に最も類似する物品が属する項に属する。

　微生物性の油脂（新技術で開発・商品化）
　　品目表上の油脂を分類する項（HS2022改正前）
　　　＊第15.06項（その他の動物性油脂）
　　　＊第15.15項（その他の植物性油脂）
　　微生物性の油脂は、動物性の油脂又は植物性の油脂のいずれにも属さない。
　➡通則1から3（c）の原則で所属が決定できない。
　➡微生物性の油脂は、その化学的成分（脂肪酸組成）が植物性の油脂に類似
　➡通則4を適用し、類似物品が属する項（第15.15項）に分類

　＜HS2022改正＞
　　新商品の微生物性の油脂の分類を明確化するため、品目表を改正
　　（例）第15.15項のテキスト
　　　＊旧（その他の植物性油脂及びその分別物（……））
　　　＊**新**（その他の植物性油脂<u>又は微生物性油脂</u>及び<u>これら</u>分別物（……））

　2022年以降、微生物性の油脂は**通則1**で分類可能

3. 関税率表の解釈に関する通則（通則） **43**

通則

植物性の油脂に類似していることから、通則４の原則に従い、類似品である植物性の油脂が分類される第15.15項に分類されると決定しました。

　さらにHS委員会は、新規商品でその貿易量が大きくなってきている微生物性の油脂の分類を明確化するため、HS2022改正において第15.15項のテキストを「その他の植物性油脂及びその分別物（‥‥‥）」から「その他の植物性油脂又は微生物性油脂及びこれら分別物（‥‥‥）」へと改正しました。この改正により、2022年以降は、微生物性の油脂を分類する項が用意されていることとなるので、通則１でその分類を決定することが可能となりました。

（通則５）

　通則５の規定を**図表24**に示します。まず繰り返しになりますが、通則１から通則４は項レベルの分類を決めるためのもので１から４の順番に適用されますが、通則５はその導入部分に規定されているように、「次の物品」である容器等がその中に収納される物品と共に提示される場合の項レベルの分類に関して、個別に適用されるものです。

　通則５には（a）及び（b）の２つのルールがあり、５（a）が５（b）に対して優先します。ポイントをまとめた四角に示すように、５（a）は、特定の物品を収

図表24　通則５

通則５
前記の原則のほか、次の物品については、次の原則を適用する。
（a）写真機用ケース、楽器用ケース、銃用ケース、製図機器用ケース、首飾り用ケースその他これらに類する容器で**特定の物品又は物品のセットを収納**するために**特に製作し又は適合させた**ものであって、**長期間の使用に適し**、当該容器に収納される物品とともに提示され、かつ、**通常当該物品とともに販売される**ものは、**当該物品に含まれる**。 　ただし、この（a）原則は、重要な特性を全体に与えている容器については、適用しない。 （b）（a）の規定に従うことを条件として、**物品とともに提示し**、かつ、**当該物品の包装に通常使用する包装材料及び包装容器**は、当該物品に含まれる。ただし、この（b）の規定は、反復使用に適することが明らかな包装材料及び包装容器については、適用しない。

```
＜通則５＞　個別に適用（容器がその中に収納される物品とともに提示にされる場合）

通則５（a）　＞　通則５（b）
 ＊５（a）：特定の物品を収納するために特に制作し又は適合させた容器
 ＊５（b）：通常使用する包装容器・材料（反復利用に適さないもの）
 ➡　収納される物品に含めて分類（同じ項に分類）
```

44 HS品目表／関税率表の解釈に関する通則

納するために、特に製作し又は適合された容器は、中に収納される物品に含めて、その物品が分類される項と同じ項に分類するという規定です。この5（a）の規定を適用してその所属が決定される容器の具体例を**図表25**に示します。ただし、この（a）の原則は、重要な特性を全体に与えている容器については、適用しないと定められており、例えば、楽器のケースが金とかプラチナ等の貴金属製で中に収納されている楽器より高価で重要な場合には、この（a）の原則は適用されないこととなり、楽器と貴金属製のケースとで、それぞれの項へ別々に分類されることになります。

5（b）については、通常使用する包装容器・材料（反復利用に適さないもの）についても、収納される物品に含めて、その物品が分類される項と同じ項に分類するという規定です。この5（b）の規定を適用してその所属が決定される容器の具体例を**図表25**に示します。ただし、この（b）の規定は、反復使用に適することが明らかな包装材料及び包装容器、例えば、ガスボンベのように中にガスを詰めて輸出入が繰り返されるものについては、適用しないと定められています。

（通則6）

通則6の規定を**図表26**に示します。まず繰り返しになりますが、通則1から通則5までは、項（4桁）レベルの分類を決めるための原則でしたが、通則6は、通則1から通則5により決められた項の中で、どの号（5桁及び6桁）に分類されるかを判断するための原則です。

図表25　通則5の具体例

```
＜関税率表解説＞

通則5（a）
（Ⅱ）収納される物品とともに提示される容器で、この通則の規定を適用してその所属が決
　　定される容器の実例には、次のような物品がある。
　　（1）身辺用細貨類の箱及びケース（71.13）
　　（2）電気かみそりのケース（85.10）
　　（3）双眼鏡のケース及び望遠鏡のケース（90.05）
　　（4）楽器のケース、箱及びバッグ（例えば92.02）
　　（5）銃のケース（例えば93.03）

通則5（b）
　　＊ビニール袋入りセーター　➡　セーターとして分類
　　＊紙バック入り小麦粉　➡　小麦粉として分類
```

3. 関税率表の解釈に関する通則（通則） **45**

通則

　このような理由から、通則6は個別に号レベルの分類を決定するために適用されることとなります。

　通則6のポイントは四角に示すように、号レベルの分類は以下の原則に従い決定することとなります。

・号の規定及びこれに関連する号の注の規定
・通則1から5までを準用
・同一の水準（レベル）にある号のみ比較可能
・関係する部又は類の注も適用（文脈により別に解される場合を除く）

　したがって、例えば、物品が一の項の中の二以上の号に属する可能性がある場合には、通則3の規定を号の分類に準用してその所属を決定することになります。

　また、部注及び類注は通則1に定めるように項レベルの分類を決定するための規定ですが、号レベルの分類にも、文脈により別に解される場合を除いて、適用されます。ここでいう文脈により別に解される場合の例として、第29類号注2「第29類の注3の規定は、この類の号には適用しない。」や第71類号注2「第7110.11号及び第7110.19号において白金には、注4（B）の規定にかかわらず、イリジウム、オスミウム、パラジウム、ロジウム及びルテニウムを含まない。」などがあります。

　通則6の中で、特に重要なのが、「同一の水準（レベル）にある号のみ比較可

図表26　通則6

通則6

　この表の適用に当たっては、項のうちのいずれの号に物品が属するかは、号の規定及びこれに関係する号の注の規定に従い、かつ、前記の原則を準用して決定するものとし、この場合において、同一の水準にある号のみを比較することができる。この6の原則の適用上、文脈により別に解釈される場合を除くほか、関係する部又は類の注も適用する。

＜通則6＞　個別に適用（項のうちで物品がいずれの号に所属するかの原則）

＊　号の規定及びこれに関連する号の注の規定
＊　通則1から5までを準用
＊　同一の水準（レベル）にある号のみ比較可能
＊　関係する部又は類の注も適用（文脈により別に解される場合を除く）

能」という原則です。この原則については、前述の「2．品目表の構造」のところでも触れていますが、図表27を用いて詳しく説明します。

同一の水準（レベル）にある比較可能な（競合する）号として、
- 一つの項の内において、号（5桁）の選択は、同レベルの競合する号（5桁）の比較によってのみ可能
- 同様に、号（5桁）の内において、号（6桁）の選択は、同レベルの競合する号（6桁）の比較によってのみ可能

と示していますが、これは号レベルの分類は、まず、同一の項の中の5桁レベルの号の分類を決めてから、次に、その特定した5桁レベルの号の中で6桁レベルの号の分類を決めるというように、Step by Stepで分類検討することを規定しています。

例えば、第28.39項の中において、5桁レベルの号（1段落ちの号（水準1））は2つ存在します。一つは第2839.1号でナトリウムのものを分類するもの、他の一つは第2839.90号でその他のものの号です。

第2839.1号については、さらに、第2839.11号と第2839.19号の6桁レベルの

図表27　通則6：同一の水準（レベル）にある比較可能な（競合する）号

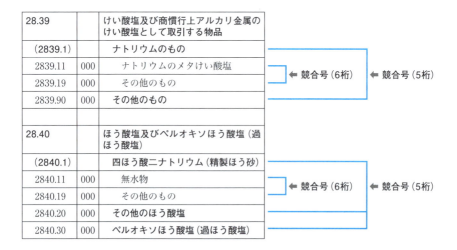

号（2段落ちの号（水準2））に分割されています。

　一方、第2839.90号については、6桁目がゼロなのでこれ以上分割されていません。

　したがって、5桁レベルの号で比較可能なのは、第2839.1号と第2839.90号とになります。

　また、6桁レベルの号で比較可能な号は、5桁レベルの号の第2839.1号が分割してできた、第2839.11号と第2839.19号との2つの号になります。

　仮に、物品が第28.39項に分類される場合、第28.39項の中の号の分類を決めるに当たり、まず、比較可能な5桁レベルの号同士の間で、どの号に分類されるかを決めることとなります。

　5桁レベルの号の分類が決まった上で、その5桁レベルの号が分割されていて複数の6桁レベルの号を有する場合には、さらに、その6桁レベルの号同士を比較して、どの6桁レベルの号に分類されるかを決めるようにすると規定されています。

　次に、第28.40項の例を見ると、比較可能な5桁レベルの号は、第2804.1号、第2804.20号及び第2804.30号の3つとなります。

　したがって、仮に物品が第28.40項に分類される場合には、通則6の規定により、まず、第2840.1号、第2840.20号及び第2840.30号を比較し、5桁レベルの号の分類を決めます。

　この場合、仮に物品が第2840.1号に分類されることとなった場合には、さらに6桁レベルの号の分類を第2840.11号と第2840.19号との間で比較し、決定することとなります。

　よくある誤りとして、例えば6桁レベルの号の第2839.11号と、同じ6桁レベルの号の第2840.11号を比較することです。これらは、同じ6桁レベルの号でも別々の項に属していて比較の対象になり得ません。また、第2840.11号の無水物と第2840.20号のその他のほう酸を同じ項に属しているからといって、5桁と6桁とでレベルが違う号であるにもかかわらず比較してしまうことがあります。

4. HS品目表の英語原文の参照による正確な理解

　HS品目表の規定を正確に理解するためには、日本語訳の基となる英語原文[1]の規定に戻ってみることが大切です。

48 HS品目表／関税率表の解釈に関する通則

　HS品目表の英語原文の規定を理解する上で、句読点（Punctuations）は大変重要な役割を果たしています。HS品目表の中で用いられている4種類の句読点の役割について、**図表28〜図表31**を用いて以下に解説します。

（1）カンマ Commas（，）

（a）一連の商品名を区分
　カンマは、一連の商品名を区分するのに用いられます。

　例えば第07.03項では、カンマは、たまねぎ（Onions）、シャロット（shallots）、にんにく（garlic）、リーキ（leeks）を区分するのに用いられています。

（b）商品の条件の記述をグループ分け
　カンマは、商品の条件（材質、形状、属する分類番号等）の記述をグループ分けするのにも用いられます。

　例えば第41.15項では、fibreとin slabsとの間のカンマは、コンポジションレザーについて板状（in slabs）、シート状（in sheets）又はストリップ状（in strip）のそれぞれの形状のものがあるという一つの条件がグループとなっていることを示しています。さらに、stripとwhetherとの間のカンマは、板状、シート状

図表28　カンマ（Commas［，］）

①	一連の商品名等の記述を区分
07.03	Onions, shallots, garlic, leeks and other alliaceous vegetables, fresh or chilled.
07.03	たまねぎ、シャロット、にんにく、リーキその他のねぎ属の野菜（生鮮のもの及び冷蔵したものに限る。）

②	商品の条件（材質、形状、属する分類番号等）の記述をグループ分け
41.15	Composition leather with a basis of leather or leather fibre, in slabs, sheets or strip, whether or not in rolls;
	｛Composition leather with a basis of leather or leather fibre,｝ in ｛slabs, sheets or strip,｝ in ｛roll or not roll｝
41.15	コンポジションレザー（革又は革繊維をもととして製造したもので、板状、シート状又はストリップ状のものに限るものとし、巻いてあるかないかを問わない。）、

4．HS品目表の英語原文の参照による正確な理解　**49**

又はストリップ状のコンポジションレザーについて、巻いてあるかいないかの形状を問わないというもう一つの条件がグループとなっていることを示しています。

（2）セミコロン Semi-colons（；）

　セミコロンは、テキスト中の項目を独立した単位に区切るために用いられます。

　例えば第42.02項では、similar containersとtravelling-bagsとの間に用いられているセミコロンは、第42.02項の規定をセミコロンの前後で2つの独立した単位（前段と後段の規定）に区切っています。

　したがって、第42.02項の英文テキストの最後に規定されている革（leather）、コンポジションレザー（composition leather）、プラスチックシート（sheeting of Plastics）等の材質に関する条件は、セミコロンで区切られた後段の物品のみに適用されることとなります。

　第42.02項の日本語の規定では、材質の限定に関し英文の規定との整合性を確保するため、セミコロンで分けられる前段と後段とが入れ替えられています。

図表29　セミコロン（Semi-colons［；］）

テキスト中の項目を独立した単位に区切る	
42.02	Trunks, suit-cases, vanity-cases, executive-cases, brief-cases, school satchels, ……, musical instrument cases, gun cases, holsters and similar containers; travelling-bags, insulated food or beverages bags, toilet bags, rucksacks, handbags, shopping-bags, ……, jewellery boxes, powder-boxes, cutlery cases and similar containers, of leather or of composition leather, of sheeting of plastics, of textile materials, of vulcanised fibre or of paperboard, or wholly or mainly covered with such materials or with paper.
	英文前段（材質の限定なし）　　　　日本語前段（材質の限定あり） 英文後段（材質の限定あり）　　　　日本語後段（材質の限定なし）
42.02	旅行用バッグ、断熱加工された飲食料用バッグ、化粧用バッグ、リュックサック、ハンドバッグ、……、宝石入れ、おしろい入れ、刃物用ケースその他これらに類する容器（革、コンポジションレザー、プラスチックシート、紡織用繊維、バルカナイズドファイバー若しくは板紙から製造又は全部若しくは大部分をこれらの材料若しくは紙で被覆したものに限る。）及びトランク、スーツケース、携帯用化粧道具入れ、エグゼクティブケース、書類かばん、通学用かばん、……、楽器用ケース、銃用ケース、けん銃用のホルスターその他これらに類する容器

50 HS品目表／関税率表の解釈に関する通則

(3) コロン Colons（：）

コロンは、規定がさらに分割されていることを示すために用いられます。

例えば第52.04項では、1段落ちの号（水準1）の第5204.1号の規定の最後に付されコロンは、この号がさらに分割され2段落ちの号（水準2）の第5204.11号と第5204.19号とになっていることを示しています。

(4) ピリオド Periods（．）

ピリオドは、注や項の規定の最後に終止符として用いられます。

第1類注1の規定を用いて、これまでの句読点の役割に関する復習も兼ねて説明すると、まず、導入部のexceptの後に付されたコロンが当該注の規定が分割されていることを示し、(a)の中でof headingの前に付されたカンマは商品の条件の記述（この例では商品名とこれらが属する項番号）がグループ分けされていることを示し、他のカンマは商品名の区分や項番号の区分を示しています。また、(a)、(b)及び(c)の間に付された2つセミコロンは、(a)、(b)及び(c)がそれぞれの独立した規定の単位であることを示します。そして(c)の規定の最後に付されたピリオドは、当該第1類注1の規定の終了を示しています。

図表30　コロン（Colons［：］）

規定がさらに分割されていることを示す	
52.04	Cotton sewing thread, whether or not put up for retail sale.
	− Not put up for retail sale：
5204.11	− − Containing 85% or more by weight of cotton
5204.19	− − Other
5204.20	− Put up for retail sale
	1段落ちの号（水準1）5204.1 　➡　分割 ｛ 2段落ちの号（水準2）5204.11 / 2段落ちの号（水準2）5204.19
52.04	綿製の縫糸（小売用にしたものであるかないかを問わない。）
	− 小売用にしたものでないもの
5204.11	− − 綿の重量が全重量の85％以上のもの
5204.19	− − その他のもの
5204.20	− 小売用にしたもの

4．HS品目表の英語原文の参照による正確な理解　**51**

図表31　ピリオド（Periods［.］）

> **注や項の規定の終止符**
>
> ### Chapter 1 Live animals
>
> Note.
> 1. – This Chapter covers all live animals except: [←③]
> 　(a) Fish and crustaceans, [←①A] molluscs and other aquatic invertebrates, [←①B] of
> 　　　heading 03.01, [←①A] 03.06, [←①A] 03.07 or 03.08; [←②]
> 　(b) Cultures of micro-organisms and other products of heading 30.02; [←②] and
> 　(c) Animals of heading 95.08. [←④]
>
> | | | | |
> |---|---|---|---|
> | ①A | カンマ［,］ | ・・・ | 語句（商品名等の記述）の区分 |
> | ①B | カンマ［,］ | ・・・ | 条件の区分（グループ化） |
> | ② | セミコロン［;］ | ・・・ | 独立した規定の単位 |
> | ③ | コロン［:］ | ・・・ | 規定の更なる分割 |
> | ④ | ピリオド［.］ | ・・・ | 当該規定の終了 |
>
> ### 第1類　動物（生きているものに限る。）
>
> 注
> 1　この類には、次の物品を除くほか、すべての動物（生きているものに限る。）を含む。
> 　(a) 第03.01項、第03.06項、第03.07項又は第03.08項の魚並びに甲殻類、軟体動物及
> 　　　びその他の水棲無脊椎動物
> 　(b) 第30.02項の培養微生物その他の物品
> 　(c) 第95.08項の動物

（注）

1　https://www.wcoomd.org/en/topics/nomenclature/instrument-and-tools/hs-
nomenclature-2022-edition/hs-nomenclature-2022-edition.aspx

52 HS品目表／関税率表の解釈に関する通則

第1章

機 械 類

54 第1章 機械類

ステップ1：輸出入産品のHS番号の確定

1. 分類体系

　HS品目表において、機械類は第16部から第19部までに分類され、その分類体系の概要は**図表1－1**のとおりです。

　機械類の特徴は、一般に、部分品を組み立てることにより製造されるということです。

　したがって、機械類の分類で最も重要となるのは、エンジン（内燃機関）、モーター（電動機）、ランプ、ギアボックス、弁などの、そのもの自体が機械類のものであると同時に、さらに大きな機械類を製造する際に部分品として組み立てられるものの多くが所属する第16部（第84類及び第85類）について、それぞれの項にどのような物品が含まれるのかを正確に把握することです。

　この関連では、第17部（第86類から第89類）及び第90類の注[1]において、これらの部及び類に該当する機械類の部分品及び附属品について、一部の例外もありますが、第16部（第84類及び第85類）に含まれる物品を除外する規定が設け

図表1－1　機械類等の分類体系

第16部　機械類・電気機器等
　　第84類　機械類及びその部分品
　　第85類　電気機器及びその部分品・附属品

第17部　車両、航空機、船舶及び輸送機器等
　　第86類　鉄道用の機関車・車両等及びその部分品
　　第87類　自動車等及びその部分品・附属品
　　第88類　航空機等及びその部分品
　　第89類　船舶等

第18部　精密機器、時計、楽器等
　　第90類　光学機器、精密機器、医療用機器等及びその部分品・附属品
　　第91類　時計及びその部分品
　　第92類　楽器及びその部分品・附属品

第19部　武器等
　　第93類　武器等及びその部分品・附属品

ステップ1：輸出入産品のHS番号の確定 **55**

られています。

さらに、機械類の全般の分類として、第16部から第19部に「第15部の注2の卑金属製のはん用性の部分品（第15部参照）及びプラスチック製のこれに類する物品（第39類参照）」を除外する規定[2]が設けられていることです。

したがって、機械類の分類においては、第16部（第84類及び第85類）に属する物品の部分品の考え方について、体系的に整理し理解することが必要です。

また、これらの物品が部分品として組み立てられることにより製造された機械類の分類方法についても、正しく理解することが必要です。

EPA特恵税率の適用を受ける原産品か否かの原産性判断基準の一つである関税分類変更基準を検討する際に、材料としての部分品とこれら部分品が組み立てられた産品としての機械類とのHS番号を正しく特定することは非常に重要です。

2. 分類のポイント

(1) 第16部（機械類及び電気機器並びにこれらの部分品並びに録音機、音声再生機並びにテレビジョンの映像及び音声の記録用又は再生機の機器並びにこれらの部分品及び附属品）

第16部には、この部の注の規定により除外されるもの及びこの部を構成する第84類又は第85類の注の規定で除外されるもの並びに他の部に特掲されているものを除くほか、全ての機械類及び電気機器並びにこれらの部分品を含むとともに、機械式又は電気式でない機器（例えば、ボイラー、ボイラー附属品、ろ過用機器等）及びこれらの部分品も含まれます。第16部から除外される主な物品は以下のとおりです。

① 第15部の注2の卑金属製のはん用性の部分品（第15部参照）及びプラスチック製のこれに類する物品（第39類参照）

② 第17部の物品

③ 第18部の物品

④ 武器及び銃砲弾（第93類）

⑤ 第95類の物品

第16部の物品は、通常その材質を問いませんが、以下の物品はこの部には含まれません。

機械類

56 第1章 機械類

① プラスチック製の伝動用又はコンベヤ用のベルト及びベルチング（第39
類）、加硫ゴム製品（例えば、伝動用又はコンベヤ用のベルト及びベルチ
ング）（第40.10項）、ゴム製のタイヤ、チューブ等（第40.11項～第40.13項）
及びワッシャー等（第40.16項）

② 革製品及びコンポジションレザー製品（例えば、繊維用のピッカー）（第
42.05項）並びに毛皮製品（第43.03項）

③ 紡織用繊維製品。例えば、伝動用又はコンベヤ用のベルト（第59.10項）、
フェルトパッド及び研磨用ディスク（第59.11項）

④ 第69類のある種の陶磁製品（第84類注1（b）参照）

⑤ 第70類のある種のガラス製品（第84類注1（c）及び第85類注1（b）参照）

⑥ 天然、合成又は再生の貴石及び半貴石のみから成る製品（第71.02項、第
71.03項、第71.04項又は第71.16項）。ただし、針用に加工したサファイ
ヤ及びダイヤモンドで、取り付けられていないものを除く（第85.22項）。

⑦ 金属の線又は帯で製造したエンドレスベルト（第15部）

Ａ．部分品の分類（第16部注2）

　第16部に属する機械類の部分品の分類については、第16部注2に規定されて
いますが、まず、第16部注1（g）の規定により、この部から除外される汎用性
の部分品の分類について以下のように説明します。

イ．汎用性の部分品の分類

　上記「1．分類体系」において説明したように、機械類の全般の分類として、
第16部から第19部には「第15部の注2の卑金属製のはん用性の部分品（第15部
参照）及びプラスチック製のこれに類する物品（第39類参照）」を除外する規定が
設けられています。

　したがって、部分品の分類に関しては、まず、第15部の注2の卑金属製の汎
用性の部分品について、正確に理解することが必要です。

　卑金属製の汎用性の部分品の分類について定めた第15部注2の規定及び当該
注2の(a)から(c)までに定める汎用性の部分品が属する項の規定並びに関税率
表解説第15部総説（C）の部分品の分類に関する記述を**図表1−2**に示します。

　関税率表解説第15部総説（C）に第15部注2に定める卑金属製の汎用性の部分
品の分類について説明されています。

　まず、基本的な考え方として、第15部の部分品には、「専用の部分品」と「汎

ステップ1：輸出入産品のHS番号の確定　**57**

図表1−2　第15部注2の規定及び当該注2の（a）〜（c）までに定める
汎用性の部分品が属する項の規定並びに
関税率表解説第15部総説（C）の部分品の分類に関する記述

機械類

第15部

注2　この表において「汎用性の部分品」とは、次の物品をいう。

（a）第73.07項、第73.12項、第73.15項、第73.17項又は第73.18項の物品及び非鉄卑金属製のこれらに類する物品（内科用、外科用、歯科用又は獣医科用の物品で専らインプラントに使用するために特に設計されたもの（第90.21項参照）を除く。）

（b）卑金属製のばね及びばね板（時計用ばね（第91.14項参照）を除く。）

（c）第83.01項、第83.02項、第83.08項又は第83.10項の製品並びに第83.06項の卑金属製の縁及び鏡

第73類から第76類まで及び第78類から第82類まで（第73.15項を除く。）において部分品には、（a）から（c）までに定める汎用性の部分品を含まない。

第二文及び第83類の注1の規定に従うことを条件として、第72類から第76類まで及び第78類から第81類までの物品には、第82類又は第83類の物品を含まない。

＜関税率表解釈＞
第15部
総説（C）部分品

　物品の専用部分品は、一般にこの表においては該当する項中の部分品として分類する。
　ただし、この部の注2に規定された汎用性の部分品で単独に提示されるものは、部分品として取り扱わず、この部のそれぞれ該当する項に属する。

　例えば、セントラルヒーティング用のラジエーターに使用するように作ったボルト又は自動車用に特に作ったばねが単独に提示された場合においては、ボルトは、第73.18項に属し、第73.22項のラジエーターの部分品には属さず、また、ばねは第73.20項に属し、第87.08項の自動車の部分品には属しない。

項	項の規定	備考
第73.07項	鉄鋼製の管用継手（例えば、カップリング、エルボー及びスリーブ）	
第73.12項	鉄鋼製のより線、ロープ、ケーブル、組ひも、スリングその他これらに類する物品（電気絶縁をしたものを除く。）	
第73.15項	鉄鋼製の鎖及びその部分品	
第73.17項	鉄鋼製のくぎ、びよう、画びよう、波くぎ、またくぎ（第83.05項のものを除く。）その他これらに類する製品（銅以外の材料から製造した頭部を有するものを含む。）	
第73.18項	鉄鋼製のねじ、ボルト、ナット、コーチスクリュー、スクリューフック、リベット、コッター、コッターピン、座金（ばね座金を含む。）その他これらに類する製品	
第73.20項	鉄鋼製のばね及びばね板（時計用のばね（第91.14項参照）を除く。）	注2(b)参照
第83.01項	卑金属製の錠（かぎを使用するもの、ダイヤル式のもの及び電気式のものに限る。）並びに卑金属製の留金及び留金付きフレームで、錠と一体のもの並びにこれらの卑金属製のかぎ	
第83.02項	卑金属製の帽子掛け、ブラケットその他これらに類する支持具、取付具その他これに類する物品（家具、戸、階段、窓、日よけ、車体、馬具、トランク、衣装箱、小箱その他これらに類する物品に適するものに限る。）、取付具付きキャスター及びドアクローザー	
第83.08項	卑金属製の留金、留金付きフレーム、バックル、フック、アイ、アイレットその他これらに類する物品（衣類又は衣類附属品、履物、身辺用細貨類、腕時計、書籍、日よけ、革製品、旅行用具、馬具その他の製品に使用する種類のものに限る。）、管リベット、二股リベット、ビーズ及びスパングル	
第83.10項	卑金属製のサインプレート、ネームプレート、アドレスプレートその他これらに類するプレート及び数字、文字その他の標章（第94.05項のものを除く。）	
第83.06項	卑金属製のベル、ゴングその他これらに類する物品（電気式のものを除く。）、小像その他の装飾品、額縁その他これに類するフレーム及び鏡	フレーム（縁）及び鏡のみ

用性の部分品」とがあり、「物品の専用の部分品は一般にこの表においては該当する項中の部分品として分類する。ただし、この部の注2に規定された汎用性の部分品で単独に提示されるものは、部分品として取り扱わず、この部のそれぞれ該当する項に属する」と説明されています。

このような汎用性の部分品の分類として、当該総説（C）に示されている2例の中から、セントラルヒーティング用のラジエーターに使用するように作ったボルトが単独に提示された場合について、**図表1－3**を用いて説明します。

まず、第73.22項はその項の規定から、鉄鋼製のセントラルヒーティング用のラジエーター及びその部分品（すなわちラジエーターの専用の部分品）を分類します。

したがって、セントラルヒーティング用のラジエーターの部分品（専用の部分品）が単独で提示された場合は、本体と同じ第73.22項に分類されます。

しかし、セントラルヒーティング用のラジエーターに使用するように作ったボルトが単独で提示された場合は、当該ボルトは汎用性の部分品を定めた第15

図表1－3　第15部注2（専用の部分品及び汎用性の部分品）の分類例

73.22	セントラルヒーティング用のラジエーター（電気加熱式のものを除く。）及びその部分品並びに動力駆動式の送風機を有するエアヒーター及び温風分配器（新鮮な又は調節した空気を供給することができるものを含むものとし、電気加熱式のものを除く。）並びにこれらの部分品（この項の物品は、鉄鋼製のものに限る。） －ラジエーター及びその部分品
7322.11	－－鋳鉄製のもの
7322.19	－－その他のもの
7322.90	－その他のもの

73.18	鉄鋼製のねじ、ボルト、ナット、コーチスクリュー、スクリューフック、リベット、コッター、コッターピン、座金（ばね座金を含む。）その他これらに類する製品

セントラルヒーティング用
ラジエーター
（第73.22項）

セントラルヒーティング用ラジエーターに
使用する部分品（第73.22項）
（専用の部分品）

セントラルヒーティング用ラジエーターに
使用するボルト（第73.18項）
（汎用性の部分品）

部注 2 (a) に規定する第73.18項の物品であることから、本体のセントラルヒーティング用のラジエーターの専用の部分品として第73.22項に分類されるのではなく、鉄鋼性のボルトとして第73.18項に分類されます。

このように、機械類の部分品を分類する際は、まず、第15部の注 2 の卑金属製の汎用性の部分品又はプラスチック製のこれに類する物品に該当するもので機械類を分類する部・類から除外され、その材質に基づきそれぞれの項に分類されるべきものであるか否かを確認することが必要です。

ロ. 第16部注 2（機械の部分品の分類）

第16部に属する機械の部分品の分類について定めた第16部注 2 の規定を**図表 1 − 4**に示します。

第16部注 2 の規定により分類される機械の部分品は、この注の前文の規定により、第16部注 1 、第84類注 1 又は第85類注 1 により除外されるもの（例えば、第16部注 1 （g）で除外される「第15部の注 2 の卑金属製のはん用性の部分品又はプラスチック製のこれに類する物品」）に該当しないことが前提となります。

第16部注 2 の規定は、(a)、(b) 及び (c) の 3 パラグラフからなりますが、それぞれのパラグラフの導入部分から、(a) → (b) → (c) の順に適用されるという優先関係が明確に示されています。

図表 1 − 4　第16部注2（機械の部分品の分類）の規定

注 2　機械の部分品（第84.84項又は第85.44項から第85.47項までの物品の部分品を除く。）は、この部の注 1 、第84類の注 1 又は第85類の注 1 のものを除くほか、次に定めるところによりその所属を決定する。
  (a) 当該部分品は、第84類又は第85類のいずれかの項（第84.09項、第84.31項、第84.48項、第84.66項、第84.73項、第84.87項、第85.03項、第85.22項、第85.29項、第85.38項及び第85.48項を除く。）に該当する場合には、当該いずれかの項に属する。
  (b) (a)のものを除くほか、特定の機械又は同一の項の複数の機械（第84.79項又は第85.43項の機械を含む。）に専ら又は主として使用する部分品は、これらの機械の項又は第84.09項、第84.31項、第84.48項、第84.66項、第84.73項、第85.03項、第85.22項、第85.29項若しくは第85.38項のうち該当する項に属する。ただし、第85.17項の物品及び第85.25項から第85.28項までのいずれかの項の物品に共通して主として使用する部分品は、第85.17項に属し、第85.24項の物品に専ら又は主として使用する部分品は、第85.29項に属する。
  (c) その他の部分品は、第84.09項、第84.31項、第84.48項、第84.66項、第84.73項、第85.03項、第85.22項、第85.29項又は第85.38項のうち該当する項に属する。この場合において、該当する項がない場合には、第84.87項又は第85.48項に属する。

まず、(a)は、当該部分品が第84類又は第85類のいずれかの項に該当する場合には当該いずれかの項に属すると規定しています。
　この場合、第84類及び第85類において、特定の機械の部分品のみを分類するために設けられた第84.09項等の11の項は除かれます。
　したがって、(a)は、当該部分品が第84類又は第85類の機械を分類するいずれかの項に該当する場合には、当該部分品を機械として当該項に分類するという規定です。
　(a)の適用事例として、**図表１－５－１**に示した冷蔵庫用に製造されたファンの分類について検討します。当該ファンは、明らかに冷蔵庫の部分品と認められますが、当該部分品は、それ自体を第84.14項に属するファンの機能を持つ機械として捉えることができることから、(a)の規定を適用し、第84.14項に分類するというものです。
　次に(b)は、(a)のものを除くほか、特定の機械又は同一の項の複数の機械に専ら又は主として使用する部分品は、これらの機械と同一の項又は第84.09項等の9の項のうち該当する項に属すると規定しています。
　したがって、(b)は、当該部分品を専ら又は主として使用する機械本体と同一の項又は特定の機械の部分品のみを分類するために設けられた第84.09項等の9の項のうち該当する項に分類するという規定です。
　(b)の適用事例として、先程の**図表１－５－１**の冷蔵庫用に製造されたファンを構成する2つの部分品であるファン用のモーターとファン用のブレード

図表１－５－１　第16部注2(機械の部分品の分類)の分類例①

第84.14項（ファン）

冷蔵庫用に製造されたファン
第16部注2(a)
本品自体をファンとして第84.14項に分類

ファン用のブレード
第16部注2(b)
ファンの部分品：第8414.90号

ファン用のモーター
第16部注2(a)
電動機（モーター）：第85.01項

第84.18項（冷蔵庫）

(羽根車)の分類について検討します。

まず、当該モーターもブレードも第84.14項に分類されるファンの部分品です。

モーターについては、(a)の規定により、それ自体を第85.01項の電動機に該当する機械として捉えることができるため、第85.01項に分類されます。

一方、ブレードについては、それ自体を機械として特定する項が第84類又は第85類にないため(a)の規定では分類が決められないことから、(b)の規定が適用されます。当該ブレードは、ファンに専ら又は主として使用する部分品であることから、ファンが分類される第84.14項、さらに詳細にはファンの部分品として第8414.90号、に分類されます。

次に、図表1－5－2を参考として、洗濯機の前面のドアが単独で輸入された場合の分類について検討します。

洗濯機の前面のドアは、それ自体を機械として分類できる項が第84類又は第85類にないため(a)の規定では分類が決められないことから、(b)の規定が適用されることになりますが、その形状から洗濯機に専ら又は主として使用される部分品であることが明らかです。したがって、当該ドアは、洗濯機が分類される第84.50項、さらに詳細には第8450.90号、に洗濯機の部分品として分類されます。

(b)の規定には、ただし書きがあり、

(ⅰ)第85.17項(電話、スマートフォン等)

　　第85.25項(送信機、デジタルカメラ等)

　　第85.26項(レーダー等)

　　第85.27項(ラジオ放送用の受信機)

図表1－5－2　第16部注2(機械の部分品の分類)の分類例②

(b)(a)のものを除く部分品
特定の機械に専ら又は主として使用するもの
➡これらの機械と同一の項に属する

洗濯機の前面のドア
第16部注2(b)
洗濯機の部分品：第8450.90号

第84.50項(洗濯機)

62　第1章　機械類

　　　第85.28項（モニター、テレビジョン受像機等）

　の物品に共通して主として使用する部分品は、第85.17項に属する。

　（ⅱ）第85.24項（フラットパネルディスプレイモジュール）に専ら又は主とし

　　　て使用する部分品は、第85.29項（第85.24項等の部分品）に属する。

旨が規定されています。

　上記（ⅰ）及び（ⅱ）について、関税率表解説にこれらの規定に関する説明があ

りません。

　しかしながら、まず、（ⅰ）の規定については、第85.17項、第85.25項、第85.26

項、第85.27項及び第85.28項の5つの項の物品に共通して主として使用する部分

品が分類されることとなる第85.17項の中で部分品を分類する1段落ちの号（水

準1）の第8517.7号内に「アンテナ及びアンテナ反射器並びにこれらに使用する

部分品」を分類する第8517.71号が設けられていることから、第85.17項等の5つ

の項の物品に共通して主に使用される部分品の例として、アンテナ（無線でデー

タを送受信する機械の部分品）などが含まれると考えられます。したがって、ア

ンテナなどの場合、第85.17項等の5つの項のそれぞれに含まれる無線でデータ

を送受信する機械に共通して使用できるものであることから、特定の一の項の

物品に専ら又は主として使用される部分品として分類するのが困難であったた

め、上記（ⅰ）の規定が設けられたと考えられます。

　上記（ⅱ）の規定は、HS2022改正で追加されたもので、この規定が設けられ

た理由は以下のように明らかです。

　（ⅱ）で規定する部分品の本体となるフラットパネルディスプレイモジュール

（FPDM）については、それ自体が各種の物品のディスプレイとして、第16部を

含め他の類に属する機械・装置に使用される部分品でもあることから、FPDM

が部分品としてではなく機械として、常に第85.24項に分類されることの明確化

のため、第85類注7の末尾に「この注7のフラットパネルディスプレイモジュー

ルの所属の決定に当たっては、第85.24項は、この表の他のいずれの項にも優先

する。」旨が規定されています。

　このような第85.24項のFPDMに専ら又は主として使用される部分品が常に

第85.29項に分類されることを明確化するため上記（ⅱ）の内容の規定が（b）の

ただし書の後段に設けられています。

　最後の（c）の規定は、（a）及び（b）の規定により、その分類を決めることがで

きないその他の部分品は、第84.09項、第84.31項、第84.48項、第84.66項、第

84.73項、第85.03項、第85.22項、第85.29項又は第85.38項のうち該当する項に

ステップ１：輸出入産品のHS番号の確定　**63**

属するという規定です。

　(c)の適用事例として、第84.07項のピストン式火花点火内燃機関及び第84.08項のピストン式圧縮点火内燃機関とに共通で使用することができる部分品としてのピストンリングがあった場合、それ自体を機械として特定する項が第84類又は第85類にないため(a)の規定では分類が決められないこととなり、(b)の規定を適用し分類を決定することについて検討します。

　しかしながら、当該ピストンリングが第84.07項のピストン式火花点火内燃機関及び第84.08項のピストン式圧縮点火内燃機関とに共通で使用することができるものであった場合、(b)の規定により、特定の機械又は同一の項の複数の機械に専ら又は主として使用する部分品として、分類を決定することができません。

　このような場合に当該ピストンリングは、(c)の規定により、第84.07項又は第84.08項の部分品を分類する第84.09項に分類されます。

　なお、(c)の後段の規定より、物品が一般に第84類の機械又は第85類の電気機器の部分品として認められるものであるが、特定の機械の部分品としては認められないことから、該当する項を見つけることができない場合には、それぞれ第84.87項（機械類の部分品）又は第85.48項（機器の電気式部分品）に分類されます。

　関税率表解説には、第84.87項に含まれるものの例示として、自動式でない潤滑油用ポット、グリース供給用ニップル、手回しホイール、レバー、握り、安全覆い、ベースプレート及びオイルシールリング等が、また、第85.48項に含まれるものの例示として、接続子、絶縁部分品、コイル、接触子その他の特別な電気式構成部分を取り付けた物品が挙げられています。

　以上、第16部の機械類の部分品の分類のまとめとして、液体ポンプ（遠心ポンプ）の３つの部分品の分類について考えてみることにします（**図表１－６**）。

　まず、本液体ポンプは、第84.13項（第8413.70号）にその他の遠心ポンプとして分類されます。

　それでは遠心ポンプの部分品である羽根車の分類については、本羽根車自体が機械そのものでなく、第84類又は第85類に特定の項が設けられていないことから、第16部注２(a)の規定では分類が決められません。

　次に第16部注２(b)の規定で分類できるかを検討しますが、本羽根車は、遠心ポンプに専ら又は主として使用するものなので、当該注２(b)の規定により、

図表1－6　第16部注2（機械の部分品の分類）の分類（遠心ポンプ）

遠心ポンプ本体
第84.13項（第8413.70号）

ポンプのハウジングを組み立てる
ボルトとナット
第16部注1（g）
汎用性の部分品として第73.18項

遠心ポンプ用羽根車
第16部注2（b）
遠心ポンプに専ら主として使用する
部分品として第8413.91号に分類

ガスケット（金属2層から成るもの）
第16部注2（a）
ガスケットとして第84.84項に分類

遠心ポンプと同じ第84.13項に分類されることとなり、ポンプの部分品として第8413.91号に分類されます。

　それでは本遠心ポンプに専ら又は主として使用する部分品であるガスケット（金属2層から成るもの）は、羽根車同様に第16部注2（b）を適用し遠心ポンプと同じ第84.13項に分類されるように考えられますが、部分品の分類で重要なことは、まず初めに第16部注2（a）の規定で分類可能かどうかを確認することです。

　ガスケット（金属2層から成るもの）については、第84.84項が当該ガスケットそのものを分類することから、注2（a）の規定により、第84.84項（第8484.10号）に分類されます。

　なお、第16部注2の前文の導入部分「機械の部分品（第84.84項又は第85.44項から第85.47項までの物品の部分品を除く。）は、」において、ガスケットが分類される第84.84項が言及されていますが、この導入部分の規定は、ガスケットの部分品を機械の部分品から除くというもので、ガスケットそのものを当該注2が適用される機械の部分品から除くというものではありません。

　最後は、遠心ポンプのハウジングの組み立てに使用するために作られた鉄鋼製のボルトとナットについてです。

　本ボルトとナットについては、第16部注1（g）でこの部から除外される汎用

性の部分品に該当することから、第16部注2の前文の規定により、機械の部分品を分類する本注2の規定が適用されません。したがって、本ボルトとナットについては、第15部注2（a）の規定に従い、その材質に基づき鉄鋼製のボルト、ナットを分類する第73.18項に分類されます。

B．多機能機械及び複合機械の分類（第16部注3）並びに個別の構成機器から成る機械（機能ユニット）の分類（第16部注4）

第16部の機械類の分類では、第16部注3及び4の規定が重要です。

これらの注の規定は、第90類注3の規定により、第90類の機器の分類についても適用されます。

第16部注3及び4について、これらの規定及びその要約を**図表1－7**に示します。

この図表に示されているように、注3は、二以上の機械を結合して一の複合機械を構成するもの及び二以上の補完的又は選択的な機能を有する機械は、その主たる機能に基づき分類する規定です。なお、主たる機能が特定できない場

図表1－7　第16部注3（多機能機械及び複合機械）及び注4（機能ユニット）の規定並びにこれらの要約

第16部　機械類及び電気機器並びにこれらの部分品並びに録音機、音声再生機並びにテレビジョンの映像及び音声の記録用又は再生機の機器並びにこれらの部分品及び附属品

注3　二以上の機械を結合して一の複合機械を構成するもの及び二以上の補完的又は選択的な機能を有する機械は、文脈により別に解釈される場合を除くほか、主たる機能に基づいてその所属を決定する。

> （多機能機械及び複合機械　➡　主たる機能により分類）
> （主たる機能が特定できない場合　➡　通則3（c）で分類）

注4　個別の構成機器から成る機械（機械を結合したものを含む。）については、当該構成機器（分離しているかいないか又は配管、伝動装置、電線その他の装置により相互に接続しているかいないかを問わない。）が第84類又は第85類のいずれかの項に明確に規定された単一の機能を分担して有している場合には、当該機械は、当該単一の機能に基づいてその所属を決定する。

> （個別の構成機器からなる機械で第84類又は第85類のいずれかの項に明確に規定された単一の機能を分担して有している場合（機能ユニット）
> ➡　機能ユニット全体の当該単一の機能により分類）

66 第1章 機械類

合には、通則3（c）を適用し、等しく考慮に値する項のうちで数字上の配列において最後となる項に分類する規定です。

　注4については、個別の構成機器からなる機器で第84類又は第85類のいずれかの項に明確に規定された単一の機能を分担して有している場合、これを機能ユニットと呼びますが、機能ユニット全体の当該単一の機能に基づき分類する規定です。

　まず、注3について、HS委員会で実際に検討された2事例を紹介します。

　最初の事例は、**図表1－8**で示す災害時等に使用する多目的携帯機器（取手及び肩紐付き）で、同一のハウジング内に

（ⅰ）AM/FMラジオ受信機

（ⅱ）2本の蛍光灯

（ⅲ）サーチライト

（ⅳ）赤色信号灯

（ⅴ）黄色明滅信号灯

（ⅵ）音響アラーム

（ⅶ）バッテリーが再充電の必要がある場合、言語で警告を発する集積回路

（ⅷ）交流220ボルト及び直流12ボルト充電器付きの内蔵型充電可能バッテリー

の複数の機能を有しています。HS委員会は、これら複数の機能の中で、AM/

図表1－8　第16部注3（多機能機械及び複合機械）の分類例①

<国際分類例規>
8527.19　1．多目的携帯用機器

　本品は、同一のハウジング内に以下の機能がある機器である。
（ⅰ）AM/FMラジオ受信機　←　**主たる機能**
（ⅱ）2本の蛍光灯
（ⅲ）サーチライト
（ⅳ）赤色信号灯
（ⅴ）黄色明滅信号灯
（ⅵ）音響アラーム
（ⅶ）バッテリーが再充電の必要がある場合、言語で警告を発する集積回路
（ⅷ）交流220ボルト及び直流12ボルト充電器付きの内臓型充電可能バッテリー本品
　　は、取手及び肩ひもを装備している。

第16部注3を適用

FMラジオの受信機能を主たる機能と特定し、本品を第85.27項に「ラジオ放送用の受信機」として分類しました。

2番目の事例は、**図表1－9**に示す電気式家庭用パン製造機です。本機器は、(ⅰ)パン生地を混合しこねる機能と(ⅱ)パン生地を適切な温度に保つとともに焼くという2つの機能を有しています。したがって、注3の規定により、本機器は、その主たる機能がパン生地を混合しこねるであれば第85.09項の家庭用電気機器として分類されます。一方、本機器の主たる機能がパン生地を適切な温度に保つとともに焼くであれば第85.16項の家庭用電熱機器として分類されま

図表1－9　第16部注3（多機能機械及び複合機械）の分類例②

＜国際分類例規＞
8516.60　2．電気式家庭用パン製造機

本装置は、大きさ約36×22×27センチメートル、重量約5.9キログラムで、パン生地材料の混合及び焼くことができる取りはずし可能な容器（bread pan）を含むハウジングから構成されている。bread panは取外し可能なこね羽根のための回転軸を有し、機械内にbread panを設置すると、この回転軸は電気式モーターにつながる。容器設置部分を取り巻く電気式ヒーターは、生地を作るための適正な温度に材料を加熱し、生地が膨張する間、生地を適正な温度に保ち、パンを焼くために用いられる。本装置には、こねて焼く及びこねるのみの自動プログラムを有する（自動プログラムは、機械の上部の制御盤から操作できる。）。後者の場合、調製された生地は、他の機器で焼かれるために取り出される。

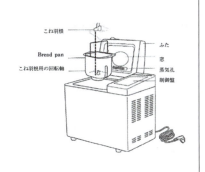

通則1、3（C）及び6を適用

2つの機能
　こねる　vs　焼く

分類の可能性
　第16部注3　主たる機能
　　①こねる　➡　第85.09項（家庭用電気機器）
　　②焼く　➡　第85.16項（家庭用電熱機器）

2つの機能はともに等しく重要　通則3（c）

す。HS委員会は、本機器の2つの機能はともに等しく重要であり、主たる機能が特定できないことから、通則3（c）を適用し項番号の大きい第85.16項に分類しました。

次に、注4について、HS委員会で実際に分類が検討された2種類の第90類の分析機器と第84類の自動データ処理機とから成る事例を**図表1－10**に示します。

すでに説明しましたが、分析機器等の精密機械を分類する第90類の注3に「第16部の注3及び注4の規定は、この類においても適用する。」という規定があります。

したがって、第16部注4の機能ユニットに関する分類の規定は、第90類の機械同士の組み合わせであっても又第90類と第16部との機械の組み合わせであっても、あたかも同じ第16部又は第90類に属する機械として適用可能です。

それでは、まず、最初の事例について、この分析装置は、全ての操作が自動データ処理機械で与えられた指示、例えば、測定モード、サンプリングモード等に従って実行されるため、分析装置として機能するためには、自動データ処理機械との接続が不可欠なことから、第90類注3のもと第16部注4の規定が適用可能となり、全体で一つの機能ユニットとして、第90.27項の分析装置として分類されました。

他方、2番目の事例では、分析装置が独立型で、単独でも機能できるものであり、分析装置と自動データ処理機械との接続が不可欠でなく、第16部注4で規定する全体で一つの機能ユニットと認められないことから、分析装置と自動データ処理機械とはそれぞれ別に第90.27項及び第84.71項に分類されることとなりました。

なお、第16部注4の規定で着目すべき点として、当該注の規定中には、例えば注3本文中の「文脈により別に解される場合を除くほか、」と同様の他の規定に適用上の優先を譲る文言がありません。したがって、注4は、第16部及び第90類の物品の分類において、優先的に適用される規定であり、当該注の規定が適用可能な機能ユニットがあった場合、その分類には必ずこの規定が適用されます。

私たちの周りにある機械について考えると、その多くのものは、注4の規定なしには分類できなくなります。

例えば、多くの人が常に携帯し利用しているスマートフォンは、非常に多くの部分品からなりますが、これらの部分品の中には、スピーカー、マイクロホ

ステップ1：輸出入産品のHS番号の確定　**69**

図表1−10　第16部注4（機能ユニット）の分類例

第90類
注3　第16部の注3及び注4の規定は、この類においても適用する。

＜国際分類例規＞
9027.30　1．原子吸光分析計

　本品は、外部の自動データ処理機械の制御下で、原子吸光により、様々な物質のスペクトルを測定する分析装置から成る。この分析装置は、波長の範囲が185〜900ナノメートル（紫外線、可視）の光学的放射を利用する。この分析装置は、自動データ処理機械と、分析装置の操作及び分析から得たデータ処理に使用されるCD-ROM（特殊なソフトウェア）がともに提示されるものである。

　全ての操作は、自動データ処理機械で与えられた指示、例えば、測定モード、サンプリングモード等に従って実行されるため、この分析装置は、自動データ処理機械に接続されなければならない。➡**【分析装置とPCの接続が不可欠】**　分析の結果は、自動データ処理機械に伝送される。自動データ処理機械は、それを使用する（例えば、定量分析）ため、分析の結果を分光写真及び分かりやすいデータに変換する。

第16部注4及び第90類注3を適用

分析装置（90.27）　＋　PC（84.71）
　↑第16部注4適用可能　➡　全体を一つの機能ユニットとして分析装置（第90.27項）
　↓第16部注4適用不可　➡　それぞれ別に分析装置（第90.27項）及びPC（第84.71項）

＜国際分類例規＞
9027.30　2．原子吸光分析計

　本品は、液晶ディスプレイ装備の、キーボード操作式ユニットの形式で、原子吸光により様々な物質のスペクトルを測定する独立型の分析装置から成る。➡**【分析装置とPCの接続が不可欠でない】**　この分析装置は、波長の範囲が185〜900ナノメートル（紫外線、可視）の光学的放射を利用する。

　この分析装置は、自動データ処理機械（一のシステムを構築するもの）と、分析装置の機能のアップグレード用のCD-ROM（特殊なソフトウェア）をともに提示されるものである。分析自体を実行可能にするため、分析装置は、単に、その結果の処理、作業の操作用の自動データ処理機械に接続される。分析の結果は、独立型、キーボード操作式ユニットから、自動化された多面分析用のフレーム又は炉の機構を操作する自動データ処理機械にアップグレードされる。自動データ処理機械及びソフトウェアは、ともに第8471.49号に分類される。

通則1（第16部注1(m)及び第84類注6(E)）及び6を適用

70 第1章 機械類

ン、スイッチ、記憶装置、送信機、受信機、ディスプレイ等の第16部の個別の機械が含まれています。したがって、スマートフォンは、個別の構成機械からなる機械で第85.17項に明確に規定されたスマートフォンとしての機能を分担している機能ユニットとみなすことができるのではないでしょうか。

別の言い方をすれば、第16部注2（a）の規定により機械として分類される部分品の複数から構成される一つの機械で第84類、第85類又は第90類のいずれかの項に明確に規定された単一の機能を分担して有している場合には、第16部注4の規定により、機能ユニットとして、その分類が決められることになるのではないでしょうか。

（2）第84類（原子炉、ボイラー及び機械類並びにこれらの部分品）及び第85類（電気機器及びその部分品並びに録音機、音声再生機並びにテレビジョンの映像及び音声の記録用又は再生用の機器並びにこれらの部分品及び附属品）

第84類及び第85類から除外される物品を定めた、それぞれの注1を**図表1－11**に示します。第84類から除外される物品の中には、真空式掃除機、家庭用電気機器等の第85類の電気機器に属するものがある一方で、エアコンディショナー（第84.15項）やパソコン、コンピュータ（第84.71項）などの、いわゆる、電気機器で第85類に分類されても良さそうなものが第84類に分類されます。このことから、機械類及び電気機器を第84類及び第85類に分類する場合には、それぞれの類に含まれることとなる物品について注意して確認することが大切です。

この関連として、**図表1－12**に示すように、第84類及び第85類の項に属する物品について、別途、詳細な定義が部又は類注に設けられているものが多くあります。したがって、物品をこれらの項に分類する場合には、関連する注の規定を確認することが必要です。

（3）第17部（車両、航空機、船舶及び輸送機器関連品）

第17部において重要な規定は、部分品及び附属品に関する注2と注3です。これらの注を**図表1－13**に示します。

注2は、部分品及び附属品として第17部に分類されないものを特定している規定です。例えば（a）のジョイントやワッシャー、（b）の第15部注2で規定される卑金属製の汎用性の部分品及びプラスチック製のこれに類似するもの、(e)

ステップ1：輸出入産品のHS番号の確定　**71**

図表1－11　第84類及び第85類の注1（除外規定）

第84類　原子炉、ボイラー及び機械類並びにこれらの部分品

注1　この類には、次の物品を含まない。
　（a）第68類のミルストーン、グラインドストーンその他の物品
　（b）陶磁製のポンプその他の機械類及び機械類（材料を問わない。）の陶磁器の部分品
　　　（第69類参照）
　（c）理化学用ガラス製品（第70.17項参照）並びに技術的用途に供する機械類及びその
　　　部分品（ガラス製のものに限る。第70.19項及び第70.20項参照）
　（d）第73.21項又は第73.22項の物品及びこれに類する物品で鉄鋼以外の卑金属製のも
　　　の（第74類から第76類まで及び第78類から第81類まで参照）
　（e）第85.08項の真空式掃除機
　（f）第85.09項の家庭用電気機器及び第85.25項のデジタルカメラ
　（g）第17部の物品用のラジエーター
　（h）動力駆動式でない手動床掃除機（第96.03項参照）

第85類　電気機器及びその部分品並びに録音機、音声再生機並びにテレビジョンの映像及び音声の記録用又は再生用の機器並びにこれらの部分品及び附属品

注1　この類には、次の物品を含まない。
　（a）電気加熱式の毛布、ベッドパッド、足温器その他これらに類する物品並びに電気
　　　加熱式の衣類、履物、耳当てその他の着用品及び身辺用品
　（b）第70.11項のガラス製の物品
　（c）第84.86項の機械類及び器具
　（d）内科用、外科用、歯科用又は獣医科用に使用する種類の真空装置（第90.18項）
　（e）第94類の電気加熱式家具

の第84類の機器の中の多くのもの、(f)の第85類の電気機器、(g)の第90類の物品など、この部から多くのものが除外されます。

　このように第17部において、部分品及び附属品に関する除外規定が多いのは、車両、航空機、船舶及び輸送機器関連品の場合、部分品及び附属品として使用される物品の種類が多く、さらに、これら部分品及び附属品はそのもの自体に特別な機能・特性を持つものが多いため、このようなものについてはその機能・特性を有する物品を分類するために用意されている項に分類することを目的としていると考えられます。

　注3は、第86類から第88類までの物品の部分品及び附属品は、当該各類の物品に専ら又は主として使用するものに限ると規定しています。ある種の部分品及び附属品（例えば、ブレーキ、操縦装置、車輪、車軸等）は、この部の一種以

72　第1章　機械類

図表1−12　項に属する物品について、別途、注に定義があるもの

第84類　原子炉、ボイラー及び機械類並びにこれらの部分品
（1）第84.57項　注4　（金属加工用のマシニングセンター等）
（2）第84.62項　注5　（鍛造機等）
（3）第84.71項　注6　（自動データ処理機械等）
（4）第84.82項　注7　（玉軸受及びころ軸受）
（5）第84.70項　注9　（ポケットサイズ計算機）
（6）第84.85項　注10　（積層造形用の機械）
（7）第84.86項　注11　（半導体ボール等の製造機器）

第85類　電気機器及びその部分品並びに録音機、音声再生機並びにテレビジョンの映像及び音声の記録用又は再生用の機器並びにこれらの部分品及び附属品
（1）第85.07項　注3　（蓄電池）
（2）第85.09項　注4　（家庭用電気機器）
（3）第85.17項　注5　（スマートフォン）
（4）第85.23項　注6　（不揮発性半導体記憶装置）
（5）第85.24項　注7　（フラットパネルディスプレイモジュール）
（6）第85.34項　注8　（印刷回路）
（7）第85.36項　注9　（光ファイバー用当の接続子）
（8）第85.39項　注11　（発光ダイオード（LED）光源）
（9）第85.41項、第85.42項　注12（半導体デバイス、集積回路等）
（10）第85.49項　部注6（電気電子機器のくず）

上の乗物（自動車、航空機、モーターサイクル等）に使用できるようになっていることがあります。このような部分品及び附属品は、これらを主として使用する乗物の部分品及び附属品に関する項に分類されます。なお、ここで注意しなければならないのは、第89類の船舶等には、部分品及び附属品についての規定がないことです。したがって、船舶に専ら又は主として使用される部分品及び附属品と認められるものであっても、他の類のそれぞれ該当する項に分類されます。

　このことから第17部の項に分類される部分品及び附属品は、**図表1−14**に示す3つの条件をいずれも満たす場合に限られます。

　第17部の最後に、航空機等を分類する第88類の中で、HS2022改正で新たに項が設けられた無人航空機の分類について説明します。

　無人航空機に関する第88類の規定と第88.06項の構造を**図表1−15**に示します。

　改正前は、無人航空機（ドローン）にデジタルカメラを装備した場合、異なる

ステップ１：輸出入産品のHS番号の確定　**73**

図表１−13　第17部注２及び３（部分品及び付属品）

第17部　車両、航空機、船舶及び輸送機器関連品

注２　「部分品」及び「部分品及び附属品」には、次の物品（この部の物品に使用するものであるかないかを問わない。）を含まない。

  (a) ジョイント、ワッシャーその他これらに類する物品（構成する材料により該当する項又は第84.84項に属する。）及びその他の加硫ゴム（硬質ゴムを除く。）製品（第40.16項参照）

  (b) 第15部の注２の卑金属製のはん用性の部分品（第15部参照）及びプラスチック製のこれに類する物品（第39類参照）

  (c) 第82類の物品（工具）

  (d) 第83.06項の物品

  (e) 第84.01項から第84.79項までの機器及びその部分品（この部の物品用のラジエーターを除く。）、第84.81項又は第84.82項の物品並びに第84.83項の物品（原動機の不可分の一部を構成するものに限る。）

  (f) 電気機器（第85類参照）

  (g) 第90類の物品

  (h) 第91類の物品

  (ij) 武器（第93類参照）

  (k) 第94.05項の照明器具

  (l) 車両の部分品として使用する種類のブラシ（第96.03項参照）

注３　第86類から第88類までにおいて部分品及び附属品は、当該各類の物品に専ら又は主として使用するものに限るものとし、これらの類の二以上の項に属するとみられる部分品及び附属品は、主たる用途に基づきその所属を決定する。

第89類の船舶等の部分品及び附属品については、規定されていない。
➡船舶用の部分品・附属品と認められても、他の類のそれぞれ該当する項に分類

構成要素からなるものとし、通則３（b）を適用し重要な構成要素からなるものとして、主にデジタルカメラが属する第85.25項に分類していました。HS2022改正では、無人航空機に関して、デジタルカメラ等の装置の装備にかかわらず、第88.06項に統一的に分類されるよう明確化されました。具体的には第88類の注１で、無人航空機を定義し、号注２では、第88.06項内の号の分類を明確化するため、最大離陸重量に関する定義が設けられました。

74 第1章 機械類

図表1−14　第17部の項に分類される部分品及び附属品

次の3つの条件のいずれも満たす場合に限り、第86類から第88類の該当する項に分類される。

（a）この部の注2の規定により除外されているものでないこと
（除外物品の例）
＊第84.07項から第84.12項までに属する各種の原動機（ギヤボックス及びその部分品を取り付けたエンジンを含む。）
＊エアコンディショナー（第84.15項）
＊第85.05項の電磁石及び電磁式のクラッチ、ブレーキ等
＊蓄電池（第85.07項）、等
（第17部関税率表解説参照）

（b）第86類から第88類までの物品に専ら又は主として使用するものであること
（部分品・附属品の例）
＊シャシのフレーム、ドア、バンパー、ブレーキ装置、駆動軸　等　（第87.08項）
（部分品・附属品を分類する項の関税率表解説参照）

（c）この表の他の類において、より特殊な限定をして記載をしているものでないこと
（他の類においてより特殊な限定の例）
＊ゴム製のタイヤ、交換性タイヤトレッド、タイヤフラップ及びインナーチューブ（第40.11項から第40.13項まで）
＊紡織用繊維製のじゅうたん（第57類）
＊バックミラー（第70.09項又は第90類）、等
（第17部 関税率表解説参照）

（4）第90類（光学機器、写真用機器、映画用機器、測定機器、検査機器、精密機器及び医療用機器並びにこれらの部分品及び附属品）

第90類の概要及び重要な注を**図表1−16**に示します。第90類には、第84類や第85類の機械類・電気機器に比べ、一般に、仕上げ精度が高く、かつ、高度に精密であることを特徴とする各種の機器が含まれます。

第84類と第85類が属する第16部は注1（m）に第90類の精密機器等を除外する規定があります。したがって、第16部と第90類との両方に該当する機器の場合、第90類の精密機器等が優先されます。

第90類の重要な注は、部分品及び附属品の分類に関する注2と第16部の注3（多機能機械及び複合機械）及び注4（機能ユニット）の規定が第90類にも適用できる旨を定めた注3です。

ステップ1：輸出入産品のHS番号の確定　**75**

図表1−15　（HS2022改正）第88類 無人航空機（ドローン）の分類に関する規定

> 注1　この類において、「**無人航空機**」とは、第88.01項の物品を除き、操縦士が搭乗せず
> に飛ぶように設計した航空機をいう。無人航空機には、積載物を運搬するように設計
> したもの又は**恒久的に組み込まれたデジタルカメラ若しくは飛行中に実用的機能を**
> **発揮可能なその他の装置を装備したもの**を含む。
> 　　ただし、無人航空機には、専ら娯楽用に設計された飛行する玩具を含まない（第95.03
> 項参照）。
>
> 号注2　第8806.21号から第8806.24号まで及び第8806.91号から第8806.94号までにおい
> て、「**最大離陸重量**」とは、その航空機が正常に離陸できる重量の最大値（積載物、装置
> 及び燃料の重量を含む。）をいう。

88.06	無人航空機
8806.10	−旅客の輸送用に設計したもの
	−その他のもの（遠隔制御飛行専用のものに限る。）
8806.21	−−最大離陸重量が250グラム以下のもの
8806.22	−−最大離陸重量が250グラムを超え7キログラム以下のもの
8806.23	−−最大離陸重量が7キログラムを超え25キログラム以下のもの
8806.24	−−最大離陸重量が25キログラムを超え150キログラム以下のもの
8806.29	−−その他のもの
	−その他のもの
8806.91	−−最大離陸重量が250グラム以下のもの
8806.92	−−最大離陸重量が250グラムを超え7キログラム以下のもの
8806.93	−−最大離陸重量が7キログラムを超え25キログラム以下のもの
8806.94	−−最大離陸重量が25キログラムを超え150キログラム以下のもの
8806.99	−−その他のもの

機械類

　注2の中で（a）について補足説明すると部分品及び附属品それ自体が、この
類、第84類、第85類又は第91類のうちの特定の項に該当する場合、それらの項
に分類されます。

　例としては、第90.12項に分類される電子顕微鏡に使用される真空ポンプにつ
いては、単独で提示された場合、ポンプとしての機能に着目して第84.14項に分
類されることになります。

　また、精密機器等には、時計用ムーブメントが組み込まれているものがあり
ますが、第90類の精密機器等に専ら又は主として使用する部分品及び附属品と
しての時計用ムーブメントが単独で提示された場合には、第90類に分類される
のではなく、第91類に分類されます。

76 第1章　機械類

図表1−16　第90類の概要と重要な注

第90類　光学機器、写真用機器、映画用機器、測定機器、検査機器、精密機器及び医療用機器並びにこれらの部分品及び附属品

この類には一般に、仕上精度が高く、かつ、高度に精密であることを特徴とする各種の機器を含む。これらの多くは、主として科学的用途（理化学実験、分析、天文学等）、特定の技術的若しくは工業的用途（測定、検査、観測等）又は医学的用途に使用する　（第16部注1(m)　第16部（第84類・第85類）＜第90類）

注2　この類の物品の部分品及び附属品は、1の物品を除くほか、次に定めるところによりその所属を決定する。
　(a) 当該部分品及び附属品は、この類、第84類、第85類又は第91類のいずれかの項（第84.87項、第85.48項及び第90.33項を除く。）に該当する場合は、当該いずれかの項に属する。
　(b)(a) に定めるものを除くほか、特定の機器又は同一の項の複数の機器（第90.10項、第90.13項又は第90.31項の機器を含む。）に専ら又は主として使用する部分品及び附属品は、これらの機器の項に属する。
　(c) その他の部分品及び附属品は、第90.33項に属する。
注3　第16部の注3及び注4の規定は、この類においても適用する。

注2(a)
＊部分品・附属品それ自体が、この類、第84類、第85類、第91類のうちの特定の項に該当する場合
　（例）電子顕微鏡（第90.12項）の真空ポンプ（第84.14項）
　時計のムーブメントは常に第91類
注3
＊第16部注3（多機能機械）及び注4（機能ユニット）の規定を適用する。

　なお、この類から除外する物品を定めた注1 (f) に「第15部の注2の卑金属製の汎用性の部分品（第15部参照）及びプラスチック製のこれに類する物品（第39類参照）。ただし、内科用、外科用、歯科用又は獣医科用の物品で専らインプラントに使用するために特に設計されたものは、第90.21項に属する。」と規定されています。この規定の第二文のただし書き以降は、HS2022改正において追加されたもので、HS委員会で決定された『外傷外科用の分野で使用するように設計されたネジで、インプラント用のねじに関するISO/TC150の規格に対応しているものを汎用性の部分品として第15部に分類するのではなく、整形外科用機器及び骨治療具として第90.21項に分類する。』という内容を受けたものです。

ステップ5：原産地規則を満たすか否かの確認　**77**

ステップ2：EPA特恵税率の対象品目か否かの確定

ステップ3：特恵マージン（一般税率と特恵税率の差）の確認

ステップ4：関税割当制度等の対象か否かの確認

機械類

　機械類については、日本への輸入の場合、ほとんどの品目で一般税率が無税であり、EPA特恵税率を利用する必要がなく、これらステップの追加的な説明は、繊維・繊維製品等他の品目セクターで行います。

ステップ5：原産地規則を満たすか否かの確認

　このステップで満たすか否かを確認する原産地規則として、産品がEPAの原産品であるかどうかを判断する基準(原産性判断基準)を満たすか否かの確認が最も重要です。

1．機械類の原産性判断基準

　原産性判断基準として、「完全生産品」、「原産材料のみから生産される産品」、及び「品目別規則を満たす産品」の３つの基準がありますが、機械類のように、サプライチェーンが複雑で、多くの場合、産品の生産に使用される材料の原産資格が明らかでないことから、「完全生産品」、「原産材料のみから生産される産品」の基準の適用は限定的であり、産品に直接使用される材料（一次材料）に非原産材料を使用する場合に適用される「品目別規則を満たす産品」の基準についてのみ説明します。

2．機械類の生産工程とHS品目表

　品目別規則は、品目ごとに、その一連の生産工程の中で、どの工程に原産資

78 第1章　機械類

格を与えるかを規定するものといえます。

　ステップ1で、HS品目表の分類体系として、機械類の部分品には、「専用の部分品」が該当する項に分類される部分品、また、「汎用性の部分品」として、それらが単独で提示される場合にそれぞれが該当する項に分類される部分品があることを説明しました。よって、機械類のそれぞれの「完成品」をみると、「完成品」、その生産に使用された「専用の部分品」及び「汎用性の部分品」のそれぞれが対応するHS番号が存在することになります。ここで、日本のEPAの機械類の品目別規則について、自動車関連品目として、自動車とエンジンを、その他の品目として、冷凍冷蔵庫とサーモスタットを取り上げ、一連の生産工程とそれに対応するHS番号を**図表1−17**に示します。

　機械類の品目別規則は、当該分類体系に基づき、「汎用性の部分品」から「専用の部分品」への製造工程、「専用の部分品」から「完成品」への組立・加工工程、さらには、「完成品」内での「未完成の物品」[3]から「完成品」の組立・加工工程、「専用の部分品」内での組立・加工工程へと細分される一連の生産工程の中で、具体的にどの工程に対して原産資格を与えるかを規定したものです。

　ここで、上記の自動車とエンジン及び冷凍冷蔵庫とサーモスタットの4品目について、主要なEPAとして、RCEP、CPTPP及び日EU・EPAの品目別規則の比較を行ったものをそれぞれ**図表1−18**及び**図表1−19**に示します。なお、図表の品目別規則は、比較等のため略語等による簡略化した記載としています。

　品目別規則に採用される基準として、関税分類変更基準、付加価値基準、加

図表1−17　機械類の生産工程とHS品目表（品目例）

産品		生産工程	自動車関連品目		その他品目	
完成品	完成品		自動車 第87.03項	エンジン 第84.07項	冷凍冷蔵庫 第8418.10号	サーモスタット 第9032.10号
	↑	組立・加工				
	未完成の物品		第87.03項	第84.07項	第8418.10号	第9032.10号
↑		組立・加工				
専用の 部分品	専用の部分品		第87.06項（原動機付 シャシ）	第84.09項	第8418.91〜 99号	第9032.90号
	↑	組立・加工	第87.07項（車体）			
	専用の部分品		第87.08項（部分品及び 附属品）			
↑		製造				
汎用性の部分品			第84類、第85類等の他の機械類、材質別に分類される部分品・材料（例えば、第70類のガラス製品、第72類及び第73の鉄鋼・鉄鋼製品、第39類のプラスチック製品、第40類のゴム製品、第50類〜第63類の繊維・繊維製品等）			

ステップ5：原産地規則を満たすか否かの確認　**79**

工工程基準の３つがありますが、機械類の品目別規則は、多くの場合、関税分類変更基準と付加価値基準の選択式となっています。

　まず、自動車関連品目のうち自動車（図表１−18上段の表）をみると、「完成品」の品目別規則は、付加価値基準のみが設定され、「専用の部分品」から「完成品」への組立・加工に対し、設定された付加価値基準を満たした場合にのみ原産資格が与えられます。「専用の部分品」の一つとして第8708.99号の品目別規則をみると、関税分類変更基準（CTH（RCEP及び日EU・EPA）、CTSH（CPTPP））と付加価値基準の選択ですが、「専用の部分品」と「汎用性の材料・部分品」とは異なる項に分類され、関税分類変更基準（CTH/CTSH）を満たすことから、「汎用性の部分品」から「専用の部分品」への製造工程に対して原産資格が与えられることになります。

　次にエンジン（図表１−18下段の表）についてみると、CPTPP及び日EU・EPAの品目別規則は自動車の品目別規則と同じですが、RCEPについては、付加価値基準以外に、関税分類変更基準（CTH）が設定され、「専用の部分品」から「完成品」への組立・加工に原産資格を与える内容となっています。「専用の部分品」の品目別規則は、関税分類変更基準（CTH）と付加価値基準の選択であり、

図表1−18　日本のEPAの品目別規則との比較（自動車関連品目）

自動車	HS番号	RCEP	CPTPP	日EU・EPA
完成品	第8703.23号	RVC40％	RVC55％（控除方式） RVC45％（純費用方式）	MaxNOM45％ 又は RVC60％
↑				
専用の部分品	第8708.99号	CTH 又は RVC40％	CTSH 又は RVC40％（積上げ方式） RVC40％（純費用方式） RVC50％（控除方式）	CTH 又は MaxNOM50％ 又は RVC55％

エンジン	HS番号	RCEP	CPTPP	日EU・EPA
完成品	第8407.34号	CTH 又は RVC40％	RVC45％（積上げ方式） RVC45％（純費用方式） RVC55％（控除方式）	MaxNOM50％ 又は RVC55％
↑				
専用の部分品	第8409.91号	CTH 又は RVC40％	CTH 又は RVC35％（積上げ方式） RVC35％（純費用方式） RVC45％（控除方式）	CTH 又は MaxNOM50％ 又は RVC55％

80　第1章　機械類

図表1-19　日本のEPAの品目別規則との比較（その他の品目）

冷凍冷蔵庫	HS番号	RCEP	CPTPP	日EU・EPA
完成品	第8418.10号	CTSH 又は RVC40%	CTH、CTSH（一部産品からの変更を除く） 又は RVC35%（積上げ方式） RVC45%（控除方式）	CTH 又は MaxNOM50% 又は RVC55%
↑				
専用の部分品	第8418.91 ～99号	CTH 又は RVC40%	CTH 又は RVC30%（積上げ方式） RVC40%（控除方式） RVC50%（重点価額方式。第84.18項の非原産材料のみを考慮）	CTH 又は MaxNOM50% 又は RVC55%

サーモスタット	HS番号	RCEP	CPTPP	日EU・EPA
完成品	第9032.10号	CTSH又は RVC40%	CTSH	CTH（第96.20項の材料からの変更を除く） 又は MaxNOM50% 又は RVC55%
↑				
専用の部分品	第9032.90号	CTH又は RVC40%	CTH 又は RVC30%（積上げ方式） RVC40%（控除方式） 又は RVC50%（重点価額方式（第90.32項の非原産材料のみ考慮）	CTH（第96.20項の材料からの変更を除く） 又は MaxNOM50% 又は RVC55%

　自動車の場合と同様、「汎用性の部分品」から「専用の部分品」への製造工程に対して原産資格が与えられることになります。
　その他の品目として、冷凍冷蔵庫（図表1-19上段の表）についてみると、「完成品」の品目別規則として、CPTPP4及び日EU・EPAでは、関税分類変更基準（CTH）が設定されているものの、「完成品」と同じ項に分類される「専用の部分品」からの変更は除外されることから、もう一つの選択肢である付加価値基準を満たした場合にのみ、「専用の部分品」から「完成品」への組立・加工に対して原産資格が与えられます。一方、RCEPでは、関税分類変更基準（CTSH）と付

加価値基準の選択であることから、それぞれ異なる号に分類される「専用の部分品」から「完成品」への組立・加工に対して原産資格を与える内容となっています。「専用の部分品」の品目別規則は、関税分類変更基準（CTH）と付加価値基準の選択であり、「汎用性の部分品」から「専用の部分品」への製造工程に原産資格が与えられることになります。

　次にサーモスタット（図表1－19下段の表）についてみると、日EU・EPAの品目別規則[5]は、冷凍冷蔵庫と同様、関税分類変更基準（CTH）が設定され、「完成品」と同じ項に分類される「専用の部分品」からの変更は除外されることから、もう一つの選択肢である付加価値基準を満たした場合にのみ、「専用の部分品」から「完成品」への組立・加工に対して原産資格が与えられます。一方、RCEP、CPTPP[6]については、関税分類変更基準（CTSH）が設定され、「専用の部分品」から「完成品」への組立・加工に原産資格を与える内容となっています。「専用の部分品」の品目別規則は、関税分類変更基準（CTH）と付加価値基準の選択とされ、「汎用性の部分品」から「専用の部分品」への製造工程に原産資格が与えられることになります。

　なお、HS品目表には、「完成品」、「専用の部分品」のそれぞれに号細分が設けられている場合がありますが、**図表1－20**のエンジンの例に示すように、これらの号細分は「完成品」、「専用の部分品」をそれぞれタイプ（ピストン式往復動機関（そのシリンダー容積））、用途（航空機用等）等によって区分するためのものでしかなく、組立・加工の違いを反映したものでないので、多くの場合、「未完成の完成品」から「完成品」、また、「専用の部分品」から別の「専用の部分品」への組立・加工によって号変更は生じないことから、これらの組立・加工については、設定された付加価値基準を満たした場合のみ原産資格が与えられます。

　さらに、サーモスタットについて、「完成品」と「専用の部分品」について、日本の全てのEPAの品目別規則の比較を行ったものを**図表1－21**及び**図表1－22**に示します。なお、図表の品目別規則は、比較等のため略語等による簡略化した記載としています。

　図表1－21を見ると、CPTPP、日米貿易協定、チリ、シンガポール、タイ、フィリピン、マレーシア、インドネシア、ブルネイ、ベトナム、豪州、モンゴルとのEPA、RCEPでは、「専用の部分品」から「完成品」の組立・加工に常に原産品としての資格を与える内容であるのに対し、メキシコ、インド、EU、英国、ペルー、アセアン、スイスとのEPAでは、付加価値基準を満たした場合のみに原産品としての資格が与えられます。

82　第1章　機械類

図表1－20　機械類の生産工程とHS品目表（項内変更の可能性）

（完成品）

84.07	ピストン式火花点火内燃機関（往復動機関及びロータリーエンジンに限る。）
8407.10	－航空機用エンジン
	－船舶推進用エンジン
8407.21	－－船外機
8407.29	－－その他のもの
	－ピストン式往復動機関（第87類の車両の駆動に使用する種類のものに限る。）
8407.31	－－シリンダー容積が50立方センチメートル以下のもの
8407.32	－－シリンダー容積が50立方センチメートルを超え250立方センチメートル以下のもの
8407.33	－－シリンダー容積が250立方センチメートルを超え1,000立方センチメートル以下のもの
8407.34	－－シリンダー容積が1,000立方センチメートルを超えるもの
8407.90	－その他のエンジン

（専用の部分品）

84.09	第84.07項又は第84.08項のエンジンに専ら又は主として使用する部分品
8409.10	－航空機用エンジンのもの
	－その他のもの
8409.91	－－ピストン式火花点火内燃機関に専ら又は主として使用するもの
8409.99	－－その他のもの

図表1－21　サーモスタット（第9032.10号）の日本のEPAの品目別規則

EPA相手国等	品目別規則	専用の部分品からの組立への原産品資格の付与
メキシコ	CTH、又は第9032.90号からの変更及びRVC50％	△ （付加価値基準を満たしたときのみ）
インド	CTSH及びQVC35％	
EU、英国	CTH（第96.20項の材料からの変更を除く）、又はMaxNOM50％又はRVC55％	
ペルー	CTH、又はQVC50％	
アセアン、スイス	CTH、又はRVC40％（アセアン）VNM60％（スイス）	
CPTPP、米国、チリ	CTSH	○
シンガポール、タイ、フィリピン、マレーシア、インドネシア、ブルネイ、ベトナム、豪州、モンゴル、RCEP	CTSH、又はRVC40％（RCEP）LVC40％（ベトナム）QVC40％（その他）	

（注）日米貿易協定は米国への輸入のみに適用される規則。

一方、図表1−22を見ると、「汎用の部分品」から「専用の部分品」については、日インドEPAを除く全てのEPAで、「専用の部分品」の「汎用の部分品」からの製造に対し常に原産資格が与えられる一方で、日インドEPAのみ、付加価値基準を満たすことが条件とされています。

図表1−22　専用の部分品（サーモスタット（第9032.90号））の
日本のEPAの品目別規則

EPA相手国等	品目別規則	汎用性の部分品からの製造への原産品資格の付与
インド	CTSH及びQVC35％	△ （付加価値基準を満たしたときのみ）
メキシコ、チリ	CTH	
EU、英国	CTH（第96.20項の材料からの変更を除く） 又は MaxNOM50％ RVC55％	
ペルー	CTH又はQVC50％	
CPTPP	CTH 又は RVC30％（積上げ方式） RVC40％（控除方式） RVC50％（重点価額方式）	○
フィリピン、タイ、アセアン、ベトナム、スイス、豪州、モンゴル、RCEP	CTH 又は RVC40％（アセアン、RCEP） LVC40％（ベトナム） VNM60％（スイス） QVC40％（その他）	
シンガポール、マレーシア、インドネシア、ブルネイ	CTSH又はQVC40％	

3. 機械類の品目別規則適用のポイント

機械類の品目別規則適用のポイントについて、それぞれ、「完成品」の生産、部分品間の変更、「完成品」間の変更の場合に分けて説明します。

(1)「完成品」の生産の場合

① 「完成品」の生産に使用する部分品を全て洗い出します。

② 「完成品」及び使用した全ての部分品について、それぞれのHS番号を確認

します。その際、部分品が「専用の部分品」に分類されるものか、それ以外の「汎用の部分品」かを、ステップ1で述べたように、正しく知ることが重要です。

③　全ての部分品について、「完成品」に適用される品目別規則のうち、設定された関税分類変更基準を満たすか否か確認します。

④　部分品が「汎用性の部分品」である場合には、当該部分品から「完成品」への変更は、ほとんどのEPAにおいて、「完成品」に適用される関税分類変更基準を満たします。ただし、特定の部分品からの変更が除外されていないか、関税分類変更基準以外に付加価値基準も併せて満たすことを条件とされていないかのチェックが必要です。例えば、RCEPでは、第84.57項、第84.58項、第84.59項、第84.60項、第84.61項、第84.62項の工作機械（機器数値制御式のもの）の品目別規則は、「CTH（第8537.10号からの変更を除く）又はRVC40％」と規定されていて、非原産材料として第8537.10号の数値制御用機器等を使用する場合には、関税分類変更基準を満たさず、付加価値基準等の適用を検討することが必要です。

⑤　一方、部分品が「専用の部分品」の場合には、付加価値基準を満たすことを条件とされていることが多いので、そのチェックが必要です。

（2）部分品間の変更の場合

①　「専用の部分品」の「汎用性の部分品」からの製造は、多くの場合、「専用の部分品」に適用される品目別規則のうち、設定された関税分類変更基準を満たします。ただし、特定の部分品からの変更が除外されていないか、関税分類変更基準以外に付加価値基準も併せて満たすことを条件とされていないかのチェックが必要です。例えば、日EU・EPAでは、第90類の多くの品目の品目別規則（関税分類変更基準）として、「CTH（第96.20項の材料からの変更を除く）」が設定され、第96.20項からの変更が除外されています。第96.20項には「一脚、二脚、三脚その他これらに類する物品」が分類され、例えば、第90.06項の写真機等の「専用の部分品」を当該物品から製造した場合には、関税分類変更基準を満たさず、もう一つの選択肢である付加価値基準を満たすことが求められます。

②　「専用の部分品」間の変更は、ほとんどの場合、品目別規則が求める必要な関税分類変更が生じないため、原産資格を与える工程とはみなされません。ただし、付加価値基準が選択肢として設定される場合、当該付加価値基準を

満たすことにより認められます。

　これは、前述のとおり、HS品目表には、「専用の部分品」に号細分が設けられている場合がありますが、これら号細分は、多くの場合、「専用の部分品」をタイプ等によって異なる号に分類するためのもので、組立・加工の違いを反映したものでないことから、通常、「専用の部分品」間の変更によって号間変更は生じないことによります。

(3)「完成品」間の変更の場合

　「未完の完成品」から「完成品」への変更は、ほとんどの場合、品目別規則が求める必要な関税分類変更が生じないため、原産品としての資格を与える工程とはみなされません。ただし、付加価値基準が選択肢として設定される場合、当該付加価値基準を満たすことにより認められることになります。

　これは、前述のとおり、HS品目表には、「完成品」に号細分が設けられている場合がありますが、これら号細分は、多くの場合、「完成品」をタイプ等によって異なる号に分類するものためのもので、「未完の完成品」と「完成品」は同じ号に分類されることから、通常、「未完の完成品」から「完成品」への変更によって号間変更は生じないことになります。例えば、RCEPをみると、「完成品」と「専用の部分品」が同じ項に分類される品目の「完成品」の関税分類変更基準として、ほとんどの品目[7]でCTSHを採用していますが、「未完の完成品」から「完成品」への変更はCTSHを満たさず、もう一つの選択肢である付加価値基準を満たした場合に原産品としての資格が与えられることになります。

　次に、機械類の品目別規則適用のポイントについて、それぞれ、関税分類変更基準を用いる場合、付加価値基準を用いる場合に分けて説明します。

　なお、品目別規則として、関税分類変更基準と付加価値基準の両方が選択できる場合には、産品の生産に投入された非材料費の割合が大きい等、設定された付加価値基準の閾値を十分上回ることが明らかである場合等を除き、原則として、関税分類変更基準の適用の可能性をまず確認することが望ましいといえます。その理由として、付加価値基準の適用には、産品及び使用した材料の価額や生産に要した費用等の情報が必要ですが、それら情報は、材料の調達先、為替レート、設定する利益の額等、産品そのもの以外の要因の影響を受けて変更される可能性があることから、当該情報の定期的な見直し等、適切な把握・管理が必要となるためです。

（4）関税分類変更基準を用いる場合

① 関税分類変更基準は非原産材料のみに適用されます。

② 非原産材料として、非締約国から調達した材料以外に、締約国内で調達したものであっても、どこで生産されたか分からない材料、締約国内で生産されたが、原産性判断基準を満たさない、又は満たしているか確認できない材料は全て非原産材料として扱います。

③ よって、まずは生産に使用された材料を全て洗い出し、それら全てを非原産材料として扱った上で、その中で設定された関税分類変更を満たさない材料を確認します。

　➡　満たさない材料がなければ、「品目別規則を満たす産品」の基準を満たした原産品です。

④ 満たさない材料がある場合、当該材料について後述するデミニミスの規定が適用できないか検討します。

　➡　デミニミスの規定を満たした場合には、原産品です。

⑤ デミニミスの規定を満たさない場合、当該材料のサプライヤーに対し、原産材料かどうかの確認に必要な情報の提供を求めます。

　➡　サプライヤーからの情報により原産材料と確認できる場合には、原産品です。

⑥ サプライヤーから確認に必要な情報の提供が得られない場合は、付加価値基準の適用の可能性を検討します。

（5）付加価値基準を用いる場合

① 材料を全て非原産材料と扱って計算式を適用し、設定された付加価値基準の閾値を満たすか確認します。

　➡　満たせば「品目別規則を満たす産品」の基準を満たす原産品です。

② 満たさなければ、原産材料とできる可能性がある材料はないか検討します。

　➡　なければ、当該産品は非原産品として扱います。

③ ある場合には、当該材料のサプライヤーに対し、原産材料かどうかの確認に必要な情報の提供を求めます。

　➡　サプライヤーから確認に必要な情報の提供が得られない場合は、当該産品については非原産品として扱います。

4. 証明資料の作成

　証明資料とは、EPAの原産地規則 (原産性判断基準) を満たしていることを具体的に確認するために作成する資料です。証明資料は、ステップ6で作成される原産地証明の基となる資料であり、根拠資料とその根拠資料に記載された内容の裏付けとなる資料 (裏付資料) から構成されます。

(1) 関税分類変更基準の場合

　満たすべき原産性判断基準が関税分類変更基準である場合、根拠資料として、産品の生産に使用されたすべての非原産材料のHS番号と産品のHS番号との間に特定のHS番号の変更があることを示す資料が必要ですが、そのための資料として「対比表」を作成します。「対比表」に記載された内容は、その裏付資料に基づいて作成することが必要です。

　裏付資料として、以下のものが必要です。

① 産品が対比表に示された材料から生産されたことを裏付けるもの

　総部品表、製造工程フロー図、生産指図書 (委託生産の場合)、使用した各材料の投入記録 (在庫蔵入蔵出記録など) 等が挙げられます。対比表には、これら裏付資料に基づき、使用された材料がすべて網羅されていることが必須です。

② 産品に使用した材料を原産材料として扱った場合に、当該材料が原産材料であることを裏付けるもの

　国内のサプライヤーから調達した場合には、サプライヤーからの情報、また、他の締約国のサプライヤーから調達した場合には、輸入時の原産地証明の写し、サプライヤーからの情報等が必要です。

　サプライヤーからの情報として、具体的には、供給を受けた材料が原産品であることを示す宣誓書 (サプライヤー証明) 等が必要です。ステップ9の輸入国税関からの事後の確認の際には、サプライヤー証明以外にその裏付資料の提出を求められる可能性があることから、サプライヤー自身が原産品であることを確認した上でサプライヤー証明を出していることは当然のことながら、その裏付資料の提供などについて速やかな協力が得られるよう確保しておく必要があります。そのため、原産材料として扱う材料は、サプライヤーからそれら協力が得られる必要最小限のものに限定することが望ましいといえます。

88 第1章　機械類

③　デミニミスの規定を適用した場合に、当該デミニミスの規定を満たしていることを裏付けるもの

　産品の価額及び投入された非原産材料の価額の裏付資料として、買手との取引契約書等産品の価額を明らかにする資料、当該材料の輸入時のインボイス（仕入書）等当該材料の調達価額を明らかにする資料、産品一単位の当該材料の投入量を明らかにする資料等が必要です。

(2) 付加価値基準の場合

　満たすべき原産性判断基準が付加価値基準である場合、根拠資料として、各EPAに定める計算式によって、一定の価値が付加されていることを示す資料が必要ですが、そのための資料として「計算ワークシート」を作成します。「計算ワークシート」に記載された内容は、その裏付資料に基づいて作成することが必要です。

　裏付資料として、以下のものが必要です。

①　産品が計算ワークシートに示された材料から生産されたことを裏付けるもの

　関税分類変更基準の場合と同様、総部品表、製造工程フロー図、生産指図書（委託生産の場合）、使用した各材料の投入記録（在庫蔵入蔵出記録など）等が挙げられます。計算ワークシートには、これら裏付資料に基づき、使用された材料がすべて網羅されていることが必須です。

②　計算ワークシート上の数字の妥当性を示す資料

　産品の価額及び使用した各材料の単価を証明する資料として、製造原価計算書、帳簿、伝票、輸入時のインボイス、取引契約書やサプライヤーからの請求書等が挙げられます。

③　産品に使用した材料を原産材料として扱った場合に、当該材料が原産材料であることを裏付けるもの

　関税分類変更基準の場合と同様、国内のサプライヤーから調達した場合には、サプライヤーからの情報、また、他の締約国のサプライヤーから調達した場合には、輸入時の原産地証明の写し、サプライヤーからの情報等が必要です。サプライヤーからの情報を用いる際の注意点は、関税分類変更基準の場合に述べたものと同様です。

(3) サプライヤー証明

産品の生産に使用した材料を原産材料として扱う場合に、それが原産材料であることを示す根拠資料として、サプライヤーからの情報を用いることが可能です。

サプライヤーからの情報には、供給を受けた原材料が原産品であることを示す宣誓書等（材料が原産品であることを示す宣誓文、供給した原材料を特定する情報、HSコード、判定基準、生産場所等を記載）をサプライヤー証明として使用します。

前述のとおり、輸入国税関による原産品であることの確認が行われる際には、サプライヤー証明に加え、その根拠となる資料（具体的には、前述の証明資料（対比表、計算ワークシート等の根拠資料及びその裏付資料）の提出を求められる場合があり、その場合には、それら根拠となる資料の提出について、サプライヤーからの速やかな協力が得られることが必須です。よって、上記サプライヤーからの協力が得られない原材料については、非原産材料として扱うことが必要です。

(4) 証明資料作成において特に留意すべき事項

これまで、それぞれの原産性判断基準ごとに、証明資料の作成方法について説明しましたが、これら証明資料作成にあたって、特に、重要なものとして、4つの点を述べさせていただきます。

1点目は、対比表、計算ワークシート等根拠資料作成にあたって、生産に使用した全ての材料を必ず記載することが重要です。材料の数が多く全ての記載が大変だとしても、一部の材料のみ記載していることが事後の確認で判明した場合、原産品であるとした判断そのものに多大な疑念を持たれることとなります。

2点目は、産品に適用される原産地規則を知るためには、産品のHS番号を適切に把握することが前提となります。また、関税分類変更基準が適用される際には、産品の生産に使用される材料のHS番号についても適切に把握することが大変重要です。

3点目は、本章のステップ8（証明書類の保存）でさらに詳細に説明しますが、証明資料の作成に必要な情報の入手・保有・管理には、社内の多くの部署が関係していて、適切な証明資料の作成には、原産地証明を一元的に管理する部署

90 第1章 機械類

(とりまとめ部門)が中心となって、関係部署が協力して作成する体制を整備することが必要です。

　その場合、証明資料の作成をとりまとめ部門にすべて丸投げするといった状態にならないことが大変重要です。その理由として、対比表や計算ワークシートといった根拠資料の作成に必要な情報は、各社によって担当部門は異なるでしょうが、産品の生産に使用した材料及び産品の製造工程の情報は、産品の開発・技術・生産管理等を担当する部門が、産品の生産にかかる材料の単価、製造コスト・経費、利益などの製造原価情報は、財務・経理等を担当する部門が、原産材料として扱った材料の情報は、当該材料を調達した購買部等の部門が管理・保有されていることと思います。したがって、それら情報は、それら担当部門の方で記載するといった体制をとっていただく必要があります。

　4点目は、根拠資料作成の基となった情報の変更(例えば、産品の生産に使用した材料の調達先変更に伴う原産情報の変更、調達価額の変更、為替の影響などによる原価情報の変更)に対応するため、根拠資料の定期的な見直し・確認が行われることが重要であり、原価情報、材料の調達先の変更といった事項が、担当部門から他の関係部署に確実に共有され、定期的な見直し・確認に反映されることが必要です。このためにも、3点目に説明した、情報を有する担当部門が根拠資料の作成に関与するといった体制が重要です。

5．事例研究

　具体的な事例として、次に示すサーモスタット[8]を産品として取り上げて、品目別規則適用のポイント及び証明資料の作成について説明します。

(1) 産品：サーモスタット

①　**輸出先**：ドイツ、カナダ、タイ

②　**HS番号**：第9032.10号

③　**材料**

01 本体カバー	PBT樹脂	国内サプライヤーが製造
02 バイメタル	その他の合金鋼フラットロール製品	輸入品
03 バネ	ベリリウム銅	輸入品
04 接点	銀	輸入品
05 リベット	銅	輸入品

06 端子	黄銅	輸入品
07 ケース	フェノール樹脂	国内サプライヤーから購入
08 キャップ	アルミニウム	輸入品
09 充填剤	ポリウレタン樹脂	輸入品
10 リード	電気絶縁をした線、ケーブル	輸入品

④ **製造工程**：輸出者の日本国内工場にて上記材料を組み立て

（2）第1段階：全ての材料についてHS番号を確認

01 本体カバー	サーモスタットの部分品	第9032.90号
02 バイメタル	その他の合金鋼のフラットロール製品	第72類
03 バネ	ベリリウム銅	第74類
04 接点	銀	第71類
05 リベット	銅	第74類
06 端子	黄銅	第74類
07 ケース	フェノール樹脂	第39類
08 キャップ	アルミニウム	第76類
09 充填剤	ポリウレタン樹脂	第39類
10 リード	電気絶縁をした線、ケーブル	第85類

(注) 本事例では、簡略化のために、必要な関税分類変更の有無の確認に必要なHS番号のみ記載。

（3）第2段階：産品に適用される品目別規則（関税分類変更基準）を確認

　CPTPP、日EU・EPA、RCEPの品目別規則（**図表1−19**）の関税分類変更基準を見ると、RCEPとCPTPPはCTSH、日EU・EPAはCTH（第96.20項の材料からの変更を除く）となっています。

　ここで、CTSHとは、産品と生産に使用された非原産材料のHS番号が6桁水準で変更されることが必要であり、産品と同じHS番号6桁（第9032.10号）の非原産材料は使用できません。また、CTHとは、産品と生産に使用された非原産材料のHS番号が4桁水準で変更されることが必要であり、産品と同じHS番号4桁（第90.32項）の非原産材料は使用できません。加えて、日EU・EPAの場合は、CTH（第96.20項の材料からの変更を除く）なので、第96.20項の非原産材料も使用できないことになります。

　よって、CPTPPとRCEPの場合は、第9032.10号、日EU・EPAの場合は、第

90.32項と第96.20項に分類されるもの以外であれば、非原産材料を使っていても品目別規則を満たします。

（4）第3段階：全ての材料について品目別規則（関税分類変更基準）を満たすかを確認

CPTPP及びRCEPについては、産品と全ての材料の間で号の変更があり、品目別規則（CTSH）を満たします。一方、日EU・EPAについては、第90.32項に分類される「材料01」のみが項の変更がなく、品目別規則（CTH（第96.20項の材料からの変更を除く））を満たしません。

ここでポイントとして、今回の産品のように、材料のHS番号がCPTPP及びRCEPの場合は第9032.10号、日EU・EPAの場合は、第90.32項と第96.20項以外であれば、材料は非原産材料であっても使用できることから、まずは、全ての材料のHS番号を確認し、それらを全て非原産材料と扱った場合であっても必要な関税分類変更基準を満たすかどうかを確認することが効率的です。

その理由として、材料を非原産材料として扱う場合、その価額又は原産情報は必要とされませんが、後述するように、当該材料にデミニミスの適用する場合、又は、当該材料を原産材料として扱う場合、価額又は原産情報の確認・証明を行う必要が生じるためです。

（5）第4段階：品目別規則（関税分類変更基準）を満たさない材料がある場合には、まず、選択肢1として、デミニミスを適用して、その規定を満たすかを確認し、デミニミスの規定を満たさない場合に、選択肢2として、当該材料が原産材料と認められるかを確認

選択肢1：デミニミスの規定を満たすかどうかを確認

当該産品（「サーモスタット」（第9032.10号））に適用される基準は、「全ての非原産材料の価額が当該産品の工場渡しの価額又は本船渡しの価額の10パーセントを超えないとき」（日EU・EPA第3.6条　許容限度1（a））とされています。

産品及び当該材料の価額情報を確認して計算すると、

産品：サーモスタット
　価額＝FOB@400JPY
材料01：本体カバー
　国内サプライヤーからの調達価格＝@50JPY

ステップ5：原産地規則を満たすか否かの確認　**93**

$(50/400) \times 100 = 12.5\% > 10\%$

となり、当該基準を満たさず、デミニミスは適用できないことになります。

選択肢2　品目別規則を満たさない材料が、原産材料と認められるかを確認
　「材料01」は国内サプライヤーが製造していますが、締約国内で生産された事実だけでは、原産材料とは認められず、原産材料と認められるためには、当該材料が当該EPAの原産地規則を満たした原産品であることが必要です。
　具体的には、当該材料が分類される第9032.90号の品目別規則を満たすかどうかを確認するために必要な情報をサプライヤーから入手します。

サプライヤーからの情報
　（それを証明する書類として、材料及び製造工程の証明（**図表1－23**）をサプライヤーから入手）

材料01　本体カバー
　材質：PBT（ポリブチレンテレフタレート）
　生産：日本国内（山形県）の工場で、下記材料を使用して射出成型
　材料：耐熱性ポリブチレンテレフタレート樹脂ペレット（第39類）（中国から
　　　　　輸入）

　当該材料は、輸入材料を用い、日本の工場において、一連の生産が行われていることが確認できます。なお、一部の工程が非締約国で行われているような場合には、後述する「一貫性の原則」を満たさず、当該材料は非原産材料と扱われるので、材料の生産場所が日本であることを確認することが大変重要です。
　日EU・EPAの第9032.90号の品目別規則（関税分類変更基準）である「CTH（第96.20項の材料からの変更を除く）」を満たすため、「材料01」は原産材料と認められ、産品「サーモスタット」は、使用されている全ての材料が品目別規則（関税分類変更基準）を満たすので、日EU・EPA上の日本の原産品と認められます。
　図表1－24に、当該産品についての対比表の作成例を示します。

（6）付加価値基準の適用可能性の検討

　上記例でサプライヤーから情報が得られない場合、付加価値基準の適用可能

図表1－23　材料及び製造工程の証明

2024年9月15日

日本ROO株式会社　御中

株式会社　原産地樹脂
東京都江東区青海1－2－3

弊社製品について

当社は下記の製品について、以下のとおりであることを証明いたします。

記

○**製　　品**
　製品名：サーモスタット用本体カバー（製品番号：SS197752）
　HSコード：第90.32項

○**使用材料**
　材料名：耐熱性ポリブチレンテレフタレート樹脂ペレット
　HSコード：第39類

○**製造工程**
　下記製造工場において以下のとおり製造。
　原材料を射出成型機へ投入→可塑化→射出→冷却→固化→射出成型機から取り出し→トリミング→洗浄→検品

○**製造工場**
　株式会社　原産地樹脂　山形工場
　山形県鶴岡市○○字△△500

以上

図表1−24　証明資料（対比表）の作成

利用協定	日EU・EPA
生産国	日本
実際の生産場所	○○県（○○工場）
適用原産地規則	関税分類変更基準（CTH（第96.20項を除く））

HSコード	産品名	HSコード	部品（材料）名	価額	原産地情報等
9032.10	サーモスタット	9032.90	本体カバー：サーモスタットの部分品	原産	サプライヤーからの資料（株式会社 原産地樹脂 山形工場）
		72.26	バイメタル：その他の合金鋼のフラットロール製品		
		74.19	バネ：ベリリウム銅		
		71.06	接点：銀		
		74.15	リベット：銅		
		74.19	端子：黄銅		
		39.26	ケース：フェノール樹脂		
		76.16	キャップ：アルミニウム		
		39.09	充填剤：ポリウレタン樹脂		
		85.44	リード：電気絶縁をした線、ケーブル		
FOB価格			ー	ー	

原産材料であることを証明する資料が必要。この場合、国内のサプライヤーからの当該材料が日本の原産品であることを示す資料を記載。

機械類

96 第1章　機械類

性を検討します。

　この事例では、設定された付加価値基準（MaxNOM50％（EXW）又は RVC55％（FOB））を満たすかどうかの確認のため、産品、全ての材料の価額及び生産等に要する費用の情報を確認します。

産品：サーモスタット ・・・ FOB @400JPY
材料：

01 本体カバー	PBT樹脂	@50JPY
02 バイメタル	その他の合金鋼フラットロール製品	@30JPY
03 バネ	ベリリウム銅	@15JPY
04 接点	銀	@20JPY
05 リベット	銅	@ 5JPY
06 端子	黄銅	@10JPY
07 ケース	フェノール樹脂	@15JPY
08 キャップ	アルミニウム	@ 5JPY
09 充填剤	ポリウレタン樹脂	@ 5JPY
10 リード	電気絶縁をした線、ケーブル	@20JPY

製造コスト・経費 ・・・ @170JPY
利益 ・・・@40JPY
運送コスト ・・・@15JPY

　「材料01 本体カバー」及び「材料07 ケース」はサプライヤーからの情報が得られないので非原産材料と扱い、MaxNOM50％（EXW）又はRVC55％（FOB）の計算式を適用し、閾値を満たすがどうかを確認します。

$$
RVC(FOB) = \frac{FOB価額 - 非原産材料価額}{FOB価額}
$$

$$
= \frac{400PY - 175JPY}{400PY} = 56.3\% \geq 55\%
$$

$$
MaxNOM(EXW) = \frac{非原産材料価額}{工場渡し価額（EXW）}
$$

ステップ５：原産地規則を満たすか否かの確認　**97**

$$= \frac{175\text{JPY}}{400\text{PY} - 15\text{JPY}} = 45.5\% \leqq 50\%$$

　上記のとおり、本事例では、どちらの計算式であっても閾値を満たしていて、品目別規則（付加価値基準）を満たします。なお、実際には、どちらかの計算式を満たすことを確認すればよいことになります。

　図表１－25に、当該産品についての計算ワークシートの作成例を示します。この事例では、使用された材料がすべて非原産材料であり、非材料費のみで付加価値基準を満たしたものですが、控除方式をみるとその閾値をわずかに上回っているだけであり、前述したように、材料の価額、生産に要した費用等の変動により、付加価値基準を満たさない結果となる可能性もあることから、実際には、その閾値を余裕を持って満たすことが望ましく、さらに、その場合であっても、当該情報の定期的な見直し等、適切な管理が必要です。

6．日本のEPAの原産地規則（機械類に関連が深い規定）

　ここでは、原産性判断基準の３つの基準の例外規定である「基礎的基準の例外」、また、原産品か否かの判断に当たって必要とされる「技術的規定」について、機械類に関連の深い規定を中心に説明します[9]。

（1）基礎的基準の例外

　ここでは、産品が、原産性判断基準の３つの基準を満たさない場合に適用される救済規定として、僅少の非原産材料（デミニミス）と累積の規定、また、産品が当該３つの基準の一つである「品目別規則を満たす産品」の基準を満たした場合であっても、それが原産品としての資格を付与するには不十分な作業又は加工のみによって行われた場合には原産品として資格を付与しないとする規定について、その概要を説明します。

A．僅少の非原産材料（デミニミス）

　「僅少の非原産材料」とは、生産に使用した非原産材料がごく僅かであるにもかかわらず、当該非原産材料の使用により品目別規則を満たさない場合に、当該非原産材料が全体として特定の割合を超えないときには、品目別規則の適用（通常、関税分類変更基準にのみに適用）対象から除外する規定です。機械類の

図表1−25 証明資料（計算ワークシート）の作成

利用協定	日EU・EPA
生産国	日本
実際の生産場所	○○県（○○工場）
適用原産地規則	付加価値基準（RVC55）

HSコード	原産名	FOB価額（出荷額）	FOB価額（円換算）	非原産材料価額	域内原産割合	基準値
9032.10	サーモスタット	US$3.08	¥400	175	56.30%	55%

HSコード	部品（材料）名	原産/非原産	単価	原産情報	価格情報
9032.90	本体カバー	非原産	¥50		請求書、製造原価計算書
72.26	バイメタル	非原産	¥30		仕入書、製造原価計算書
74.19	バネ	非原産	¥15		仕入書、製造原価計算書
71.06	接点	非原産	¥20		仕入書、製造原価計算書
74.15	リベット	非原産	¥5		仕入書、製造原価計算書
74.19	端子	非原産	¥10		仕入書、製造原価計算書
39.26	ケース	非原産	¥15		請求書、製造原価計算書
76.16	キャップ	非原産	¥5		仕入書、製造原価計算書
39.09	充填剤	非原産	¥5		仕入書、製造原価計算書
85.44	リード	非原産	¥20		仕入書、製造原価計算書
非原産材料価額合計			¥175		
製造コスト・経費		—	¥170		製造原価計算書
利益		—	¥40		製造原価計算書
輸送コスト		—	¥15		国内輸送取引明細書
非材料費合計			¥225		

FOB価額		—	¥400	取引契約書	US$3.08
外国為替レート		US1$=	¥130		

製品の生産に使用された各材料を証明する資料が必要。この場合は、輸入時のインボイス（仕入書）又は国内のサプライヤーからの購入時の請求書、及び（産品の1単位の生産に投入された材料の単価を示すものとして）製造原価計算書を資料として記載。

製品のFOB価額を証明する資料が必要。この場合は、買手との取引契約書を記載。

場合には、日本の全てのEPAにおいて、当該産品の価額の10％以下と規定されています。なお、付加価値基準では、非原産材料の価額は、そのまますべての価額が計算式に用いられ、デミニミスの対象とならないので注意が必要です。

B．累積

「累積」とは、産品の生産が行われた輸出締約国のみでは原産性判断基準を満たせない場合に、他の締約国で生産された材料（モノ）や行われた生産行為を、輸出締約国の材料又は生産行為として扱う（原産扱い）ことで、より原産地規則を満たしやすくする規定をいいます。原産扱いとする方法として、「部分累積」と「完全累積」の２つの方法があります。

①　部分累積

「部分累積」とは、一般的にはモノの累積ともいわれるもので、輸出締約国での産品の生産において、他の締約国の原産品を、当該輸出締約国の原産材料と扱い、累積の対象とするもので、日本の全てのEPAで導入されています。なお、「部分累積」では、他の締約国の生産行為（生産に使用されている他の締約国の原産材料を含む）は累積の対象とされません。よって、他の締約国で生産された産品を材料として使用した場合であっても、原産性判断基準を満たさず当該他の締約国の原産品とみなされない非原産品は累積の対象とならず、当該非原産品の生産の一部に使用された他の締約国の原産材料、また、他の締約国で生産に投入された費用を含めて、当該非原産品全体を非原産材料として取り扱います。

②　完全累積

「完全累積」とは、モノと生産行為の累積といわれるものです。「部分累積」で認められた他の締約国の原産品の累積（モノの累積）のみならず、他の締約国の生産行為（生産に使用されている他の締約国の原産材料を含む）についても、自国の生産行為として累積することができます。すなわち、他の締約国から調達した材料が当該他の締約国の非原産品であっても、その材料に対する当該締約国の生産行為を、自国の生産行為として扱うことができます。「完全累積」による生産行為の累積が認められているEPAとして、主要なものとしてCPTPP、日EU・EPAがあります[10]。

前記３．（4）で、設定された関税分類変更基準を満たさない材料がある場合に、

それが原産材料かどうかの確認に必要な情報の提供をサプライヤーに求めると述べましたが、当該材料が他の締約国から輸入した材料である場合、部分累積の規定を適用により、原産材料と扱うことになります。その情報として、輸入時の原産地証明の写し、当該材料が原産品であることを示す資料（具体的には、前述の証明資料（対比表、計算ワークシート等の根拠資料及びその裏付資料）といったもの）が必要です。

「完全累積」による生産行為の累積の規定を用いる場合、他の締約国のサプライヤーからそれを裏付・証明する情報の入手が必要です。その情報として、日EU・EPAでは、以下の情報（附属書3-C）をサプライヤーから入手しなければならないと規定されています。

* 供給される産品及び使用された非原産材料の品名及びHS関税分類番号
* 価額方式が適用される場合には、供給される産品及び当該産品の生産において使用された非原産材料の単位数量当たりの価額及び総額
* 特定の生産工程が要求される場合には、使用された非原産材料に対して行われた生産工程の説明
* 上記の情報の要素が正確かつ完全なものであることについての供給者による申告、当該申告が提出された日付並びに当該供給者の氏名又は名称及び住所（活字体によるもの）

他のEPAには明示的な規定はありませんが、供給された材料に使用された原産材料が当該他の締約国の原産品であることを裏付ける資料、供給された材料の生産に投入された費用等の算出の根拠となる資料をサプライヤーから入手する必要があります。

C．十分な変更とはみなされない作業又は加工/軽微な工程及び加工/原産資格を与えることとならない作業

当該規定は、EPAによって呼び方は違いますが、品目別規則を満たす産品の基準を満たした場合であっても、当該作業又は加工のみが行われた場合には原産品としての資格を付与しないとするもので、CPTPP及び日米貿易協定以外の日本のEPAで採用されています。

当該作業又は加工として、7つの工程を指定する日アセアンEPA及びアセアンとの2国間のEPA、11の工程を指定するRCEP、17の工程を指定する日EU・EPA等、EPAによってその内容は異なっています。

(2) 技術的規定

原産品か否かの判断は、「3つの原産性判断基準」、「その例外である救済規定（デミニミスや累積）」、「十分な変更とはみなされない作業又は加工」によって行われますが、それ以外にも多くの技術的規定が必要です。ここでは、機械類に特に関係する規定に焦点を当てて説明します。

A．ロールアップと内製品・自己生産品の取扱い

① ロールアップ

「ロールアップ」とは、生産工程の最終段階に至る途中の過程において、「中間材料」の存在を認め、当該中間材料が該当する原産性判断基準を満たして一旦原産品となった場合には、当該中間材料をその後の産品の生産に使用する場合に、原産材料として取り扱うことをいいます。例えば、図表1-26において、非原産材料R5及び原産材料R4から中間材料R6への生産が、R6に適用される品目別規則を満たし、R6が一旦原産品となった場合には、その後の産品Cの生産に使用する際には、R6は、非原産材料であるR5を含め、100％原産材料として扱うことになります。

② 内製品・自己生産品の取扱い

近年のメガEPAである、CPTPP、日EU・EPA、RCEPでは、最終産品の生産者が、自社生産する内製品・自己生産品についても、中間材料としてロールアップすることにより原産材料とみなすことができると明確に規定されていま

図表1-26　ロールアップ

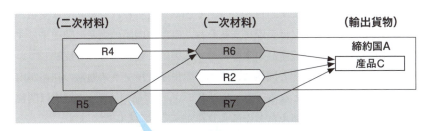

102 第1章 機械類

す。

その一方で、自社生産する内製品・自己生産品の中間材料への指定及びその価額の算出が恣意的なものとならないようにする必要があり、注意点について説明します。

③ 内製品・自己生産品を中間材料と指定する場合の注意点

恣意的な指定とみなされないよう、当該内製品・自己生産品と同じ材料・部品を外部から調達又は外部へ販売する等、当該内製品・自己生産品が独立した材料・部品として管理されている場合に限定することが望ましいと考えます。

特に、中間材料として指定した内製品・自己生産品が、産品を構成する材料・部品としての合理的な固まりではなく、付加価値基準の閾値を満たすための、恣意的な組合せであるとの疑義をもたれることのないようにする必要があります。

例えば、部品Aと部品Bを各々単体として原産資格割合を計算すると、Aは原産品となるが、Bは基準値を満たさない時に、客観的に不合理であるにもかかわらず、AとBを"固まりとしての部分品"としてくくり、原産資格割合を計算すると基準値を満たすような場合は、恣意的な指定と判断されることになります[11]。

④ 内製品・自己生産品の価額を算出する場合の注意点

自社製造している産品の価額の算出方法について、CPTPPには第3.7条（c）に、当該材料の生産に要するすべての費用（一般経費も含む）に通常の利得額又は同一産品の通常の利得額を加算したものと規定されています。

日EU・EPAやRCEPには個別の規定はなく、この場合は、「産品の価額」の算出方法に従って算出されます。日EU・EPAでは、「支払われた若しくは支払われるべき価額がない場合又は実際に支払われた価額が産品の生産に関連するすべての費用であって、当該産品の生産において実際に要したものを反映していない場合」として、CPTPPと同様に、すべての生産費用プラス通常の利益が内製品・自己生産品の価額となる一方、RCEPでは、「産品の価額」の算出は関税評価協定に必要な変更を加えたものにより算定する[12]ことになります。

B．一貫性の原則

「一貫性の原則」とは、原産品としての資格を得る要件を満たすための一連の

生産工程が当該締約国で中断なく（途中の工程が非締約国で実施されることなく）行われることを求めるものです。

　CPTPPを含む多くの日本のEPAで、「品目別規則を満たす産品」の基準において、「・・・完全に生産される産品・・・」と規定されていますが、この「完全に」とは、非原産材料（原産材料も含む）を使用した生産がすべて当該締約国で実施されることを明確化したものと考えられ、また、日EU・EPAでは第3.2条4で別途「原産品としての資格の取得に関するこの章に定める要件は、締約国において中断することなく満たされなければならない。」と規定し、一貫性の原則をより明確にしています。

　例として、ボールベアリングを日本において生産する場合を考えると、当初は、輸入した鉄鉱石から一貫して日本で製造していたものを、一部、ボールベアリングの鉄球への加工を中国の子会社で行うこととなった場合に、再輸入された鉄球を非原産材料として取り扱って、最終製品のボールベアリングが原産品か否かの判定を行います。

C．組み立ててないか又は分解してある産品

　「組み立ててないか又は分解してある産品」とは、組み立ててないか又は分解してある状態で締約国に輸入される場合であっても、HS通則2（a）の規定に従って組み立てられた産品として分類されるものをいいます。この場合、当該輸入締約国で、輸入後、完成品へと組み立てられた場合であっても、品目別規則が規定する必要な関税分類変更は生じず、原産品とは認められないことになります。そのため、「組み立ててないか又は分解してある産品の非原産材料が組み立ててないか又は分解してある形態でなく個別に当該締約国の領域に輸入されていた」場合に、当該品目別規則を満たすのであれば、原産品と認めるという規定が、フィリピン、マレーシア、ブルネイ、インドネシア、スイス、ペルー、豪州及びモンゴルとのEPAで導入されています。また、日メキシコEPA及び日チリEPAにおいては、当該産品の域内原産割合が一定以上（日メキシコEPAの場合50％以上）であることを追加の条件とした同様の規定があります。

7. 機械類の特徴的な規定（CPTPP、日EU・EPA、RCEP）

　ここでは、CPTPPや日EU・EPAに規定された機械類に特徴的な規定、及び、RCEPの機械類の品目別規則の特徴を説明します。

(1) 再製造品及び回収された材料（CPTPP）

CPTPPでは、第3.4条において、CPTPP領域で取得される回収された材料[注1]が、再製造品[注2]の生産に使用され、及び再製造品に組み込まれる場合には、原産品として取り扱うという特別な規定があります。

（注1）「回収された材料」とは、一又は二以上の個々の部品の形態をとる材料であって、次の作業の結果として得られるものをいう。

（a）使用済みの産品の個々の部品への分解

（b）適正な作動状態に改良するために必要な（a）に規定する部品の洗浄、検査、試験その他の加工

（注2）再製造品とは「統一システムの第84類から第90類までの各類又は第94.02項に分類される産品（第84.18項、第85.09項、第85.10項、第85.16項、第87.03項、第8414.51号、第8450.11号、第8450.12号、第8508.11号及び第8517.11号に分類される産品を除く）であって、回収された材料によって完全に又は部分的に構成され、かつ、次の要件を満たすものをいう。

（a）当該産品が新品である場合と同程度の耐用年数及び同一又は類似の性能を有すること

（b）当該産品が新品である場合に付される保証書と類似の保証書が付されていること

なお、補足として、廃品・くずは、（a）生産から生じる廃品又はくず、（b）収集される使用済みの産品から生じる廃品又はくずであって、原材料の回収のみに適するもの、及び（c）回復・修理不可能な産品から回収される部品・原材料、の3つのカテゴリーに分類できると考えられ、そのうち、（a）及び（b）については、日本の全てのEPAにおいて、「完全生産品」として定義される一方で、（c）については、アセアン加盟国との二国間のEPAでは完全生産品として定義されているものの、それ以外のEPAでは完全生産品としての定義はなく、また、前述のCPTPPのような原産地規則上の特別な扱いもありません。

(2) CPTPPの自動車関連の品目別規則

自動車及び自動車部分品については、付加価値基準の計算において、その材料について原産地規則を緩和する特別ルールが規定されています。（附属書3-D・付録1）

ステップ5：原産地規則を満たすか否かの確認　**105**

A．自動車

　自動車の品目別規則として、付加価値基準（控除方式で55％又は純費用方式で45％）が設定されていますが、特定の自動車部品7品目[注1]について、指定された工程[注2]のうち、1つ以上の工程がCPTPP域内で行われていれば、原産材料として扱うことが認められます。

- （注1）①強化ガラス（第7007.11号）、②合わせガラス（第7007.21号）、③車体（普通車用のもの）（第8707.10号）、④車体（貨物車等用のもの）（第8707.90号）、⑤バンパー（部分品を除く）（ex 第8708.10号）、⑥車体用プレス部品及び扉組立（部分品を除く）（ex 第8708.29号）、⑦駆動軸（差動装置を有するもの）及び非駆動軸（部分品を除く）（ex 第8708.50号）（詳細は同付録1表A参照）
- （注2）複雑な組立て、複雑な溶接、ダイカストその他これに類する鋳込み成形、押出成形、鍛造、熱処理（ガラスの強化又は金属の焼戻しを含む）、積層、切削、金属成形、鋳造、スタンピング（プレス成形を含む）（同付録1表B参照）

B．自動車部分品

　自動車部分品の品目別規則は、一部例外を除き[注1]、関税分類変更基準と付加価値基準（品目に応じ、控除方式で45〜55％、積上げ方式で35〜45％又は純費用方式で35〜45％）の選択制となっていますが、上記付加価値基準の計算上、自動車部分品[注2]の材料は、指定された工程[注3]のうち、1つ以上の工程をCPTPP域内で行えば、5〜10％を限度（閾値）として、原産材料と扱うことが認められています。

- （注1）自動車用エンジン及び原動機付シャシについては、関税分類変更基準が適用されず、付加価値基準のみ。
- （注2）対象となる自動車部分品及びその閾値は同付録1表Cを参照。
- （注3）上記A．（注2）と同じ。

（3）日EU・EPAの自動車関連の品目別規則

　日EU・EPA（日英EPAも同様）においても、自動車（第8703.21号〜第8703.90号のもの）について、品目別規則をより満たしやすくするための柔軟措置が、付録3−B−1に定められています。当該規定では、第8703.21号〜第8703.90号までの自動車に適用される品目別規則を満たすにあたり、生産に使用された材料

106 第1章 機械類

が、同付録の第3節の表に掲げられ、同表に定める生産工程が締約国において行われた場合には、当該材料を締約国の原産材料とみなすことができるとされています。

（4）RCEPの品目別規則（機械類）

RCEPの機械類の品目別規則の概要は以下のとおりです。

① 第87類（自動車等）以外の品目

第87類（自動車等）以外の品目では、「完成品」については、「専用の部分品」からの組立・加工にほぼ一律に[13]原産品としての資格を与える関税分類変更基準（品目によって適宜CTH/CTSHを設定）と付加価値基準（RVC40）との選択性となっていて、「専用の部分品」については、CTHと付加価値基準（RVC40）との選択性となっています。

これは、多くの品目で単に「専用の部分品」から「完成品」への組立が行われただけでは原産資格を与えず、付加価値基準も満たすことを条件とするCPTPP、日EU・EPAと比較して緩やかな規則となっています。

② 第87類（自動車等）の品目

第87類（自動車等）の品目では、「完成品」[14]については、付加価値基準（RVC40）のみが採用され、「専用の部分品」[15]については、CTHと付加価値基準（RVC40）の選択制となっています。これはCPTPP、日EU・EPAも基本的に同様ですが、同じ控除方式で閾値を比較すると、「完成品」の場合、CPTPP（RVC55％）、日EU・EPA（RVC60％）よりも低く、緩やかな規則となっています。

ステップ6：原産地証明の作成

輸入国においてEPA特恵税率の適用を受けるためには、輸入者が、原産地証明を輸入国税関に提出して特恵待遇要求を行うことが必要です。

ステップ6（原産地証明の作成）では、ステップ5で、輸出入しようとする産品が、特恵税率の適用を受けようとするEPAの原産品であることが確認できた産品について、その証明資料に基づき、原産地証明を入手・作成します。

原産地証明を入手・作成する方法として、「第三者証明制度」、「認定輸出者制度」、輸出者（生産者）、輸入者が自ら原産性を証明する「自己申告制度」の３種類があり、その概要は以下のとおりです。

1. 第三者証明制度

　輸出者の申請により、輸出国の税関、商工会議所等の公的機関が、原産品であることの証明（原産地証明書）を発行するもので、CPTPP、日EU・EPA、日英EPA及び日米貿易協定を除く、日本のすべてのEPAで採用されています。

2. 認定輸出者制度

　輸出国の政府により認定された輸出者に限って、原産品であることを証明する書類（以下「原産地申告」）を自ら作成するもので、日メキシコEPA、日スイスEPA、日ペルーEPA、RCEPで採用されています。

3. 自己申告制度

　輸出者（生産者）、輸入者が、原産地申告を自ら作成するもので、日豪EPA、CPTPP、日EU・EPA、日英EPAで採用され、日米貿易協定では輸入者による自己申告のみが採用されています。RCEPでは、輸出者（生産者）による自己申告が経過的に導入され[16]、輸入者による自己申告は日本への輸入に対してのみ導入されています。

ステップ7：日本又は相手国での輸入手続（EPA特恵税率の適用の要求）

　輸入国でEPA特恵税率の適用を受けるためには、輸入者が、ステップ６で作成された原産地証明を輸入国税関に提出し、特恵待遇（すなわち、EPA特恵税率の適用）の要求を行うことが必要です。原産地証明を作成する者は、各証明制度で異なりますが、輸入国税関へ特恵待遇の要求を行うのは輸入者です。

108　第1章　機械類

ステップ8：証明書類の保存

　ステップ6で原産地証明を作成した輸出者、生産者、輸入者は、ステップ5で作成した原産品であることの裏付資料（証明資料）等を決められた期間保存することが必要です。これは、次のステップ9（輸入国税関の事後の確認（輸入事後調査、輸入国税関からの検証）への対応）のために必要なもので、輸入国税関より、検証のための情報提供要請があった場合には、それら情報をすぐに出せるよう社内体制を整えておくことが重要です。

1. 証明書類の保存期間

　EPA特恵待遇の要求を行った輸入者は、EPAによって異なりますが、以下の関係書類を産品の輸入後、少なくとも3年間（日EU・EPA及びRCEP）、少なくとも5年間（CPTPP）と一定期間保存する義務があります。なお、日本の輸入者は国内法により5年間保管する義務があります[17]。

　① 第三者証明の場合には、原産地証明書
　② 認定輸出者制度又は輸出者自己申告の場合には、輸出者又は生産者によって作成された原産品である旨を申告する書面（原産品申告書）
　③ 輸入者自己申告の場合には、当該産品が原産品としての資格を得るための要求を満たすことを示すすべての記録

　具体的には、①又は②はステップ6で作成された原産地証明、③はステップ5で作成した証明資料です。

　産品が原産品である旨を申告する書面を作成した輸出者又は生産者は、EPAによって異なりますが、作成後少なくとも5年間（CPTPP）、少なくとも4年間（日EU・EPA）、少なくとも3年間（RCEP）と、当該産品が原産品としての資格を得るための要件を満たすことを示す他のすべての記録（ステップ5で作成した証明資料）を一定期間保存する義務があります。

2. 求められる社内管理体制

　証明書類の保存は、原産地証明作成のために作成された証明資料を適切に保存し、輸入国の税関からの事後の確認に備えるために行うものです。証明資料

の作成に必要な情報の入手・保有・管理には、社内の多くの部署が関係していて、その保存についても、原産地証明を一元的に管理する部署（とりまとめ部門）が中心となって、根拠資料の裏付資料を保存する部署を指定して、それら証明資料が確実に保存されるとともに、検証があった場合には、速やかに提出できるような体制を整備しておくことが必要です。

証明書類の保存について、証明資料及び原産地証明の作成についても一体となった、社内の関係部門の具体的な役割分担の例を示します。

（1）原産地証明の作成・保存（担当：とりまとめ部門）

ステップ5で作成された証明資料に基づいて、貿易管理部門等のとりまとめ部門が原産地証明の申請・入手、作成及び保存を担当します。

（2）証明資料の作成・保存（担当：とりまとめ部門・関係部門）

A．根拠資料（対比表、計算ワークシート等原産品としての資格の判定・確認を行った資料）

根拠資料に記載される、産品の生産に使用した材料及び産品の製造工程の情報は、産品の開発・技術・生産管理等を担当する部門が、産品の生産にかかる材料の単価、製造コスト・経費、利益などの製造原価情報は、財務・経理等を担当する部門が、原産材料として扱った材料の情報は、当該材料を調達した購買部等の部門が管理・保有しています。したがって、ステップ5で説明したように、根拠資料は、とりまとめ部門が中心となって、その記載はそれぞれ情報を有する部門が行う等、関係部門が協力して作成し、その裏付資料については、情報を有する関係部門が保存します。

B．根拠資料の裏付資料

① **根拠資料に記載された材料で製造されたことを裏付ける書類（総部品表、製造工程フロー図、生産指図書等）**
産品の生産に使用した材料及び産品の製造工程の情報を有する、産品の開発・生産管理等を担当する部門が保存を担当します。

② 記載された価額の情報の妥当性を示す書類（製造原価計算表、投入された各材料の単価を裏付ける資料等）

産品の生産に要した材料・費用の原価の情報を有する、財務・経理等を担当する部門が保存を担当します。

③ サプライヤー証明

原産材料として扱う材料のサプライヤー証明の入手及びその内容の正確性の一義的な確認は、購買部等の材料の調達を行う関係部門が担当します。事後の確認の際に、サプライヤー証明の根拠となる資料の提出が求められた場合に備えて、サプライヤー側でこれら根拠となる資料を確実に保存してもらうことが必要です。

ステップ９：輸入国税関の事後の確認（輸入事後調査、輸入国税関からの検証）への対応

ステップ６で作成された原産地証明が正しいかどうかについて、輸入国税関から事後の確認が行われる場合があります。

1. 事後の確認の方法

ステップ７で述べたように、輸入国でEPA特恵税率の適用を受けるためには、輸入者が原産地証明を輸入国税関に提出することによって特恵待遇（すなわち、EPA特恵税率の適用）の要求を行うことから、輸入国税関による事後の確認は、通常は、当該要求を行った輸入者に対して行われます。

輸入者から確認に必要な情報が得られなかった場合には、輸入者自己申告の場合を除き、輸出者又は生産者への事後の確認が行われます。

税関の事後の確認の具体的な方法は、輸入国の法令により異なると考えられますが、通常次の２つの方法があるとされています。

一つは、税関が行う「輸入事後調査」において行われるものです。「輸入事後調査」は、輸入貨物の通関後における税関による税務調査であり、輸入者の事業所等を税関職員が訪問し、輸入者等に保管されている帳簿や書類等により、輸

入貨物に係る納税申告が適正に行われているか否かを確認するものです。

　もう一つは、EPAの規定に基づいて輸入国税関が行う事後確認（以下「検証」）です。この場合でも、通常は、輸入者に対して最初に確認がなされ、輸入者より十分な情報が得られなかった等、必要な場合には、輸出国の発給機関又は権限ある当局、輸出者又は生産者に確認がなされます。どのような方法及び手続きによって輸出国の発給機関、輸出者等に対して検証が行われるかはEPA又は証明制度によって異なっていて、利用するEPAの検証手続きについてよく確認を行っておく必要があります。

2. 輸入国税関からの検証

(1) 検証の方法

　輸入国税関からの検証の方法については、EPA又は証明制度によって異なります。

　証明制度として、第三者証明制度、認定輸出者制度及び自己申告制度の３つがあると説明しましたが、第三者証明制度及び認定輸出者制度の場合には、通常は、輸出国の発給機関又は権限ある当局を通じて、輸出者又は生産者への検証が行われます。

　一方、自己申告制度のうち輸出者自己申告の場合には、日EU・EPA及び日英EPAを除き、基本的に輸入国税関から直接、輸出者又は生産者へ検証が行われます[18]。なお、輸入者自己申告の場合には、輸入者に対してのみ検証が行われ、輸入者が輸入国税関から要求のあった確認に必要な情報を提供できなかった場合には、特恵適用が否認されることとなりますので注意が必要です[19]。

(2) 検証回答期限

　輸入国税関から情報提供要求がある場合の回答期限についても、EPA又は証明制度によって異なります（**図表１-27**参照）。第三者証明制度及び認定輸出者制度の場合は、多くのEPAで３か月から６か月とされていますが[20]、輸出国の発給機関又は権限ある当局を通じて検証が行われることから、輸出者又は生産者が回答に与えられる時間はより短いと考えられます。

　輸出者自己申告の場合は、原産地証明を作成した輸出者又は生産者に対し、直接情報提供要求が行われ、その場合の回答期限をみると、CPTPPの場合、協定上少なくとも30日を与えると規定されていて、RCEPの場合は、協定上30日

112 第1章 機械類

〜90日を与えると規定されていますが、30日〜90日の期間の設定は輸入締約国の裁量であることから、短い場合には、30日以内に回答を求められることもあり得ます。加えて、回答にあたっては、輸入国税関から送付される英語で記載された質問の内容を正しく理解し、その疑問に的確に答える回答書及び関係書類を英語で準備・作成し、当該税関当局に送付する時間も考慮する必要があります。

よって、いずれのEPA及び証明制度についても、輸入国税関の検証に対してすぐに対応できるよう、前述した社内体制の整備を図ることが大変重要です。

ステップ5〜ステップ9のまとめ

ステップ5、ステップ6、ステップ8及びステップ9で行うべき事項の一連の流れを**図表1−28**にまとめました。この流れに従って、ステップ5では、原産地規則を満たすかどうかを確認するための証明資料（根拠資料（対比表、計算ワークシート等））の作成、根拠資料に記載された内容の裏付資料の収集・作成、定期的な見直しの実施（そのための社内体制の整備）、ステップ6では、ステップ5で作成した証明資料に基づいた原産地証明の作成（原産地証明書の申請・入手、原産地申告の作成（認定輸出者の場合）、原産地申告書＋原産品申告明細書及び関係書類の作成、サプライヤー証明の作成（他社へ納入の場合））、ス

図表1−27　輸入国税関からの検証への回答期間（比較表）

日本のEPA等		検証への回答期間
第三者証明制度	シンガポール	規定なし
	マレーシア、フィリピン、チリ、タイ、インド	3か月
	ブルネイ、ASEAN、ベトナム（注）	3か月、（注）90日
	インドネシア	6か月
	モンゴル	4か月
認定輸出者制度	メキシコ*（輸出締約国）	6か月
	メキシコ（輸出者・生産者）	45日
	スイス*	10か月
	ペルー*	3か月
自己申告制度	豪州*	45日
	CPTPP	少なくとも30日
	米国	規定なし
	EU、英国	10か月
	RCEP*	30〜90日

* メキシコ、ペルー、スイス及び豪州とのEPAでの第三者証明、RCEPでの第三者証明、認定輸出者制度における検証への回答期間等も、協定上区別はなく同じ。

ステップ9：輸入国税関の事後の確認（輸入事後調査、輸入国税関からの検証）への対応　**113**

テップ8では、ステップ5及びステップ6で作成・収集した証明資料及び原産地証明の保存（そのための社内体制の整備）、ステップ9では、税関の事後の確認への対応（そのための社内連絡体制等を事前に整備）を確実に実施することにより、原産品か否かの適正な判断の実施、また、輸入国税関による事後の確認による否認のリスクを最小化していくことが大変重要です。

（注）
1　第17部注2（e）及び（f）並びに第90類注2（a）
2　第16部注1（g）、第17部注2（b）、第90類注1（f）、第91類注1（c）、第92類注1（a）及び第93類注1（b）
3　HS通則2（a）により、完成した物品の項には、「未完成の物品で、完成した物品としての重要な特性を提示の際に有するものを含むものとし、また、完成した物品で、提示の際に組み立ててないもの及び分解してあるものを含む。」とされています。
4　CPTPPについては、CTSH（号変更基準）も採用されていますが、一部の産品か

機械類

図1-28　まとめ：証明書類の作成・保存（フロー）

ステップ5　原産地規則を満たすか否かの確認（証明資料の作成）
証明資料の収集・作成
・根拠資料（対比表、計算ワークシート等）の作成
・根拠資料に記載された内容の裏付資料の収集・作成
・定期的な見直しの実施（そのための社内体制の整備）

ステップ6　原産地証明の作成
・原産地証明書の申請・入手
・原産地申告の作成（認定輸出者の場合）
・原産地申告書＋原産品申告明細書及び関係書類の作成
・サプライヤー証明の作成（他社へ納入の場合）

ステップ7　日本または相手国での輸入手続（EPA特恵税率適用の要求）

ステップ8　証明書類の保存
・ステップ5及びステップ6で作成・収集した資料及び原産地証明の保存（そのための社内体制の整備）
　（注）輸出入申告書類（申告書、インボイス、B/L、P/L）等も保存

ステップ9　輸入国税関の事後の確認（輸入事後調査、輸入国税関からの検証）への対応
・迅速な対応のため、社内連絡体制等を事前に整備

114 第1章 機械類

らの変更が除外されています。

5　日EU・EPAでは、第90.32項も含め第90類のほぼ全品目（第9001.90号～第9033.00号）の品目別規則として、「CTH（第96.20項の材料からの変更を除く））が設定されていますが、第96.20項には「一脚、二脚、三脚その他これらに類する物品」が分類され、第90.32項の部分品として使用されることは考えにくいことから説明上省略しています。

6　付加価値基準の設定はありません。

7　ただし、第85.04項（トランスフォーマー等）の品目別規則では、「CTSH（容量の異なる製品間の号の変更を除く）又はRVC40％」として、容量の異なる完成品間の号の変更には原産資格を与えないと規定しています。

8　当該事例研究については、日本関税協会ホームページ（賛助会員専用ページ）：原産地規則オンライン説明会【輸出編】日EU・EPA自己申告制度利用方法の紹介（鉱工業品）」を参照しています。

9　「基礎的基準の例外」及び「技術的規定」について、さらに詳細をお知りになりたい方は、当協会発行のEPA原産地規則の解説書である「基礎から学ぶ原産地規則」（日本関税協会）を参照して下さい。

10　他に、日シンガポールEPA、日ペルーEPA、日豪EPA、日モンゴルEPA、日英EPA、日メキシコEPA、日米貿易協定があります。

11　「内製品・自己生産品」の扱いについては、「原産性を判断するための基本的考え方と整えるべき保存書類の例示」（経済産業省ホームページ）を参照して下さい。

12　関税評価協定では、支払価額等がない場合、①同種又は類似の貨物の取引価額、②国内販売価額から逆算した価額、③製造原価に基づく価額の順（②と③の順は入れ替え可能）で、産品の価額を決定するとされています。一方、CPTPP、日EU・EPAでは、最初から③の製造原価に基づく価額により決定されます。

13　例外として、一部の自動車用のもの（ディーゼルエンジン（第8408.20号）、エアコン（第8415.20号）、鉛蓄電池（第8507.10号））があります。

14　第87.01項（トラクター）、第87.02項～第87.05項（自動車）、第87.06項（原動機付きシャシ）、第87.07項（車体）を指します。なお、一部の特殊自動車（クレーン車、せん孔デリック車）についてはCTHとRVC40の選択制となっています。自動車以外に、第87.10項（戦車）、第87.11項（モーターサイクル）もRVC40のみを採用しています。

15　モーターサイクル及び自転車の部分品は、CCとRVC40の選択制となっています。

16　協定上は、後発開発途上国も含め、各締約国について協定が発効した日から一定期間内に輸出者（生産者）自己申告を導入する義務（カンボジア、ラオス、ミャンマー

は、この協定の当該締約国では発効の日の後20年以内に、その他の締約国は10年以内に実施（それぞれ、10年を限度に延長可能））が規定されています。現時点（2025年1月1日時点）では、日本、豪州、ニュージーランド、韓国間の輸出入のみに導入されています。

17 日本への輸入の場合、輸入申告の際に税関に提出した書類は保存義務の対象とはなりません。

18 日EU・EPA（日英EPAも同様）の場合には、輸出者自己申告の場合であっても、輸入国税関から輸出者又は生産者への直接の検証は行われず、輸入国税関の要請により輸出国税関が検証を行います。

19 RCEP及び日EU・EPA（日英EPAも同様）では、輸入者自己申告によって原産地証明が行われた場合、輸入国税関は輸出者又は生産者への検証及び輸出国当局への検証依頼は実施できないことが明確に規定されています。日豪EPA、CPTPPでは、輸入国税関による輸出者（生産者）への検証自体は可能となっていますが、「輸入者の知識」による場合に輸入者が情報提供できなければ、輸入締約国税関は特恵適用を否認できると規定されています。

20 日メキシコEPAの場合、協定上、輸出者又は生産者への直接の検証も可能であり、その場合の回答期限は45日となっています。RCEPの場合、協定上、証明制度の区別はなく、回答期限は30日〜90日とされていて、後述のように、30日とされることもあり得ますので、注意が必要です。

116 第 1 章　機械類

第2章
繊維・繊維製品

118 第2章 繊維・繊維製品

ステップ１：輸出入産品のHS番号の確定

1. 分類体系

　HS品目表において、紡織用繊維及びその製品は、第11部に分類されます。第11部は、第50類から第63類までの14の類から成るHS品目表では最大の部です。その分類体系は、**図表２−１**で示すように、第50類から第55類までの前半部分と第56類から第63類までの後半部分とに分けることができます。

　前半部分の第50類から第55類までの類は、紡織用繊維の種類により区分されていて、各類は一種又は二種以上の紡織用繊維の単独のもの又は混用のものを扱い、原材料から織物を製造するまでの各段階のものを含みます。

　第50類から第55類までの類（紡織用繊維の種類）と項（加工段階）との関係を**図表２−２**に示します。紡織用繊維の種類ごとに類が分かれていて、動物由来のもの（第50類、第51類）、植物由来のもの（第52類、第53類）及び化学品由来のもの（第54類、第55類）という順番になっています。これらの繊維は、各類の中で、加工段階により項が分かれていて、原材料から始まり、回収くず、カードし又はコームした繊維、糸、織物と、織物を製造するまでの各段階のものを分類する項が用意されていることがわかります。ここでいう糸及び織物とは、いわゆる通常の糸と織物で、特殊な形状となると、第11部の後半に分類されます。さらに、第50類から第52類まで、第54類及び第55類において糸を分類する項は、第11部注４に規定する「小売用にしたもの」であるかないかにより区分されています。また、第52.04項、第54.01項及び第55.08項には、第11部注５に規定する「縫糸」の要件を満たす糸が分類されます。

　第11部の後半部分の第55類から第63類までは、図表２−１で示すように、第50類から第55類までに含まれない各種の紡織用繊維の物品（例えば、特殊な糸及び織物、製品にしたもの、メリヤス編物又はクロセ編物）などを含みます。これらの類の項（４桁）レベルの分類では、通常、紡織用繊維の種類による区分がなされていません。

　また、第55類から第59類までには、製品にしたもの又はしないものを含む一方、第60類は、メリヤス編物又はクロセ編物のもので製品にしたもの以外のものを含みます。

　さらに、第11部以外の他の部に含まれるある種の物品を除き、第61類及び第

ステップ１：輸出入産品のHS番号の確定　**119**

62類には紡織用繊維の衣類及び衣類附属品、第63類には紡織用繊維のその他の製品、中古の衣類などが含まれます。

図表２−１　「第11部　紡織用繊維及びその製品」の分類体系

繊維・繊維製品

（前半）第50類〜第55類
＊類は紡織用繊維の種類により区分（動物由来、植物由来及び化学品由来）
＊各類は一種又は二種以上の紡織用繊維の単独のもの又は混用のものを扱い
＊原材料から織物を製造するまでの各段階の物品を含む
（原材料　⇒　回収くず　⇒　カードし又はコームした繊維　⇒　糸　⇒　織物）

（後半）第56類〜第63類
＊第50類から第55類までに含まれない各種の紡織用繊維の物品を含む（例えば、特殊な糸及び織物、製品にしたもの（Made-up articles）、メリヤス編物又はクロセ編物）
＊項（４桁）レベルの分類では、通常、紡織用繊維の種類による区分がない
＊第55類から第59類までは、製品にしたもの又はしないものを含む（一方、第60類はメリヤス編物又はクロセ編物のもの（製品にしたもの以外のもの）を含む）
＊第61類及び第62類は紡織用繊維の衣類及び衣類附属品を含む並びに第63類は紡織用繊維のその他の製品、中古の衣類等を含む。

（前半）

第50類	絹及び絹織物
第51類	羊毛、繊獣毛、粗獣毛及び馬毛の糸並びにこれらの織物
第52類	綿及び綿織物
第53類	その他の植物性紡織用繊維及びその織物並びに紙糸及びその織物
第54類	人造繊維の長繊維並びに人造繊維の織物及びストリップその他これに類する人造繊維製品
第55類	人造繊維の短繊維及びその織物

（後半）

第56類	ウォッディング、フェルト、不織布及び特殊糸並びにひも、綱及びケーブル並びにこれらの製品
第57類	じゅうたんその他の紡織用繊維の床用敷物
第58類	特殊織物、タフテッド織物類、レース、つづれ織物、トリミング及びししゅう布
第59類	染み込ませ、塗布し、被覆し又は積層した紡織用繊維の織物類及び工業用の紡織用繊維製品
第60類	メリヤス編物及びクロセ編物
第61類	衣類及び衣類附属品（メリヤス編み又はクロセ編みのものに限る。）
第62類	衣類及び衣類附属品（メリヤス編み又はクロセ編みのものを除く。）
第63類	紡織用繊維のその他の製品、セット、中古の衣類、紡織用繊維の中古の物品及びぼろ

120　第2章　繊維・繊維製品

図表2-2　前半　第50類から第55類
（類〈紡織用繊維の種類〉と項〈加工段階〉との関係）

類	第50類	第51類	第52類	第53類	第54類	第55類
紡織用繊維の種類	絹	羊獣毛	綿	その他の植物性繊維	人造長繊維	人造短繊維
原材料	50.01	51.01、51.02	52.01	53.01～53.05		55.01～55.04
生糸	50.02					
くず	50.03	51.03、51.04	52.02	53.01～53.05		55.05
カード・コームしたもの		51.05	52.03	53.01～53.05		55.06、55.07
通常の糸	50.04～50.06	51.06～51.10	52.04～52.07	53.06～53.08	54.01～54.06	55.08～55.11
通常の織物	50.07	51.11～51.13	52.08～52.12	53.09～53.11	54.07、54.08	55.12～55.16

（第52.04項、第54.01項及び第55.08項は第11部注5の要件を満たす「縫糸」）

2. 分類のポイント

（1）第11部の物品と部注との関係

　先に説明したように、HS品目表において、第11部は14の類からなる最大の部ですが、これら14もある類の全体を通して、物品の定義をしたり、分類の方法を規定したりする部の注の数も15とHS品目表において最大です。

　部の注の中では特に重要と考えられる2、3、7及び8について以下に解説しますが、これらの注が第11部に分類される物品との関係において、どのような機能を持つ規定であるかについて、正確に理解することが、紡織用繊維及びその製品の分類を適切に決める上で、極めて重要です。

　このための参考として、**図表2-3**に「第11部の物品と部注との関係（概要を示した参考図）」を示します。

　以下の分類解説の理解のため、必要に応じて、適宜、参照するようにして下さい。

　EPA特恵税率の適用を受ける原産品か否かの原産性判断基準の一つである関税分類変更基準を検討する際において、紡織用繊維及びその製品の場合は、生産工程の段階を正確に理解することが非常に重要です。図表2-3の「第11部の物品と部注との関係（概要を示した参考図）」は、各生産工程の段階をHS品目表の規定を基として正確に理解する目的においても大変参考となります。

ステップ１：輸出入産品のHS番号の確定　**121**

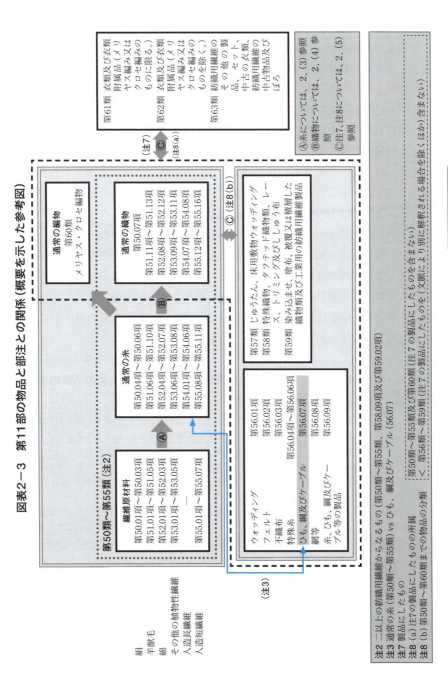

図表２−３　第11部の物品と部注との関係（概要を示した参考図）

122　第2章　繊維・繊維製品

（2）第11部注2（二以上の紡織用繊維で構成される物品の所属の決定）

　二以上の紡織用繊維で構成される物品の所属の決定方法について定めた第11部注2の規定を**図表2－4**に示します。

　当該注2は、（A）、（B）及び（C）とから成り、（A）には基本原則が定められていて、（B）では（A）の規定の適用方法が定められています。また、（C）は、上記（A）及び（B）の規定が同じ第11部の注3から6までの糸についても適用されることを明確化しています。

　まず、（A）は、構成する紡織用繊維の重量割合により所属を決定するというもので、前段と後段の規定からなります。前段は、第50類から第55類まで、第58.09項（金属糸又は金属を交えた糸の織物）又は第59.02項（タイヤコードファブリック）のいずれかに属するとみられる物品で二以上の紡織用繊維から成るものは、構成する紡織用繊維のうち最大の重量を占めるもののみから成る物品とみなしてその所属を決定すると規定しています。後段では、構成する紡織用繊維のうち最大の重量を占めるものがない場合には、当該物品は等しく考慮に値する項のうち数字上の配列において最後となる項に属するもののみから成る物品とみなしてその所属を決定すると規定しています。

図表2－4　第11部注2（二以上の紡織用繊維で構成される物品の所属の決定）

注2
（A）第50類から第55類まで、第58.09項又は第59.02項のいずれかに属するとみられる物品で二以上の紡織用繊維から成るものは、構成する紡織用繊維のうち最大の重量を占めるものから成る物品とみなしてその所属を決定する。構成する紡織用繊維のうち最大の重量を占めるものがない場合には、当該物品は等しく考慮に値する項のうち数字上の配列において最後となる項に属するもののみから成る物品とみなしてその所属を決定する。
（B）（A）の規定の適用については、次に定めるところによる。
　（a）馬毛をしん糸に使用したジンプヤーン（第51.10項参照）及び金属を交えた糸（第56.05項参照）は、単一の紡織用繊維とみなすものとし、その重量は、これを構成する要素の重量の合計による。また、織物の所属の決定に当たり、金属糸は、紡織用繊維とみなす。
　（b）所属の決定に当たっては、まず類の決定を行うものとし、次に当該類の中から、当該類に属しない構成材料を考慮することなく、項を決定する。
　（c）第54類及び第55類の両類を他の類とともに考慮する必要がある場合には、第54類及び第55類は、一の類として取り扱う。
　（d）異なる紡織用繊維が一の類又は項に含まれる場合には、これらは、単一の紡織用繊維とみなす。
（C）（A）及び（B）の規定は、3から6までの糸についても適用する。

(B)は、基本原則を規定した(A)の適用方法を定めたもので、(a)から(d)の四つのパラグラフから成ります。(a)では馬毛をしん糸に使用したジンプヤーン、金属を交えた糸及び金属糸を用いた織物などの特定の種類の糸を使用した場合の取扱方法について、又また、(b)から(d)では物品を構成する紡織用繊維の比較すべき重量の特定の方法について規定しています。

それでは、注2の具体的な適用事例を**図表2－5**の例1から7に示します。

例1の物品は、これを構成する紡織用繊維は、重量割合で第52類の綿が45％で第55類の人造繊維の短繊維が55％です。本品の場合、(A)の前段の規定により、「構成する紡織用繊維のうち最大の重量を占めるものから成る物品としてその所属を決定する」こととなるので、人造繊維の短繊維から成るものとして第55類に分類されます。

例2は糸で、これを構成する紡織用繊維は、重量割合で第50類の絹及び第54類の再生繊維又は半合成繊維の長繊維が共に50％から成る物品です。本品の場合、(A)の後段の規定の「構成する紡織用繊維のうち最大の重量を占めるものが

図表2－5　第11部注2（二以上の紡織用繊維から成るもの）

（例1）　（構成割合）

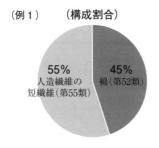

➡分類＝第55類

注2（A）（前段）
　構成する紡織用繊維のうち最大の重量を占めるものから成る物品とみなしてその所属を決定する。

（例2）　（構成割合）

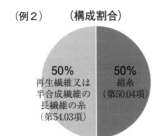

➡分類＝第54.03項

注2（A）（後段）
　構成する紡織用繊維のうち最大の重量を占めるものがない場合には、等しく考慮に値する項のうち数字上の配列において最後となる項に属するもののみから成る物品とみなしてその所属を決定する。

ない場合には、当該物品は等しく考慮に値する項のうち数字上の配列において最後となる項に属するもののみから成る物品とみなしてその所属を決定する」に該当することから、再生繊維又は半合成繊維の長繊維の糸として、第54.03項に分類されます。

例3の物品は、これを構成する紡織用繊維は、重量割合で第51類の羊毛が43％、第54類の人造繊維の長繊維が33％及び第55類の人造繊維の短繊維が24％です。単純に重量割合を比較すると羊毛が最も大きくなりますが、(B)(c)の規定により、第54類及び第55類の両類を他の類と共に考慮する必要がある場合には、第54類と第55類は一つの類として取り扱います。本品は、第54類及び第55類の化学品に由来する紡織用繊維の重量割合が合計で57％となり、羊毛より大きくなることから、第54類又は第55類のいずれかに分類されることとなり、第54類と第55類との関係では重量割合がより大きい第54類の人造繊維の長繊維から成る物品として分類されます。

例4の物品は織物ですが、これを構成する紡織用繊維は、重量割合で第53類の亜麻が33％、同じく第53類のジュートが24％及び第54類の合成繊維の長繊維

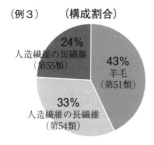

➡分類＝第54類

注2 (B)(c)
　第54類及び第55類の両類を他の類とともに考慮する必要がある場合には、第54類及び第55類は、一の類として取り扱う。

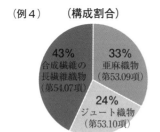

➡分類＝第53.09項

注2 (B)(b)
　所属の決定に当たつては、まず類の決定を行うものとし、次に当該類の中から、当該類に属しない構成材料を考慮することなく、項を決定する。
注2 (B)(d)
　異なる紡織用繊維が一の類又は項に含まれる場合には、これらは、単一の紡織用繊維とみなす。

が43％です。(B)(b)の規定によれば「所属の決定に当たっては、まず類の決定を行うものとし、次に当該類の中から、当該類に該当しない構成材料を考慮することなく、項を決定する。」と定められていることから、まず、類の分類を決めます。単純に重量割合を比較すると合成繊維の長繊維が最も大きくなりますが、(B)(d)の規定により、異なる紡織用繊維が一の類又は一の項に含まれる場合には、これらは、単一の紡織用繊維とみなします。本品は、同じ第53類に含まれる亜麻とジュートとの重量割合が合計で57％となり、合成繊維の長繊維よりも大きくなることから、第53類に分類されます。次に、第53類の中のどの項に分類するかについて、本品は、第53類に属する構成材料の中で重量割合が最も大きい亜麻の織物として、第53.09項に分類されます。

例5の物品は織物ですが、これを構成する紡織用繊維は重量割合で、第52類の綿が45％、第55類の合成繊維の短繊維が40％及び第56.05項の金属を交えた糸で50％の合成繊維の長繊維を含むものが15％です。

本品を構成する金属を交えた糸の重量割合の15％の中に50％の合成繊維の長繊維が含まれることから、本品中には重量割合で7.5％の第54類の合成繊維の長繊維が含まれることとなり、(B)(c)の規定が適用されれば、本品には第54類と第55類の化学品に由来する紡織用繊維が重量割合の合計で47.5％(7.5％＋40％)含まれていることとなり、最大の重量を占めるものとなります。

しかしながら、(B)(a)の規定によれば「金属糸を交えた糸(第56.05項参照)は、単一の紡織用繊維とみなすものとし、その重量は、これを構成する要素の重量の合計による」こととなります。したがって、金属糸を交えた糸は単一の紡織用繊維してその重量は本品の他の構成材料の重量と比較されることとなり、金属糸を交えた糸の中に含まれる合成繊維の長繊維の重量は他の合成繊維の重量に合計されません。

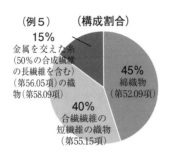

➡分類＝第52.09項

注2（B）(a)
　金属を交えた糸(第56.05項参照)は、単一の紡織用繊維とみなすものとし、その重量は、これを構成する要素の重量の合計による。また、織物の所属の決定に当たり、金属糸は、紡織用繊維とみなす。

以上のことから、本品は、本品を構成する3つの紡織用繊維の中で、重量割合が最も大きい綿の織物として、第52.09項に分類されます。

例6の物品は、重量割合で第54.06項に分類される人造繊維の長繊維の糸が45％と第74.08項に分類される銅線が55％とからなる織物です。（B）（a）の規定によれば、「織物の所属の決定に当たり、金属糸は、紡織用繊維とみなす。」こととなり、本品は、織物で銅線からなる方が重いことから、金属糸の織物として第58.09項に分類されます。

これまでの注2の具体的な適用事例のまとめとして、例7の物品は織物ですが、これを構成する紡織用繊維は、重量割合で第51類の羊毛が50％、第55類の

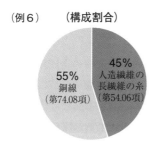

➡分類＝第58.09項（金属糸の織物）

注2（B）（a）
　金属を交えた糸（第56.05項参照）は、単一の紡織用繊維とみなすものとし、その重量は、これを構成する要素の重量の合計による。また、織物の所属の決定に当たり、金属糸は、紡織用繊維とみなす。

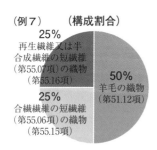

➡分類＝第55.16項

注2（B）（b）
　所属の決定に当たつては、まず類の決定を行うものとし、次に当該類の中から、当該類に属しない構成材料を考慮することなく、項を決定する。
注2（B）（d）
　異なる紡織用繊維が一の類又は項に含まれる場合には、これらは、単一の紡織用繊維とみなす。
注2（A）（後段）
　構成する紡織用繊維のうち最大の重量を占めるものがない場合には、等しく考慮に値する項のうち数字上の配列において最後となる項に属するもののみから成る物品とみなしてその所属を決定する。

合成繊維の短繊維が25％及び同じく第55類の再生繊維又は半合成繊維の短繊維が25％です。単純に重量割合を比較すると羊毛が最も大きくなりますが、（B）（b）の規定により、まず類の分類を決定する上において、（B）（d）の規定により、同じ第55類に属する合成繊維の短繊維と再生繊維又は半合成繊維の短繊維は単一の紡績用繊維とみなされることとなり、これらの合計の重量割合は羊毛の重量割合と同じ50％となります。

したがって、本品は、（A）の後段の規定が適用され、類番号の大きい第55類に分類されます。次に当該第55類の中のどの項に分類するかについて、本品は、第55類に属する構成材料の合成繊維の短繊維（第55.06項）及び再生繊維又は半合成繊維の短繊維（第55.07項）の重量割合が共に25％であることから、（A）の後段の規定が再度適用されることとなり、項番号の大きい構成材料である再生繊維又は半合成繊維の短繊維から成る織物として第55.16項に分類されます。

（3）糸（第50類から第55類（通常のもの）vs 第56類から第59類（特殊なもの））

紡織用繊維の糸には、単糸、マルチプルヤーン及びケーブルヤーンがあります。それらがどのようなものであるかについて、**図表２－６**に示します。本図表中には、参考として、短繊維をよって相互に抱合させた単糸、２本の単糸をより合わせたマルチプルヤーン及び２本のマルチプルヤーンをより合わせたケーブルヤーンのイラストも示しています。

HS品目表では、糸の太さについて「テックス」方式により表示されていて、これは、糸、フィラメント、ファイバーその他の紡織用繊維のストランドの１キロメートル当たりのグラム数に相当する繊維を表示する単位です。したがって、数字が大きくなると、糸が重い（太い）こととなります。１デシテックスは0.1テックスとなります。

第50類から第55類までの、いわゆる通常の糸には、漂白してないもの又は洗浄、漂白、半さらし、浸染、なせん、杢（もく）染等の加工したものも含まれます。また、ガス焼きしたもの（すなわち、表面に毛羽立っている繊維を焼き取ったもの）、マーセライズしたもの（すなわち、構成繊維に張力をかけた状態でかせいソーダの溶液に浸せきして処理したもの）、油処理したもの等も含まれます。

しかしながら、このあとの「(5)部注７及び注８」のところで説明しますが、第11部注８（b）の規定により、第50類から第55類までには、第56類から59類まで

図表2−6　第11部　糸、マルチプルヤーン及びケーブルヤーン
　　　　　（関税率表解説　総説（Ⅰ）（B）（糸）参照）

紡織用繊維の糸には、単糸、マルチプルヤーン及びケーブルヤーンがある。

単糸:
(a) 通常、よることにより相互に抱合させた短繊維の糸（紡績糸）
(b) 第54.02項から第54.05項までのフィラメントの1本（単繊維（モノフィラメント））又は第54.02項若しくは第54.03項のフィラメントの2本以上（マルチフィラメント）を相互に抱合させた糸（よってあるかないかを問わない。）（長繊維の糸）

マルチプルヤーン: 単糸の2本以上を1回の操作でより合わせた糸
　ただし、第54.02項又は第54.03項の単繊維のみをよった糸はみなさない。

ケーブルヤーン: マルチプルヤーンを含む2本以上の糸を1回以上の操作でより合わせた糸

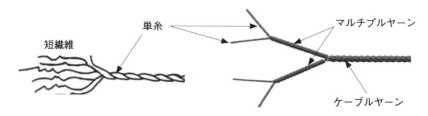

図表2−7　第50類から第55類までの糸に含まれない特殊な糸の例
　　　　　（関税率表解説　第11部　総説（Ⅰ）（B）糸（抜粋））

(a) 第56.04項のゴム糸（紡織用繊維で被覆したものに限る。）及び紡織用繊維の糸（ゴム又はプラスチックを染み込ませ（浸せきしたものを含む。）、塗布し又は被覆したものに限る。)
(b) 金属を交えた糸（第56.05項）
(c) ジンプヤーン、シェニールヤーン及びループウェールヤーン（第56.06項）
(d) 組んだ紡織用繊維の糸（第56.07項又は第58.08項）
(e) 金属糸で補強された紡織用繊維の糸（第56.07項）
(f) 糸、単繊維及び紡織用繊維を平行に並べて接着剤により接着したもの（ボルダック）（第58.06項）
(g) 第59.06項の平行した紡織用繊維の糸をゴムにより凝結させたもの

の物品を含みません。したがって、第50類から第55類までの、いわゆる通常の糸には、**図表2−7**に示す第56類から第59類の項によって特定される特殊な糸（例えば、ゴム糸等（第56.04項）、金属を交えた糸（第56.05項）、ジンプヤーン、シェニールヤーン及びループウェールヤーン（第56.06項）、組んだ紡織用繊維の糸（第56.07項及び第58.08項）、金属糸で補強された紡織用繊維の糸（第56.07

項)、糸、単繊維及び紡織用繊維を平行に並べて接着剤により接着したもの（ボルダック）（第58.06項）及び平行にした紡織用繊維の糸をゴムにより凝結させたもの（第59.06項））が含まれません。

さらに、第50類から第55類までの糸には、第11部注3の規定により、第56.07項に分類される「ひも、綱及びケーブル」も含みません。

第11部注3を**図表2－8**に示します。当該注3は、（A）と（B）からなり、（A）では第56.07項のひも、綱及びケーブルとして分類される糸（単糸、マルチプルヤーン及びケーブルヤーン）がその特徴（規格、つやだししてあるかないか、構成する単糸の数等）により規定されています。さらに、（B）では、（A）の規定が適用されない物品が規定されています。

当該注3の具体的な適用事例として、第11部関税率表解説の総説（I）（B）の表Iに「紡織用繊維の糸、ひも、綱及びケーブルの所属の一覧表」がまとめられているので、参考として**図表2－9**に示します。

図表2－8　第11部　注3（ひも、綱及びケーブルとして第56.07項に分類される糸）

注3
(A) この部において次の糸（単糸、マルチプルヤーン及びケーブルヤーン）は、（B）の物品を除くほか、ひも、綱及びケーブルとする。
 (a) 絹糸、絹紡糸及び絹紡紬糸で、20,000デシテックスを超えるもの
 (b) 人造繊維の糸（第54類の2本以上の単繊維から製造した糸を含む。）で、10,000デシテックスを超えるもの
 (c) 大麻糸及び亜麻糸で、次のもの
  (ⅰ) 磨き又はつや出ししたもので、1,429デシテックス以上のもの
  (ⅱ) 磨いてなく、かつ、つや出ししてないもので、20,000デシテックスを超えるもの
 (d) コイヤヤーンで3本以上の糸をよつたもの
 (e) その他の植物性繊維の糸で、20,000デシテックスを超えるもの
 (f) 金属糸により補強した糸
(B) (A)の規定は、次の物品については適用しない。
 (a) 羊毛その他の獣毛の糸及び紙糸（金属糸による補強した糸を除く。）
 (b) 第54類のマルチフィラメントヤーン（よつてないもの及びより数が1メートルにつき5未満のものに限る。）及び第55類の人造繊維の長繊維のトウ
 (c) 第50.06項の天然てぐす及び第54類の単繊維
 (d) 第56.05項の金属を交えた糸（金属糸により補強した糸を除く。）
 (e) 第56.06項のシェニールヤーン、ジンプヤーン及びループウェールヤーン

130 第2章 繊維・繊維製品

図表2-9 紡織用繊維の糸、ひも、綱及びケーブルの所属の一覧表

種類(注1)	適用	分類
金属糸で補強された糸	すべてのもの	第56.07項
金属糸を交えた糸	すべてのもの	第56.05項
シンプヤーン(第51.10項及び第56.05項のものを除く。)、シェニールヤーン及びループウェールヤーン	すべてのもの	第56.06項
組んだ紡織用繊維の糸	(1)堅く組み、ち密な構造を有するもの (2)その他のもの	第56.07項 第58.08項
その他 ―絹糸、絹紡糸及び絹紡紬糸(注2)	(1)20,000デシテックス以下のもの (2)20,000デシテックスを超えるもの	第50類 第56.07項
―羊毛その他の獣毛のもの	すべてのもの	第51類
―亜麻又は大麻のもの	(1)磨いたもの又はつや出ししたもの 　(a)1,429デシテックス以上のもの 　(b)1,429デシテックス未満のもの (2)磨いていないもの又はつや出ししていないもの 　(a)20,000デシテックス以下のもの 　(b)20,000デシテックスを超えるもの	第56.07項 第53類 第53類 第56.07項
―コイヤのもの	(1)単より又は双よりのもの (2)3本より以上のもの	第53.08項 第56.07項
―紙のもの	すべてのもの	第53.08項
―綿その他の植物性繊維のもの	(1)20,000デシテックス以下のもの (2)20,000デシテックスを超えるもの	第52類又は第53類 第56.07項
―人造繊維のもの(第54類の2本以上の単繊維から製造した糸を含む。)(注2)	(1)10,000デシテックス以下のもの (2)10,000デシテックスを超えるもの	第54類又は第55類 第56.07項

注1：この表の各種の紡織用繊維については第11部の注2(総説(Ⅰ)(A)参照)の規定によりこれらに属することとなる混用繊維にも適用する。
注2：第56.06項の天然てぐす、第54類のマルチフィラメントヤーン(よってないもの及びより数が1メートルにつき5未満のものに限る。)、第54類の単繊維及び第55類の人造繊維のトウは、いかなる場合においても第56.07項には属さない。
出典：税関ホームページ(関税率表解説)

(4)織物

　第50類から第55類までには、いわゆる通常の織物が分類されます。これらの織物は、図表2-10の上段に示すように、紡織用繊維の糸(第50類から第55類までの糸又は第56.07項のひも、綱等)、第54類のロービング、単繊維、ストリップその他これらに類するもの、ループウェールヤーン、細幅のリボン、細ひも又は細幅織物(たて糸のみで構成され、接着剤で結合したもの等)をたて糸及びよこ糸として交錯させることにより織り上げたものです。

　さらに、図表2-10の後段に示すように、これらの織物には、第11部注9の

ステップ１：輸出入産品のHS番号の確定　**131**

図表２−10　関税率表解説　第11部　総説（I）（C）織物（抜粋）

　第50類から第55類までの織物は、紡織用繊維の糸（第50類から第55類までの糸又は第56.07項のひも、綱等）、第54類のロービング、単繊維、ストリップその他これらに類するもの、ループウェールヤーン、細幅のリボン、細ひも又は細幅織物（たて糸のみで構成され、接着剤で結合したもの等）をたて糸及びよこ糸として交錯させることにより織り上げたものである。ただし、ある種の織物、例えば、次の物品は除かれる。
　（ａ）じゅうたんその他の床用敷物（第57類）
　（ｂ）第58.01項のパイル織物及びシェニール織物、第58.02項のテリータオル地その他のテリー織物、第58.03項のもじり織物、第58.05項のつづれ織物、第58.06項の細幅織物及び第58.09項の金属糸又は金属を交えた糸の織物
　（ｃ）第59.01項及び第59.03項から第59.07項までの塗布し、染み込ませた等の織物、第59.02項のタイヤコードファブリック又は第59.11項の技術的用途に供する種類の紡織用繊維の織物
　（ｄ）第11部の注７に規定する製品にしたもの
　上記（ａ）から（ｄ）までに掲げるものを除き、第50類から第55類までの織物には、第11部の注９の適用により、例えば、次のような織物を含む。
　　－平行に並べた一層のたて糸層に、平行に並べた一層のよこ糸層を鋭角又は直角に重ねたもの
　　－平行に並べた二層のたて糸層の間に、一層のよこ糸層を鋭角又は直角にはさみ込んだもの
　これらの織物は、一般の織物のようにたて糸とよこ糸が交錯していないが、これらの交点を接着剤又は熱溶融によって結合しているところに特色がある。

第11部
注９　第50類から第55類までの織物には、紡織用繊維の糸を平行に並べた層を鋭角又は直角に重ね合わせ、糸の交点で接着剤又は熱溶融により結合した物品を含む。

規定により、一般の織物のようにたて糸とよこ糸が交錯していないが、紡織用繊維の糸を平行に並べた層を鋭角又は直角に重ね合わせ、糸の交点で接着剤又は熱溶融により結合した物品も含まれます。

　また、第50類から第55類までの織物には、未漂白のもの、精練したもの、漂白したもの、浸染したもの、異なる色の糸から成るもの、なせんしたもの、マーセライズしたもの、つや出ししたもの、波紋型を付けたもの、起毛したもの、しわ付けしたもの、ガス焼きしたもの等も含まれます。さらに、普通織物、紋織物及び製織中にたて糸とよこ糸を添加して織り上げた織物（ししゅう布とみなさない。）なども含みます。

　第50類から第55類までには、また、意匠効果を与えるために部分的によこ糸を溶解して透かし効果を布面に与えた織物（一例として、たて糸にビスコース

132 第2章　繊維・繊維製品

レーヨン、よこ糸にアセテートを使用し、溶解法により、よこ糸を部分的に除去した織物がある。）も含まれます。

しかしながら、織物は、図表2−10の中段の（a）から（d）に示すように、その形状などにより、第50類から第55類まで以外の第57類から第59類、第62類及び第63類に分類されるものがあります。

なお、第56類は、ウォッディング、フェルト、不織布及び特殊糸並びにひも、綱及びケーブル並びにこれらの製品を分類する類であり、又、第60類及び第61類はメリヤス編物又はクロセ編物のものを分類する類であることから、織物を含みません。

（5）第11部注7（製品にしたもの）及び注8（注7の製品にしたものの所属及び第50類から第60類までの物品の分類）

第11部に含まれる物品の分類では、第11部注7及び注8の規定が重要です。これらの注の規定及びこれらの規定に基づき各類に分類される物品の関係を整理した表をそれぞれ**図表2−11**及び**図表2−12**に示します。

第11部注7には、この部において「製品にしたもの」とはどのような物品をいうのかについて規定しています。

当該注7の規定を受けて、関税率表解説第11部総説（II）に製品にしたもの（made up articles）について、以下の物品を意味すると詳細な説明がなされています。

> （1）単に長方形（正方形を含む。）以外の形状に裁断したもの。例えば、紡織用繊維製のドレスパターン。縁を鋸歯状に裁断した物品（例えば、ある種のダスター）も製品にしたものとみなす。
>
> （2）完成したもので、単に分割糸を切ることにより又はそのままで使用することができるもの（縫製その他の加工を要しないものに限る。）：この種のものには、メリヤス編み又はクロセ編みにより直接特定の形状に編み上げた物品並びに房飾りとするために織り残したたて糸又は端を切断したよこ糸が付いているダスター、タオル、テーブルクロス、スカーフ及び毛布等を含む。このような製品は、織機で一枚ずつ分けて織られるものもあるが、また、一定間隔ごとに糸（通常は、たて糸）のままで織っていない部分を有する長尺の織物を単に裁断して得られるものもある。これらの長尺の織物は、単に分割糸を切れば上記のそのままで使用することができる物品となることから、製品にしたものとみなす。

しかしながら、他の加工をしていない大きな反物から単に裁断した長方形（正方形を含む。）のもので、分割糸を切ることによりできる房飾りを有しないものは、この注における製品にしたものとみなさない。

これらの製品においては、折りたたんで提示されるか又は包装（例えば、小売用にしたもの）してあるかを問わない。

(3) 特定の大きさに裁断し、少なくとも一の縁を熱溶着し（縁を先細にし又は圧着したのが見えるものに限る。）、その他の縁をこの注に規定される他の加工をした物品（反物の裁断した縁にほつれ止めのための熱裁断その他の簡単な加工をしたものを除く。）

(4) 縁縫いし、縁かがりをし又は縁に房を付けた物品（添加糸の有無を問わない。）（例えば、縁かがりをしたハンカチ及び縁に房をつけたテーブルカバー）。ただし、反物の裁断した縁にほつれ止めのための簡単な加工をしたものを除く。

(5) 特定の大きさに裁断した物品でドロンワークをしたもの

ドロンワーク（drawn-thread work）とは、織り上げた後、あるたて糸又はよこ糸を抜くだけの簡単な加工をいい、織物にそれ以上の加工（例えば、ししゅう）を施したものは含まない。ドロンワークをした反物は、婦人用下着の製造に使用されるものが多い。

(6) 縫製、のり付けその他の方法によりつなぎ合わせた物品

これらの製品は、非常に多く、衣類も含む。ただし、同種の織物類を二以上つなぎ合わせた反物及び二以上の紡織用繊維の織物類を重ね合わせた反物は、「製品にしたもの」とはみなさないので注意しなければならない。また、一以上の紡織用繊維から成る物品で、縫製その他の方法で詰物をしたものも「製品にしたもの」とはみなさない。

(7) メリヤス編み又はクロセ編みにより特定の形状に編み上げたもの（単一の物品に裁断してあるかないかを問わない。）

第11部注8（a）には、注7に定義する製品にしたものの分類について、

（ⅰ）第50類から第55類まで及び第60類には含まれないこと、さらに、

（ⅱ）第56類から第59類には、文脈により別に解釈をされる場合を除くほかは、含まれないこと、

が規定されています。

134 第2章 繊維・繊維製品

図表2−11　第11部注7（製品にしたもの）、
注8（注7の製品にしたものの所属及び第50類から第60類までの物品の分類）

注7　この部において「製品にしたもの」とは、次の物品をいう。
 (a) 長方形（正方形を含む。）以外の形状に裁断した物品
 (b) 完成したもので、単に分割糸を切ることにより又はそのままで使用することができるもの（縫製その他の加工を要しないものに限る。例えば、ダスター、タオル、テーブルクロス、スカーフ及び毛布）
 (c) 特定の大きさに裁断し、少なくとも一の縁を熱溶着し（縁を先細にし又は圧着したのが見えるものに限る。）、その他の縁をこの注に規定される他の加工をした物品（反物の裁断した縁にほつれ止めのための熱裁断その他の簡単な加工をしたものを除く。）
 (d) 縁縫いし、縁かがりをし又は縁に房を付けた物品（反物の裁断した縁にほつれ止めのための簡単な加工をしたものを除く。）
 (e) 特定の大きさに裁断した物品でドロンワークをしたもの
 (f) 縫製、のり付けその他の方法によりつなぎ合わせた物品（同種の織物類を二以上つなぎ合わせた反物及び二以上の織物類を重ね合わせた反物（詰物をしてあるかないかを問わない。）を除く。）
 (g) メリヤス編み又はクロセ編みにより特定の形状に編み上げたもの（単一の物品に裁断してあるかないかを問わない。）
注8　第50類から第60類までにおいては、次に定めるところによる。
 (a) 第50類から第55類まで、第60類及び、文脈により別に解釈される場合を除くほか、第56類から第59類までには、7に定義する製品にしたものを含まない。
 (b) 第50類から第55類まで及び第60類には、第56類から第59類までの物品を含まない。

注8の概要
第50類から第55類及び第60類（注7の製品にしたものを含まない）
 ＜　第56類から第59類（注7の製品にしたものを（文脈により別に解釈される場合を除くほか）含まない）

　上記（ⅱ）の「文脈により別に解釈される場合」とは、図表2−12の下段に例示するように、第56類から第59類までの項のテキストにおいて、製品にしたものや特定の形状にしたものなどを含む旨の特別な規定がある場合です。

　したがって、製品にしたものについては、第56類から第59類までの項のテキストに特別な規定があってこれらの規定に該当するもの以外の全てのものは、第61類から第63類までに分類されます。

　次に、第11部注8（b）の規定により、第50類から第55類まで及び第60類には、第56類から第59類までの物品を含みません。

　したがって、すでに「(3) 糸」の分類のところでも説明しましたが、糸や織物

ステップ１：輸出入産品のHS番号の確定　**135**

図表２−12　第11部　注7及び注8の規定に基づき各類に分類される物品の関係

第11部	紡織用繊維及びその製品	注8
第50類	絹及び絹織物	第56類〜第59類の物品及び注7の製品にしたものを含まない。
第51類	羊毛、繊獣毛、粗獣毛及び馬毛の糸並びにこれらの織物	
第52類	綿及び綿織物	
第53類	その他の植物性紡織用繊維及びその織物並びに紙糸及びその織物	
第54類	人造繊維の長繊維並びに人造繊維の織物及びストリップその他これに類する人造繊維製品	
第55類	人造繊維の短繊維及びその織物	
第56類	ウォッディング、フェルト、不織布及び特殊糸並びにひも、綱及びケーブル並びにこれらの製品	注7の製品にしたものを（文脈により別に解される場合を除くほか）含まない。
第57類	じゅうたんその他の紡織用繊維の床用敷物	
第58類	特殊織物、タフテッド織物類、レース、つづれ織物、トリミング及びししゅう布	
第59類	染み込ませ、塗布し、被覆し又は積層した紡織用繊維の織物類及び工業用の紡織用繊維製品	
第60類	メリヤス編物及びクロセ編物	第56類〜第59類の物品及び注7の製品にしたものを含まない。
第61類	衣類及び衣類附属品（メリヤス編み又はクロセ編みのものに限る。）	注7の製品にしたものを含む。但し、第56類から第59類に含まれる製品を除く。
第62類	衣類及び衣類附属品（メリヤス編み又はクロセ編みのものを除く。）	
第63類	紡織用繊維のその他の製品、セット、中古の衣類、紡織用繊維の中古の物品及びぼろ	

（例）「文脈により別に解される場合」の例

第56.01項　紡織用繊維のウォッディング及びその製品……

第57.01項　じゅうたんその他の紡織用繊維の床用敷物（結びパイルのものに限るものとし、製品にしたものであるかないかを問わない。）

第59.04項　リノリウム及び床用敷物で紡織用繊維の基布に塗布し又は被覆したもの（特定の形状に切ってあるかないかを問わない。）

第59.08項　紡織用繊維製のしん（織り、組み又は編んだものでランプ用、ストーブ用、ライター用、ろうそく用その他これらに類する用途に供するものに限る。）並びに白熱ガスマントル及び白熱ガスマントル用の管状編物（染み込ませてあるかないかを問わない。）

を含め、第11部の紡織用繊維からなる物品で第56類から第59類の項によって特定されたものは、第50類から第55類及び第60類には含まれません。

<u>第50類から第55類及び第60類 vs 第56類から第59類 vs 第61類から第63類</u>

　以上のことから、第11部に属する紡織用繊維からなる物品の類レベルの分類について整理すると以下のようになります。

136 第2章　繊維・繊維製品

＊　第50類から第55類及び第60類に含まれる物品は、注3に規定する第56.07項のひも、綱及びケーブル並びに注7に規定する製品にしたもの及び第56類から第59類の項によって特定されたもの、以外のものです。

＊　第56類から第59類までに含まれる物品は、これらの類の項によって特定されたものです。ただし、注7に規定する製品にしたものに該当するものの場合には、注8（a）の規定により第56類から第59類までの関連する項のテキストにおいて、製品にしたものや特定の形状にしたものなどを含む旨の特別な規定がある場合（文脈により別に解釈される場合）に限り、これらの類に含まれます。

＊　第61類から第63類までに含まれる物品は、注7の規定により製品にしたもので、第56類から第59類までに注8（a）の規定により文脈により別に解釈される場合として含まれるもの、以外のものです。

（6）紡織用繊維とプラスチック又はゴムとの結合物の分類

　第11部には、紡織用繊維とプラスチック又はゴムとの結合物品の分類について、いくつかの規定があります。

　これらの物品を分類する項の規定及びこれに関連する部及び類の注の規定を**図表2－13**に示します。

　これらの規定は、一見複雑そうですが、分類の基本的な考え方としては、以下の3つのパターンに整理できます。

　1．紡織用繊維とプラスチック又はゴムとの結合物を分類するために特に設けられた項に分類する。

　2．紡織用繊維から成る部分に着目して分類する（プラスチック又はゴムの結合は分類に影響しない。）。

　3．プラスチック又はゴムから成るものとして第39類又は第40類に分類する。

　上記の3つのパターンを踏まえて、関連する規定を順に確認してみます。

　まず、第11部の注1（h）及び（ij）は、紡織用繊維とプラスチック又はゴムとの結合物のうちで、第39類のもの又は第40類のものをそれぞれ第11部から除外するというもので、上記パターン3の分類が規定されています。

　次に第56類注3において、第一文及び第二文の規定は、紡織用繊維のフェルト及び不織布とプラスチック又はゴムとの結合物を分類するために特に設けられた項（第56.02項及び第56.03項）に分類することを定めたものであることから、パターン1の内容となります。

ステップ１：輸出入産品のHS番号の確定　**137**

図表２－13　紡織用繊維とプラスチック又はゴムとの結合物の分類

分類の基本的な考え方・パターン
1．紡織用繊維とプラスチック又はゴムとの結合物を分類するために特に設けられた項に分類する。
2．紡織用繊維から成る部分に着目して分類する（プラスチック又はゴムの結合は分類に影響しない。）。
3．プラスチック又はゴムからなる製品として第39類又は第40類に分類する。

関連する注の規定

第11部

注1（除外規定）
　（h）織物、メリヤス編物、クロセ編物、フェルト及び不織布で、プラスチックを染み込ませ、塗布し、被覆し又は積層したもの並びにこれらの製品のうち、第39類のもの【パターン3】
　（ij）織物、メリヤス編物、クロセ編物、フェルト及び不織布で、ゴムを染み込ませ、塗布し、被覆し又は積層したもの並びにこれらの製品のうち、第40類のもの【パターン3】

第56類　ウォッディング、フェルト、不織布及び特殊糸並びにひも、綱及びケーブル並びにこれらの製品
注3　第56.02項及び第56.03項には、それぞれフェルト及び不織布で、プラスチック又はゴム（性状が密又は多泡性であるものに限る。）を染み込ませ、塗布し、被覆し又は積層したものを含む。【パターン1】
　　また、第56.03項には、プラスチック又はゴムを結合剤として使用した不織布を含む。【パターン1】
　　ただし、第56.02項及び第56.03項には、次の物品を含まない。【パターン3】
　　（a）フェルトにプラスチック又はゴムを染み込ませ、塗布し、被覆し又は積層したもので紡織用繊維の重量が全重量の50％以下の物品及びフェルトをプラスチック又はゴムの中に完全に埋め込んだ物品（第39類及び第40類参照）
　　（b）不織布をプラスチック又はゴムの中に完全に埋め込んだ物品及び不織布の両面をすべてプラスチック又はゴムで塗布し又は被覆した物品でその結果生ずる色彩の変化を考慮することなく塗布し又は被覆したことを肉眼により判別することができるもの（第39類及び第40類参照）
　　（c）フェルト又は不織布と多泡性のプラスチック又はセルラーラバーの板、シート又はストリップとを結合したもので、当該フェルト又は不織布を単に補強の目的で使用したもの（第39類及び第40類参照）
注4　第56.04項には、紡織用繊維の糸及び第54.04項又は第54.05項のストリップその他これに類する物品で、染み込ませ、塗布し又は被覆したことを肉眼により判別することができないものを含まない（通常、第50類から第55類までに属する。）。この場合において、染み込ませ、塗布し又は被覆した結果生ずる色彩の変化を考慮しない。【パターン2】

138 第2章　繊維・繊維製品

56.02	フェルト（染み込ませ、塗布し、被覆し又は積層したものであるかないかを問わない。）
56.03	不織布（染み込ませ、塗布し、被覆し又は積層したものであるかないかを問わない。）
56.04	ゴム糸及びゴムひも（紡織用繊維で被覆したものに限る。）並びに紡織用繊維の糸及び第54.04項又は第54.05項のストリップその他これに類する物品（ゴム又はプラスチックを染み込ませ、塗布し又は被覆したものに限る。）
56.07	ひも、綱及びケーブル（組んであるかないか又はゴム若しくはプラスチックを染み込ませ、塗布し若しくは被覆したものであるかないかを問わない。）

第59類　染み込ませ、塗布し、被覆し又は積層した紡織用繊維の織物類及び工業用の紡織用繊維製品

注1　文脈により別に解釈される場合を除くほか、この類において紡織用繊維の織物類は、第50類から第55類まで、第58.03項又は第58.06項の織物、第58.08項の組ひも及び装飾用トリミング並びに第60.02項から第60.06項までのメリヤス編物及びクロセ編物に限る。

注2　第59.03項には、次の物品を含む。

(a) 紡織用繊維の織物類で、プラスチックを染み込ませ、塗布し、被覆し又は積層したもの（1平方メートルについての重量を問わず、また、当該プラスチックの性状が密又は多泡性であるものに限る。）【パターン1】　ただし、次の物品を除く。

(1) 染み込ませ、塗布し又は被覆したことを肉眼により判別することができない織物類（通常、第50類から第55類まで、第58類又は第60類に属する。）。この場合において、染み込ませ、塗布し又は被覆した結果生ずる色彩の変化を考慮しない。【パターン2】

(2) 温度15度から30度までにおいて直径が7ミリメートルの円筒に手で巻き付けたときに、き裂を生ずる物品（通常、第39類に属する。）【パターン3】

(3) 紡織用繊維の織物類をプラスチックの中に完全に埋め込んだ物品及び紡織用繊維の織物類の両面をすべてプラスチックで塗布し又は被覆した物品で、その結果生ずる色彩の変化を考慮することなく塗布し又は被覆したことが肉眼により判別することができるもの（第39類参照）【パターン3】

(4) 織物類にプラスチックを部分的に塗布し又は被覆することにより図案を表したもの（通常、第50類から第55類まで、第58類又は第60類に属する。）【パターン2】

(5) 紡織用繊維の織物類と多泡性のプラスチックの板、シート又はストリップとを結合したもので、当該紡織用繊維の織物類を単に補強の目的で使用したもの（第39類参照）【パターン3】

(6) 第58.11項の紡織用繊維の物品【パターン2】

(b) 第56.04項の糸、ストリップその他これらに類する物品（プラスチックを染み込ませ、塗布し又は被覆したものに限る。）から成る織物類【パターン1】

注3　第59.03項において「プラスチックを積層した紡織用繊維の織物類」とは、一以上の織物類の層と一以上のプラスチックのシート又はフィルムとを組み合わせて作った物品で、各層が互いに接着する処理により結合されたものをいう（プラスチックのシート又はフィルムが横断面において肉眼により判別できるかできないかを問わない。）【パターン1】

注5　第59.06項において「ゴム加工をした紡織用繊維の織物類」とは、次の物品をいう。

ステップ1：輸出入産品のHS番号の確定　**139**

(a) ゴムを染み込ませ、塗布し、被覆し又は積層した紡織用繊維の織物類で、次のいずれかの要件を満たすもの【パターン１】
(ⅰ) 重量が１平方メートルにつき1,500グラム以下であること。
(ⅱ) 重量が１平方メートルにつき1,500グラムを超え、かつ、紡織用繊維の重量が全重量の50％を超えること。
(b) 第56.04項の糸、ストリップその他これらに類する物品（ゴムを染み込ませ、塗布し又は被覆したものに限る。）から成る織物類【パターン１】
(c) 平行した紡織用繊維の糸をゴムにより凝結させた織物類（１平方メートルについての重量を問わない。）【パターン１】
　　もつとも、この項には、紡織用繊維の織物類とセルラーラバーの板、シート又はストリップとを結合したもので当該紡織用繊維の織物類を単に補強の目的で使用したもの（第40類参照）【パターン３】及び第58.11項の紡織用繊維の物品を含まない。【パターン２】
注６　第59.07項には、次の物品を含まない。
(a) 染み込ませ、塗布し又は被覆したことを肉眼により判別することができない織物類（通常、第50類から第55類まで、第58類又は第60類に属する。）。この場合において、染み込ませ、塗布し又は被覆した結果生ずる色彩の変化を考慮しない。【パターン２】
注７　第59.10項には、次の物品を含まない。【パターン３】
(b) 伝動用又はコンベヤ用のベルト及びベルチングで、ゴムを染み込ませ、塗布し、被覆し又は積層した紡織用繊維の織物類から製造したもの及びゴムを染み込ませ、塗布し又は被覆した紡織用繊維の糸又はコードから製造したもの（第40.10項参照）

59.03　紡織用繊維の織物類（プラスチックを染み込ませ、塗布し、被覆し又は積層したものに限るものとし、第59.02項のものを除く。）
59.06　ゴム加工をした紡織用繊維の織物類（第59.02項のものを除く。）
59.07　その他の紡織用繊維の織物類（染み込ませ、塗布し又は被覆したものに限る。）及び劇場用又はスタジオ用の背景幕その他これに類する物品に使用する図案を描いた織物類
59.10　伝動用又はコンベヤ用のベルト及びベルチング（紡織用繊維製のものに限るものとし、プラスチックを染み込ませ、塗布し、被覆し若しくは積層してあるかないか又は金属その他の材料により補強してあるかないかを問わない。）

第60類　メリヤス編物及びクロセ編物
注１　この類には、次の物品を含まない。
(c) メリヤス編物及びクロセ編物で、染み込ませ、塗布し、被覆し又は積層したもの（第59類参照）。ただし、メリヤス編み又はクロセ編みのパイル編物で、染み込ませ、塗布し、被覆し又は積層したものは、第60.01項に属する。【パターン２】

60.01　パイル編物（ロングパイル編物及びテリー編物を含むものとし、メリヤス編み又はクロセ編みのものに限る。）

繊維・繊維製品

また、第三文は (a) から (c) の規定から成りますが、第56.02項及び第56.03項には含まれず、第39類又は第40類に含まれることとなる物品を定めていることから、パターン3の内容となります。

第56類注4では、プラスチック又はゴムの結合が分類に影響しない物品で紡織用繊維から成る部分に着目して分類を定めていることから、パターン2の内容となります。

なお、第56.07項に分類されるひも、綱及びケーブルについては、これらの物品とプラスチック又はゴムとの結合物の分類に関連する注が、別途、設けられていないことから、当該項の規定に従い、プラスチック又はゴムを染み込ませ、塗布し若しくは被覆したものは全て第56.07項に含まれることになると考えられます。

第59類は、染み込ませ、塗布し、被覆し又は積層した紡織用繊維の織物類及び工業用の紡織用繊維製品を分類する類ですが、まず、最初に、注目すべき点として、注1において第59類の項のテキストで言及されている「紡織用繊維の織物類」の範囲について、「第50類から第55類まで、第58.03項又は第58.06項の織物、第58.08項の組ひも及び装飾用トリミング並びに第60.02項から第60.06項までのメリヤス編物及びクロセ編物に限る。」と規定されていることです。

なお、「織物」と「紡織用繊維の織物類」とでは、含まれる物品の範囲が異なります。HS条約の原文の英文をみても、「織物（woven fabrics）」と「紡織用繊維の織物類（textile fabrics）」とで異なった語句を用いていることからも確認できます。

第59類注2は、紡織用繊維の織物類とプラスチックの結合物が分類される第59.03項に含まれる物品と含まれない物品を規定していますが、これらの規定も上記の3つのパターンに分けることができます。

なお、第59類注3には、HS2022改正において、第59.03項の「プラスチックを積層した紡織用繊維の織物類」を明確化するための定義が設けられました。

第59類注5は、紡織用繊維の織物類とゴムの結合物が分類される第59.06項に含まれる物品と含まれない物品を規定していますが、これらの規定も上記の3つのパターンに分けることができます。

なお、第59.07項は、紡織用繊維の織物類にプラスチック及びゴム以外のものを染み込ませ、塗布し又は被覆したものを分類する項です。第59類注6 (a) は、当該第59.07項に含まれない物品の判別方法について規定しています。

第59類注7は、第59.10項の伝動用又はコンベヤ用のベルト及びベルチングに

ついて、ゴムを染み込ませ、塗布し、被覆し又は積層した紡織用繊維の織物類から製造したもの及びゴムを染み込ませ、塗布し又は被覆した紡織用繊維の糸又はコードから製造したものが第40.10項に除外されることを規定していることから、パターン3の内容となります。

最後に、染み込ませ、塗布し、被覆し又は積層したものであっても、第56類及び第59類以外の第60類に分類されるケースについて説明します。

先に説明した第59類注1に規定する「紡織用繊維の織物類」には、第60.01項のパイル編物（ロングパイル編物及びテリー編物を含むものとし、メリヤス編み又はクロセ編みのものに限る。）が含まれていません。

第60.01項の物品に染み込ませ、塗布し、被覆し又は積層したものについては、第60類注1 (c) のただし書きに、「メリヤス編み又はクロセ編みのパイル編物で、染み込ませ、塗布し、被覆し又は積層したものは、第60.01項に属する。」と規定されています。

したがって、紡織用繊維とプラスチック又はゴムとの結合物については、これらのほとんどが第56類と第59類に分類されますが、メリヤス編み又はクロセ編みのパイル編物の場合には、第60類の第60.01項に分類されます。

したがって、当該第60類注1 (c) のただし書きの規定は、パターン2の内容となります。

（7）第61類〜第63類　衣類及び衣類附属品並びに紡織用繊維のその他の製品、セット、中古の衣類、紡織用繊維の中古の物品及びぼろ

第61類から第63類までに含まれる物品は、「(5) 部注7及び注8」の最後の部分で説明したように、注7の規定により製品にしたもので、第56類から第59類までに注8 (a) の規定により文脈により別に解釈される場合として含まれることとなるもの以外、のものです。

衣類及び衣類附属品並びに紡織用繊維のその他の製品、セット、中古の衣類、紡織用繊維の中古の物品及びぼろを分類する第61類から第63類の関係を図表2−14に示します。

第61類には、衣類及び衣類附属品並びにこれらの部分品で、注1に規定するようにメリヤス編み又はクロセ編みの製品にしたもののみを含みます。

ただし、第61類には、注2の規定により、メリヤス編み又はクロセ編みのものであっても、第62.12項の物品であるブラジャー、ガードル、コルセット、サスペンダー、ガーターその他これらに類する製品及びこれらの部分品は含まれ

142 第2章 繊維・繊維製品

図表2－14　第61類～第63類 衣類及び衣類附属品並びに紡織用繊維のその他の製品、セット、中古の衣類、紡織用繊維の中古の物品及びぼろ

第61類　衣類及び衣類附属品（メリヤス編み又はクロセ編みのものに限る。）
注1　この類の物品は、メリヤス編物又はクロセ編物を製品にしたものに限る。
注2　この類には、次の物品を含まない。
　(a) 第62.12項の物品
　(b) 第63.09項の中古の衣類その他の物品
　(c) 整形外科用機器、外科用ベルト、脱腸帯その他これらに類する物品（第90.21項参照）

第62類　衣類及び衣類附属品（メリヤス編み又はクロセ編みのものを除く。）
注1　この類の物品は、紡織用繊維の織物類（ウォッディングを除く。）を製品にしたものに限るものとし、メリヤス編み又はクロセ編みの物品（第62.12項のものを除く。）を含まない。
注2　この類には、次の物品を含まない。
　(a) 第63.09項の中古の衣類その他の物品
　(b) 整形外科用機器、外科用ベルト、脱腸帯その他これらに類する物品（第90.21項参照）

62.12　ブラジャー、ガードル、コルセット、サスペンダー、ガーターその他これらに類する製品及びこれらの部分品（メリヤス編みであるかないか又はクロセ編みであるかないかを問わない。）

第63類　紡織用繊維のその他の製品、セット、中古の衣類、紡織用繊維の中古の物品及びぼろ

63.07　その他のもの（ドレスパターンを含むものとし、製品にしたものに限る。）
63.09　中古の衣類その他の物品

ません。さらに、第63.09項の中古の衣類その他の物品や第90.21項の整形外科用機器（外科ベルト、脱腸帯その他これらに類する物品）も含まれません。

　第62類には、衣類及び衣類附属品並びにこれらの部分品で、注1に規定するように紡織用繊維の織物類（ウォッディングを除く。）から製造したものを含みますが、第62.12項の製品を除き、この類にはメリヤス編み又はクロセ編みの物品は含まれません。

　さらに、第62類には、注2の規定により、第63.09項の中古の衣類その他の物品や第90.21項の整形外科用機器（外科ベルト、脱腸帯その他これらに類する物品）も含まれません。

　第63類は、紡織用繊維のその他の製品を分類する所謂バスケット類で、第61

ステップ１：輸出入産品のHS番号の確定　**143**

類及び第62類に含まれる衣類及び衣類附属品並びにこれらの部分品以外の様々な物品が分類されます。第63類の中でも第63.07項が、その他のものを分類するバスケット項となります。

第61類の項の構造・配列を**図表２－15**に示します。第61類において項は、

図表２－15　第61類　衣類及び衣類附属品（メリヤス編み又はクロセ編みのものに限る。）の項の構造・配列

第61.01項	男子用のオーバーコート、カーコート、ケープ、クローク、アノラック（スキージャケットを含む。）、ウインドチーター、ウインドジャケットその他これらに類する製品（メリヤス編み又はクロセ編みのものに限るものとし、第61.03項のものを除く。）（注９：男子用・女子用))
第61.02項	女子用のオーバーコート、カーコート、ケープ、クローク、アノラック（スキージャケットを含む。）、ウインドチーター、ウインドジャケットその他これらに類する製品（メリヤス編み又はクロセ編みのものに限るものとし、第61.04項のものを除く。）（注９）
第61.03項	男子用のスーツ、アンサンブル、ジャケット、ブレザー、ズボン、胸当てズボン、半ズボン及びショーツ（水着を除く。）（メリヤス編み又はクロセ編みのものに限る。）（注３：スーツ・アンサンブル）（注９）
第61.04項	女子用のスーツ、アンサンブル、ジャケット、ブレザー、ドレス、スカート、キュロットスカート、ズボン、胸当てズボン、半ズボン及びショーツ（水着を除く。）（メリヤス編み又はクロセ編みのものに限る。）（注３）（注９）
第61.05項	男子用のシャツ（メリヤス編み又はクロセ編みのものに限る。）（注４）（注９）
第61.06項	女子用のブラウス、シャツ及びシャツブラウス（メリヤス編み又はクロセ編みのものに限る。）（注４）（注９）
第61.07項	男子用のパンツ、ズボン下、ブリーフ、ナイトシャツ、パジャマ、バスローブ、ドレッシングガウンその他これらに類する製品（メリヤス編み又はクロセ編みのものに限る。）（注９）
第61.08項	女子用のスリップ、ペティコート、ブリーフ、パンティ、ナイトドレス、パジャマ、ネグリジェ、バスローブ、ドレッシングガウンその他これらに類する製品（メリヤス編み又はクロセ編みのものに限る。）（注９）
第61.09項	Tシャツ、シングレットその他これらに類する肌着（メリヤス編み又はクロセ編みのものに限る。）（注５）
第61.10項	ジャージー、プルオーバー、カーディガン、ベストその他これらに類する製品（メリヤス編み又はクロセ編みのものに限る。）
第61.11項	乳児用の衣類及び衣類附属品（メリヤス編み又はクロセ編みのものに限る。）（注６）
第61.12項	トラックスーツ、スキースーツ及び水着（メリヤス編み又はクロセ編みのものに限る。）（注７）
第61.13項	衣類（第59.03項、第59.06項又は第59.07項のメリヤス編物又はクロセ編物から製品にしたものに限る。）（注８）
第61.14項	その他の衣類（メリヤス編み又はクロセ編みのものに限る。）
第61.15項	パンティストッキング、タイツ、ストッキング、ソックスその他の靴下類（段階的圧縮靴下（例えば、静脈瘤症用のストッキング）及び履物として使用するもの（更に別の底を取り付けてないものに限る。）を含むものとし、メリヤス編み又はクロセ編みのものに限る。）
第61.16項	手袋、ミトン及びミット（メリヤス編み又はクロセ編みのものに限る。）
第61.17項	その他の衣類附属品（製品にしたもので、メリヤス編み又はクロセ編みのものに限る。）及び衣類又は衣類附属品の部分品（メリヤス編み又はクロセ編みのものに限る。）

繊維・繊維製品

衣類について、男子用・女子用で区分しながら、他の衣類の上に着るオーバーコートから始まり、スーツ・ジャケット・ズボン・スカート、シャツ・ブラウス、パンツ・ズボン下・パジャマなど、段階的に内側に着る衣類を分類する並びとなっています。

図表2−15では、各項の物品の分類に関連する注の規定番号を括弧書きで示しています。

項の並びの順に見てみると、最初に出てくる注9は、男子用と女子用の衣類の判別方法を規定しています。注3は、項だけでなく、号の分類にも関係していて、スーツやアンサンブルとして認められる衣類を組み合わせたものについて規定しています。注4には、第61.05項と第61.06項のシャツ、シャツブラウス及びブラウスについて、どのような形状のものが含まれるか、HS2022改正において、分類の明確化のための規定が追加されています。注5は、Tシャツ等を分類する第61.09項には、すそに締めひも、ゴム編みのウエストバンドその他の絞る部分がある衣類を含まないことを規定しています。注6は乳児用の衣類について、注7はスキースーツについて、その範囲を規定しています。さらに、注8は、第59.03項、第59.06項又は第59.07項のメリヤス編物又はクロセ編物にプラスチック又はゴムを塗布等したものからなる衣類を分類する第61.13項が、乳児用の衣類を分類する第61.11項を除き、この類の他の項より優先される旨を規定しています。

これらの第61類の注の中で、注9、4及び6の規定について**図表2−16**に示します。

注9は、男子用と女子用の衣類を判別する規定で、正面が開いている衣類で、左を右の上にして留めるか又は重ねるものは男子用の衣類とみなし、右を左の上にして留めるか又は重ねるものは女子用の衣類とみなす。男子用の衣類であるか女子用の衣類であるかを判別することができないものは、女子用の衣類が属する項に属すると規定しています。

注4は、先に説明したように、HS2022改正で第61.05項及び第61.06項に属するシャツ、シャツブラウス及びブラウスなどの物品ついて、分類を明確化するため、これらの形状を規定する第2パラグラフ（下線付）が追加されました。

注6（a）は、第61.11項に属する乳児用の衣類及び衣類附属品について、分類される物品の範囲を身長86cm以下の乳幼児用のものと規定しています。また、注6（b）では、第61類の項の中で、第61.11項が最も優先される項であることが規定されています。

ステップ１：輸出入産品のHS番号の確定　**145**

図表２−16　第61類　衣類及び衣類附属品
（メリヤス編み又はクロセ編みのものに限る。）（注9、注4及び注6）

注9　この類の衣類で、正面で左を右の上にして閉じるものは男子用の衣類とみなし、正面で右を左の上にして閉じるものは女子用の衣類とみなす。この注9の規定は、衣類の裁断により男子用の衣類であるか女子用の衣類であるかを明らかに判別することができるものについては、適用しない。
　　男子用の衣類であるか女子用の衣類であるかを判別することができないものは、女子用の衣類が属する項に属する。

＜HS2022改正＞（第２パラグラフ追加）
注4　第61.05項及び第61.06項には、ウエストより下の部分にポケットのある衣類、裾にゴム編みのウエストバンドその他の絞る部分がある衣類及び少なくとも縦10センチメートル、横10センチメートルの範囲で数えた編目の数の平均値が編目の方向にそれぞれ1センチメートルにつき10未満である衣類を含まない。第61.05項には、袖無しの衣類を含まない。
　　「シャツ」及び「シャツブラウス」とは、長袖又は半袖を有し、ネックラインが一部又は全部開いている上半身用の衣類である。「ブラウス」とは、上半身用のゆったりした衣類であり、袖無し及びネックラインが開いているものであるかないかを問わない。「シャツ」、「シャツブラウス」及び「ブラウス」は、襟を有するものを含む。

注6　第61.11項については、次に定めるところによる。
　　(a)「乳児用の衣類及び衣類附属品」とは、身長が86センチメートル以下の乳幼児用のものをいう。
　　(b) 第61.11項及びこの類の他の項に同時に属するとみられる物品は、第61.11項に属する。

　第62類の項の構造・配列を**図表２−17**に示します。第61類と第62類とは、メリヤス編み又はクロセ編みか否かの違いはありますが、基本的に同じような項の構成・配列となっています。したがって、第62類の項も衣類について、男子用・女子用で区分しながら、他の衣類の上に着るオーバーコートから始まり、スーツ・ジャケット・ズボン・スカート、シャツ・ブラウス、パンツ・ズボン下・パジャマなど、段階的に内側に着る衣類を分類する並びとなっています。

　なお、HS2022改正において、第62.01項の号の構造も第61.01項の号の構造に合わせられました。

　図表２−17でも、各項の物品の分類に関連する注の規定番号を括弧書きで示しています。これらの第62類の注についても、第61類の注と基本的に対応する同じ内容の規定となっています。

　これらの注の中で、第62類にしかない物品のハンカチとスカーフ等の分類に

146　第2章　繊維・繊維製品

図表2-17　第62類　衣類及び衣類附属品
（メリヤス編み又はクロセ編みのものを除く。）の項の構造・配列

第62.01項	男子用のオーバーコート、カーコート、ケープ、クローク、アノラック（スキージャケットを含む。）、ウインドチーター、ウインドジャケットその他これらに類する製品（第62.03項のものを除く。）（注9）
第62.02項	女子用のオーバーコート、カーコート、ケープ、クローク、アノラック（スキージャケットを含む。）、ウインドチーター、ウインドジャケットその他これらに類する製品（第62.04項のものを除く。）（注9）
第62.03項	男子用のスーツ、アンサンブル、ジャケット、ブレザー、ズボン、胸当てズボン、半ズボン及びショーツ（水着を除く。）（注3）（注9）
第62.04項	女子用のスーツ、アンサンブル、ジャケット、ブレザー、ドレス、スカート、キュロットスカート、ズボン、胸当てズボン、半ズボン及びショーツ（水着を除く。）（注3）（注9）
第62.05項	男子用のシャツ（注4）（注9）
第62.06項	女子用のブラウス、シャツ及びシャツブラウス（注4）（注9）
第62.07項	男子用のシングレットその他これに類する肌着、パンツ、ズボン下、ブリーフ、ナイトシャツ、パジャマ、バスローブ、ドレッシングガウンその他これらに類する製品（注9）
第62.08項	女子用のシングレットその他これに類する肌着、スリップ、ペティコート、ブリーフ、パンティ、ナイトドレス、パジャマ、ネグリジェ、バスローブ、ドレッシングガウンその他これらに類する製品（注9）
第62.09項	乳児用の衣類及び衣類附属品（注5）
第62.10項	衣類（第56.02項、第56.03項、第59.03項、第59.06項又は第59.07項の織物類から製品にしたものに限る。）（注6）
第62.11項	トラックスーツ、スキースーツ及び水着並びにその他の衣類（注7）
第62.12項	ブラジャー、ガードル、コルセット、サスペンダー、ガーターその他これらに類する製品及びこれらの部分品（メリヤス編みであるかないか又はクロセ編みであるかないかを問わない。）
第62.13項	ハンカチ（注8）
第62.14項	ショール、スカーフ、マフラー、マンティーラ、ベールその他これらに類する製品（注8）
第62.15項	ネクタイ
第62.16項	手袋、ミトン及びミット
第62.17項	その他の衣類附属品（製品にしたものに限る。）及び衣類又は衣類附属品の部分品（第62.12項のものを除く。）

関する注8の規定を**図表2-18**に示します。

　注8は、第62.13項に属するハンカチと第62.14項に属するスカーフ等の判別方法として、各辺の長さが60cm以下のものがハンカチで、一辺が60cmを超えるものがスカーフ等と規定しています。

　第63類の注と項の構造・配列を**図表2-19**に示します。

　第63類は、三つの節から成りますが、第61類及び第62類との関係で重要なのが第1節です。第1節は、注1及び注2から、紡織用繊維の織物類を製品にしたもので、第56類から第62類までの物品及び第63.09項の中古の衣類その他の物品以外、のものを含むことが分かります。

ステップ１：輸出入産品のHS番号の確定　**147**

図表２−18　第62類　衣類及び衣類附属品（メリヤス編み又はクロセ編みのものを除く。）（注8）

注8　スカーフその他これに類する物品で正方形又は正方形に近い形状のもののうち各辺の長さが60センチメートル以下のものは、ハンカチとして第62.13項に属する。ハンカチで一辺の長さが60センチメートルを超えるものは、第62.14項に属する。

図表２−19　第63類　紡織用繊維のその他の製品、セット、中古の衣類、紡織用繊維の中古の物品及びぼろの項の構造・配列

注1　第1節の物品は、紡織用繊維の織物類を製品にしたものに限る。
注2　第1節には、次の物品を含まない。
　(a) 第56類から第62類までの物品
　(b) 第63.09項の中古の衣類その他の物品
注3　第63.09項には、次の物品のみを含む。
　(a) 次の紡織用繊維製の物品
　（ⅰ）衣類及び衣類附属品並びにこれらの部分品
　（ⅱ）毛布及びひざ掛け
　（ⅲ）ベッドリネン、テーブルリネン、トイレットリネン及びキッチンリネン
　（ⅳ）室内用品（第57.01項から第57.05項までのじゅうたん及び第58.05項の織物を除く。）
　(b) 履物及び帽子で、石綿以外の材料のもの
　　ただし、第63.09項には、(a) 又は(b)の物品で次のいずれの要件も満たすもののみを含む。
　（ⅰ）使い古したものであることが外観から明らかであること。
　（ⅱ）ばら積み又はベール、サックその他これらに類する包装で提示すること。

	第1節　紡織用繊維のその他の製品（注1）（注2）
第63.01項	毛布及びひざ掛け
第63.02項	ベッドリネン、テーブルリネン、トイレットリネン及びキッチンリネン
第63.03項	カーテン（ドレープを含む。）、室内用ブラインド、カーテンバランス及びベッドバランス
第63.04項	その他の室内用品（第94.04項のものを除く。）
第63.05項	包装に使用する種類の袋
第63.06項	ターポリン及び日よけ、テント（仮設の日よけテントその他これに類する物品を含む。）、帆（ボート用、セールボード用又はランドクラフト用のものに限る。）並びにキャンプ用品
第63.07項	その他のもの（ドレスパターンを含むものとし、製品にしたものに限る。）
	第2節　セット
第63.08項	織物と糸から成るセット（附属品を有するか有しないかを問わないものとし、ラグ、つづれ織物、ししゅうを施したテーブルクロス又はナプキンその他これらに類する紡織用繊維製品を作るためのもので、小売用の包装をしたものに限る。）
	第3節　中古の衣類、紡織用繊維の中古の物品及びぼろ
第63.09項	中古の衣類その他の物品（注3）
第63.10項	ぼろ及びくず（ひも、綱若しくはケーブル又はこれらの製品のものに限る。）（紡織用繊維のものに限る。）

繊維・繊維製品

148 第2章 繊維・繊維製品

したがって、第1節には、例えば、以下の物品が含まれません。

（a）第56.01項のウォッディングの製品

（b）単に長方形（正方形を含む。）に裁断した不織布（例えば、使い捨てのベットシーツ）（56.03）

（c）第56.08項の網（製品にしたものに限る。）

（d）第58.04項若しくは第58.10項のレース又はししゅう布のモチーフ

（e）第61類又は第62類の衣類及び衣類附属品

第1節の最後に、紡織用繊維及びその製品を分類する第11部のバスケットといえるその他のものを分類する第63.07項が設けられています。

第2節には第63.08項に規定する織物と糸から成るセット、第3節の第63.09項には注3に規定する中古の衣類その他の物品及び第63.10項にはぼろ及びくず（ひも、綱若しくはケーブル又はこれらの製品のものに限る。）（紡織用繊維のものに限る。）が分類されます。

（8）第11部（紡織用繊維及びその製品）分類事例

第61類から第63類に含まれる物品について、いくつかの分類事例を**図表2－20**に示します。

最初の事例①は、ストライプ（シフォンとサテンクレープ）とサテンクレープの異なる組織に織り分けられた絹100％の生地を60cm×30cmに裁断したもので、輸入後、中心から折って正方形とし、縁縫いしてポケットチーフを作るものです。したがって、本品が第11部注7に規定する「製品にしたもの」として認められる場合には、衣類附属品又はその部分品として第62.17項に分類されますが、「製品にしたもの」として認められない場合には、第50類に留まることとなり、絹織物として第50.07項に分類されます。

分類理由に記されていますが、本品は、絹織物を単に長方形に裁断したものであり、第11部注7（a）には該当しません。また、異なる組織に織り分けたものであって、縫製、のり付けその他の方法によりつなぎ合わせた物品でもないことから、注7（f）にも該当しません。したがって、本品は、「製品にしたもの」と認められないことから、絹織物として第50.07項（第5007.20号（その他の絹織物））に分類されます。

事例②は、貨物概要に記されている本品の形状から、ナイロン長繊維の織物として第54.07項、ひもとして第56.07項、組みひもとして第58.08項及び細幅織物として第58.06項に分類される可能性があります。

図表2−20　第11部「紡織用繊維及びその製品」の分類例
①　絹織物：第5007.20号

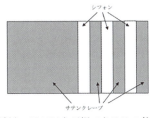

＜輸入貨物の品目分類事例＞

貨物概要

　ストライプ（シフォン及びサテンクレープ）とサテンクレープの異なる組織に織り分けられた絹100％の生地を、60cm×30cmの長方形に裁断したもの。

　輸入後、中心から折って正方形とし、縁縫いしてポケットチーフを作る。

分類

　関税率表第5007.20号（統計番号5007.20-039）の、全重量の85％以上が絹であるその他の絹織物

分類理由

　本品は、絹織物を単に長方形に裁断したものであり、関税率表第11部注7（a）には該当しません。また、異なる組織に織り分けたものであって、縫製、のり付けその他の方法によりつなぎ合せた物品ではないことから、関税率表第11部注7（f）にも該当しません。

　本品は、関税率表第11部注7に規定する「製品にしたもの」には該当しないことから、その他の絹織物として上記のとおり分類されます。

分類の可能性

第50.07項　絹織物

~~第62.17項　衣類附属品又はその部分品~~

第11部

注7　この部において「製品にしたもの」とは、次の物品をいう。

(a) <u>長方形（正方形を含む。）以外の形状に裁断した物品</u>

(b) 完成したもので、単に分割糸を切ることにより又はそのままで使用することができるもの（縫製その他の加工を要しないものに限る。例えば、ダスター、タオル、テーブルクロス、スカーフ及び毛布）

(c) 特定の大きさに裁断し、少なくとも一の縁を熱溶着し（縁を先細にし又は圧着したのが見えるものに限る。）、その他の縁をこの注に規定される他の加工をした物品（反物の裁断した縁にほつれ止めのための熱裁断その他の簡単な加工をしたものを除く。）

(d) 縁縫いし、縁かがりをし又は縁に房を付けた物品（反物の裁断した縁にほつれ止めのための簡単な加工をしたものを除く。）

(e) 特定の大きさに裁断した物品でドロンワークをしたもの

(f) <u>縫製、のり付けその他の方法によりつなぎ合わせた物品</u>（同種の織物類を二以上つなぎ合わせた反物及び二以上の織物類を重ね合わせた反物（詰物をしてあるかないかを問わない。）を除く。）

(g) メリヤス編み又はクロセ編みにより特定の形状に編み上げたもの（単一の物品に裁断してあるかないかを問わない。）

しかしながら、第11部注8の規定により、第54類に対し第56類から第59類の方が優先されることから、本品が第56類から第59類の物品として分類されるかについて、まず、検討する必要があります。

分類理由に記されていますが、本品は、ナイロン長繊維を織ったものであることから、第56.07項のひも（糸を撚ったもの）及び第58.08項の組みひも（糸を組んだもの）には該当しません。さらに、本品の形状は、幅30cm以下であり、第

② ナイロン織物製のバンドひも：第54.07項

＜輸入貨物の品目分類事例＞

貨物概要

　たて糸及びよこ糸ともにナイロン長繊維糸（第11部注6に規定する強力糸）を使用した幅2cm、長さ30mの織物で、荷締め、結束用バンドとして使用される。

　よこ糸の一方の端（下図の右の部分）は一列前のよこ糸に編むようにループをかけて折返し、他方の端は単に折返した構造をしているもの。

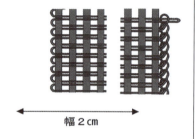

幅2cm

分類

　関税率表第5407.10号－2－(1)（統計番号5407.10-081）のナイロン強力糸の織物

分類理由

　ナイロン長繊維糸を織ったものであることから、第56.07項のひも（糸を撚ったもの）及び第58.08項の組ひも（糸を組んだもの）には該当しません。

　また、幅が30cm以下の織物であるものの、よこ糸の一方の端は単に折返したものであることから、第58類注5（a）に規定する「両側に・・・耳を有するもの」とは認められないため、第58.06項の細幅織物には分類されず、ナイロン強力糸の織物として上記のとおり分類されます。

分類の可能性

第54.07項　ナイロン長繊維の織物
~~第56.07項　ひも~~
~~第58.08項　組みひも~~
~~第58.06項　細幅織物~~

（第11部注8）
第50類から第55類
＜第56類から第59類

第58類

注5　第58.06項において「細幅織物」とは、次のいずれかの物品をいう。
　(a) 幅が30センチメートル以下の織物(切って幅を30センチメートル以下にしたものを含むものとし、**両側に織込み**、のり付けその他の方法により作った耳を有するものに限る。)
　(b) 袋織物で平らにした幅が30センチメートル以下のもの
　(c) 縁を折ったバイアステープで縁を広げた幅が30センチメートル以下のもの
　織物自体の糸により縁に房を付けた細幅織物は、第58.08項に属する。

58.06項の「細幅織物」に類似しますが、第58類注5 (a)に規定する細幅織物の縁の条件(両側に織込み)を満たさないことから、第58.06項にも分類されません。

したがって、本品は、第56類から第59類までに該当する項がないことから、第54類に留まることとなり、ナイロン製の織物として第54.07項(第5407.10号(強力糸の織物))に分類されます。

第11部に属することとなる紡織用繊維から成る物品の分類を検討する際には、分類の可能性のある項が複数ある場合が多いことから、項の優先関係を正確に理解することが大切です。

事例③は、「マントル」と呼ばれるもので、貨物概要欄に商品説明と図が示されています。分類理由に記されていますが、本品は、その形状から防寒用の袖なし衣類で羊毛織物製なので第62類の衣類として分類され、一番外側に着るものとして、オーバーコート等と同様に、男子用のものであれば第62.01項に又女子用のものであれば第62.02項に分類されます。衣類が男子用か女子用かの判別には第62類注9が適用されますが、本品のようにその形状から男子用か女子用かの判別できない場合には、女子用のものが属する第62.02項(第6202.20号(羊毛製のもの))に分類されます。

事例④は、HS委員会で実際に分類が検討された袖及び襟無しの衣類(メリヤス編みのもの)です。本品(ポリエステル短繊維65%、綿35%)は、商品説明の

③ マントル(女性用):第62.02項

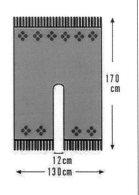

<輸入貨物の品目分類事例>
貨物概要
　右図のような形状、デザインのもので、中央部の切れこみに首を入れ、肩に掛けて着用するもの。
　生地は、やや厚手の羊毛製織物で、両端には房がついている(毛皮付きのものではない。)。
分類
　関税率表第6202.20号-2(統計番号6202.20-200)のケープに類する女子用の羊毛製衣類
分類理由
　形状から、上半身から膝上までを覆うことのできる防寒用の袖なし衣類の特徴を備えているものと認められることから、上記のとおり分類されます。
(参考)第62類注9
　男子用の衣類であるか女子用の衣類であるかを判別することができないものは、女子用の衣類が属する項に属する。

写真から、上半身用のゆったりした女子用の衣類でネックラインもある程度開いています。したがって、メリヤス編みの衣類を分類する第61類の注4の第2パラグラフに規定するブラウスの形状に該当することから、女子用のブラウスとして第61.06項に分類されます。

なお、二以上の紡織用繊維から成るものの号レベルの分類は、第11部号注2(A)により第11部注2の規定に従い選択される紡織用繊維のみから成る物品とみなして決定されます。本品の場合、本品を構成する紡織用繊維の中で、ポリエステル短繊維の重量割合の方が綿の重量割合よりも大きいことから、第61.06項の中では人造繊維のものとして第6106.20号に分類されます。

事例⑤は、商品説明と外観例から、プラスチックを積層した不織布から製造された上下一体の防護服なので、第56.03項（不織布（染み込ませ、塗布、被覆又は積層したものであるかないかを問わない。））の織物類から製品にした衣類

④ 女子用のブラウス：第61.06項

＜国際分類例規＞
6106.20　1．袖及び襟無しの衣類（メリヤス編みのもの）
　本品（ポリエステル短繊維65％、綿35％）は、ネックラインにリボンの飾り、袖ぐりの肩部分にひだがついている。背面のネックラインの一部が開いており、ボタンで留めるようになっている。

通則1及び6を適用

＜HS2022改正＞
第61部
注4　第61.05項及び第61.06項には、ウエストより下の部分にポケットのある衣類、裾にゴム編みのウエストバンドその他の絞る部分がある衣類及び少なくとも縦10センチメートル、横10センチメートルの範囲で数えた編目の数の平均値が編目の方向にそれぞれ1センチメートルにつき10未満である衣類を含まない。第61.05項には、袖無しの衣類を含まない。
　「シャツ」及び「シャツブラウス」とは、長袖又は半袖を有し、ネックラインが一部又は全部開いている上半身用の衣類である。「ブラウス」とは、上半身用のゆったりした衣類であり、袖無し及びネックラインが開いているものであるかないかを問わない。「シャツ」、「シャツブラウス」及び「ブラウス」は、襟を有するものを含む。

として第62.10項に該当します。なお、防護服である本品は、外側に着る衣類として、第62類の前半の項にも該当する可能性がありますが、第62類注6の規定により、第62.10項及びこの類の他の項(第62.09項を除く。)に同時に属するとみられる衣類は、第62.10項に属することとなるので、本品は、第62.10項(第6210.10号(第56.03項の織物類から成るもの))に優先的に分類されます。

事例⑥は、合成繊維の編物から成る電気敷き毛布です。本品は、電気機器として第85類に分類される可能性がありますが、第85類注1(a)には、この類から電気加熱式の毛布や衣類などを除外することが規定されています。したがって、本品は、紡織用繊維及びその製品が属する第11部に分類されます。本品は、長方形状の生地のすべての辺は縁加工が施されているので、第11部の注7の製品にしたものに該当するものであることから、注8(a)の規定により、編物であっても第60類には分類されず、又、第56類から第59類までの項に本製品を分類すると定めた特別な規定がありません。したがって、紡織用繊維のその他の製品として第63類に分類されることとなり、毛布を分類する第63.01項(第6301.10号(電気毛布))に分類されます。

⑤ プラスチックを積層した不織布製の衣類：第62.10項

＜国内分類例規＞
6210.10 2.　防護服(上下一体の全身用の衣類に限る。)
　輸入統計品目表第6210.10号(統計細分212)に掲げる「防護服(上下一体の全身用の衣類に限る。)」(以下「防護服」という。)とは、不織布(プラスチックを積層した不織布のうち第56.03項に属するものを含む。)から製造した上下一体の全身用の衣類であり、前部をスライドファスナーによって開閉し、袖口からの汚染物質の侵入を防ぐ構造(例えば、ゴム等により絞られた手首までの袖口)を有するものをいう。
　防護服は、主に、有害粉じん、有害化学物質、病原体、放射性物質等から身体を保護するために使用される。

第62類
注6　第62.10項及びこの類の他の項(第62.09項を除く。)に同時に属するとみられる衣類は、第62.10項に属する。

第62.10項　衣類(第56.02項、第56.03項、第59.03項、第59.06項又は第59.07項の織物類から製品にしたものに限る。)

⑥ 電気敷き毛布：第63.01項

＜輸入貨物の品目分類事例＞
貨物概要
合成繊維製の編物から成る電気敷き毛布（起毛したもの）
性　状：長方形状で、表地と裏地の間に電熱線を配線、保持し縫い合わせたものであり、両面に起毛させたパイル面を有する。
　　　　生地のすべての辺には、縁加工が施されている。
素　材：ポリエステル100％
サイズ：(幅) 140cm×(奥行) 80cm
用　途：敷き布団又はマットレスの上に敷いて使用。

分類
関税率表第6301.10号（統計番号6301.10-000）の電気毛布

分類理由
本品は、両面に起毛させたパイル面を有する合成繊維製の生地から成る電気加熱式の毛布であり、関税率表第85類注1（a）、同表第63.01項の規定及び同表解説第63.01項の記載により、電気毛布として上記のとおり分類されます。

（参考）関税率表第85類注1（a）
1　この類には、次の物品を含まない。
　（a）電気加熱式の毛布、ベッドパッド、足温器その他これらに類する物品並びに電気加熱式の衣類、履物、耳当てその他の着用品及び身辺用品

⑦ 仮設の日よけテント：第63.06項

＜国際分類例規＞
6306.22　1.　仮設の見晴らし小屋
　本品は、屋外で使用されるもので、およそ長さ3×幅3×高さ2.5メートルの大きさである。
　接続部品とプラスチック製の脚の付いた鉄鋼製の管状フレームと、四隅の柱用の覆いを含む屋根材から成る。屋根材は、ポリエチレンを塗布したポリプロピレン製の平織物であり、塗布したことを肉眼により判別することはできない。織物の個々の糸は、平均幅2.5ミリメートル、平均厚さ0.05ミリメートルである。本品は、四方向の全てが開いており、地面にしっかりと固定されない。

通則1及び6を適用

＜HS2022改正＞
第63.06項　ターポリン及び日よけ、テント（仮設の日よけテントその他これに類する物品を含む。）、帆（ボート用、セールボード用又はランドクラフト用のものに限る。）並びにキャンプ用品

事例⑦は、HS委員会で実際に分類が検討された仮設の見晴らし小屋で、商品説明の写真の形状をしています。屋根材は、ポリエチレンを塗布したポリプロピレン製の平織物であり、塗布したことを肉眼により判別することはできないものから成ります。本品は、紡織用繊維のその他の製品として第63類、具体的には、テント、日よけとして第63.06項（第6306.22号（合成繊維のもの））に分類されることとなりました。なお、HS2022改正では、本品のような四方向の全てが開いていて、地面にしっかりと固定されない物品の分類を明確化するため第63.06項のテキストに「仮設の日よけテントその他これに類する物品を含む。」という文言が追加されました。

最後の事例⑧は、不織布マスクです。本品マスクは、紡織用繊維の不織布から成る製品で顔の鼻と口の部分を覆い風邪の細菌飛散、花粉吸入の防止等のために使用されますが、衣類でも衣類附属品でもないため、第62類には分類されず、その他の紡織用繊維の製品として第63類の中でも、所謂バスケット項である第63.07項（第6307.90号（その他のもの））に分類されます。

なお、日本の輸出統計品目表及び輸入統計品目表において、マスクは、米国国立労働安全衛生研究所からN95マスクとしての認証を受け、米国国立労働安全衛生研究所の認証番号が表示されているマスクとその他のマスクとでそれぞれ区分されています。

	N95マスク	その他のマスク
輸出	6307.90-021	6307.90-029
輸入	6307.90-022	6307.90-023

⑧　不織布マスク（N95マスクでないもの）：第63.07項

貨物概要
　三層構造のポリプロピレン製不織布マスクで、鼻あて部分にポリエチレンで被覆した針金を縫い込んだもの。風邪の細菌飛散、花粉吸入防止等のため使用するものであり、N95マスク（米国国立労働安全衛生研究所の認証を受けたもの）ではない。

分類
　関税率表第6307.90号－2（統計番号6307.90-023）のその他の紡織用繊維製品

分類理由
　三層の不織布から成るマスクであり、関税率表解説第63.07項（23）に規定されている数層の不織布から成る（活性炭で処理しているかは問わない。）ほこり、臭気等を防ぐための顔マスクとして上記のとおり分類されます。
　なお、本品はN95マスクでないことから、6307.90-022には分類されません。

出典：税関ホームページ（輸入貨物の品目分類事例）

156　第2章　繊維・繊維製品

ステップ2：EPA特恵税率の対象品目か否かの確定

　EPA特恵税率の適用を受けようとする輸出又は輸入する産品の正しいHS番号が確定したら、次に、利用を予定しているEPAの譲許表と産品のHS番号を対比し、産品がRCEP特恵税率の対象となっているか否かを確認します。

1. 日本へ輸入される産品のEPA特恵税率の確認

　日本へ輸入される産品が、EPA特恵税率の対象となる産品か否かの確認方法には主要なものとして次のような方法があります。
　① 　外務省ホームページ[1]で確認
　② 　税関ホームページの実行関税率表[2]で確認
　③ 　日本関税協会発行の『実行関税率表[3]』(書籍) で確認
　外務省ホームページは協定ごとにEPA譲許表を確認する必要がありますが、税関ホームページと日本関税協会の『実行関税率表』(毎年青色の表紙で発行され「ブルータリフ」と呼ばれています。) は基本的に同じ形式で構成されていて、HS番号ごとにすべてのEPA特恵税率を横一覧で確認できるように編集されています。今回は、税関ホームページからEPA特恵税率を確認する方法を説明します[4]。
　事例として、中国から男子用のシャツを輸入する場合について説明します。

① 　最初に、綿製の男子用のシャツのHS番号は第6205.20号とすでに確定されているとします。なお、輸入時に適用されるHS番号は、輸入国の税関の判断に基づくことから、過去の輸入実績等があればそれを参考に、また、新規商品でHS番号が不明な場合等では、日本への輸入であれば、通関業者等専門家に確認(必要な場合には日本税関において事前教示を取得) を、輸出であれば、輸出相手国の輸入者に確認する (可能であれば、輸出相手国において事前教示を取得してHS番号を確定) 等の方法により、輸出先国のHS番号を調査・特定することが大変重要です。
② 　次に、前述の実行関税率表を用いてEPA特恵税率の対象の有無の確認方法を説明します。
　　税関ホームページの実行関税率表 (**図表2−21**) の第62類の当該番号のと

ステップ２：EPA特恵税率の対象品目か否かの確定　157

図表２−21　EPA特恵税率の対象か否かのチェック方法①

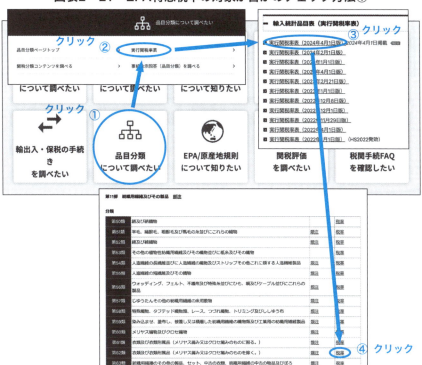

ころを開くと**図表２−22**のように、男子用のシャツに適用される一般税率（基本税率：9％、WTO協定税率：7.4％）と（横へスクロールすると）EPA税率の一覧が示され、RCEPについては、中国、韓国からの輸入については5.6％が、ASEAN、豪州、ニュージーランドからの輸入については無税に設定されているのが分かります。なお、当該産品の特恵税率は段階的に引下げられて16年目に撤廃されます[5]。このように特恵税率が段階的に引下げ・撤廃されることをステージングといいます。

図表2－22　EPA特恵税率の対象か否かのチェック方法②

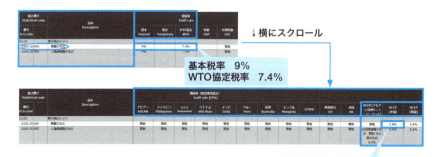

2．日本から輸出される産品のEPA特恵税率の確認

　日本から輸出される産品が、輸入国においてEPA特恵税率の対象となる産品か否かの確認方法には主要なものとして次のような方法があります。
　①　外務省ホームページ[6]で確認
　②　税関ホームページのEPA相手国側譲許表（関税率表）で確認
　ここでは、②の確認方法を説明します。税関ホームページの「輸出先の国の税率を調べる（相手国譲許表）」（**図表2－23**）をクリックすると、「EPA相手国側譲許表（関税率表）」のページが表示されます。当該ページには現在発効しているすべてのEPA締約国である23か国及びEUの合計24の締約相手国・地域側の譲許表が掲載されています。締約相手国・地域ごとに、利用できるEPAに○印が付されていて、当該箇所をクリックすると譲許表を見ることができます。例えば、マレーシアの場合、RCEP以外にも、日マレーシアEPA（二国間の欄）、日アセアン（AJCEPの欄）、CPTPPの4つのEPAを利用することができます。

ステップ3：特恵マージン（一般税率と特恵税率の差）の確認　159

図表2－23　日本から輸出される産品のEPA特恵税率の確認

ステップ3：特恵マージン（一般税率と特恵税率の差）の確認

　利用できるEPA特恵税率の確認ができたら、次のステップとして特恵マージンの確認を行います。その目的は、EPA特恵税率を利用するために必要な書類の作成や保存、各種手続きに要する人件費等のコストと節税効果を比較検討して、会社としてEPA特恵税率を利用するか否か決定する判断材料の提供です。
　特恵マージン及びそれに伴う節税効果は次の計算式で算出します。

節税額 ＝ 対象商品の輸入額 × 特恵マージン率（WTO協定税率 － EPA特恵税率）

　例えば、前記の男子用Tシャツを中国から年間5,000万円分輸入する場合を想定すると節税額は以下のようになります。

節税額 ＝ 5,000万円 ×（7.4% － 5.6%（RCEP））＝ 90万円

　年間の関税の節税額が90万円ですので、それだけではEPA利用のための経費をかけてでもEPA特恵税率の適用を求める判断はできないかもしれませんが、他にもEPA特恵税率が適用可能な対象産品を輸入している場合、一定のコストを支払ってもEPA特恵税率の利用に基づく節税額により、コストのカバーが可能との判断を行うこととなると思われます。

　また、当該産品は、特恵税率が段階的に引下げ・撤廃されるステージングの対象であり、特恵税率は段階的に引き下げられて16年目（2036年4月1日）に撤廃されます。よって、現在のEPA特恵税率は2024年4月1日現在、日本では4年目の5.6%ですが、今後さらに引き下げられていくので、将来的にはより特恵マージンが増大していくことに留意が必要です。

　日本からの輸出の場合は、輸入相手国における実行税率（WTO協定税率又は当該国が自主的に削減した税率）と当該輸入国が日本から輸入される産品に対し譲許しているEPA特恵税率の差を調べ、特恵マージンを計算する必要があります。

　相手国の実行税率は、日本貿易振興機構（JETRO）ホームページのWorld Tariff[7]から参考として知ることができますが、正確な特恵マージンを計算する場合は、輸出相手国の輸入者等から正確な実行税率の情報を入手していただくことをお勧めします。

ステップ４：関税割当制度等の対象か否かの確認

　次のステップとして、関税割当制度等の対象か否かの確認を行います。

　日本への輸入について、関税割当制度の対象か否かは、ステップ2で説明したEPA特恵税率の確認の方法（実行関税率表）を実践するのが最も簡便な方法と思われます。具体的には、税関ホームページの実行関税率表のEPA税率欄に「関税割当数量以内のもの」との記載があれば、関税割当制度の対象品目です。

　また、日本からの輸出の場合には、輸出先相手国において関税割当品目等規制がないか、事前に確認することが必要です。

ステップ5：原産地規則を満たすか否かの確認 **161**

ステップ5：原産地規則を満たすか否かの確認

　このステップで満たすか否かを確認する原産地規則として、産品がEPAの原産品であるかどうか判断する基準(原産性判断基準)を満たす否かの確認が最も重要です。

1．繊維・繊維製品の原産性判断基準

　原産性判断基準として、「完全生産品」、「原産材料のみから生産される産品」、及び「品目別規則を満たす産品」の3つの基準があり、繊維・繊維製品では、その生産工程の最も上流にある「繊維」には多くの場合「完全生産品」の定義が適用されます。さらに生産工程が進んだ「糸」、「織物・編物」、「衣類等繊維製品」に対しては、産品の生産に直接使用される材料(一次材料)がすべて原産材料と認められる場合には「原産材料のみから生産される産品」の基準が適用できますが、多くの場合、一次材料がすべて原産材料かどうか明確でないことから、一次材料に非原産材料を使用する場合に適用される「品目別規則を満たす産品」の基準が用いられます。よって、次に繊維・繊維製品に適用される品目別規則について説明します。

2．繊維・繊維製品の生産工程とHS品目表

　繊維・繊維製品の生産工程について、衣類を例にみると、大きく分けて、繊維から糸をつくる工程である「製糸・紡績」、糸から織物・編物をつくる工程である「織布・編立」、織物・編物から衣類をつくる工程である「縫製・組立」からなります。さらに、織物・編物の「なせん・浸染等」の工程、織物・編物から衣類の部分品への「裁断」、衣類の部分品から衣類への「縫製・組立」といった工程に細分されます。これとHS品目表の関係を示したものが**図表2－24**であり、これら生産工程は、項又は類の変更の組み合わせで表すことができます。例えば、絹の場合、撚(よ)っていない生糸は第50.02項に、生糸を撚(よ)って絹糸にしたものは第50.04項～第50.06項に、絹糸を織って絹織物にしたものは第50.07項と、生産段階が進むにつれて項が変更します。さらに、織物から衣類への生産では、第62類へと類が変更します。また、衣類以外の繊維製品についても、糸

繊維・繊維製品

162 第2章 繊維・繊維製品

図表2-24 繊維・繊維製品の生産工程とHS品目表

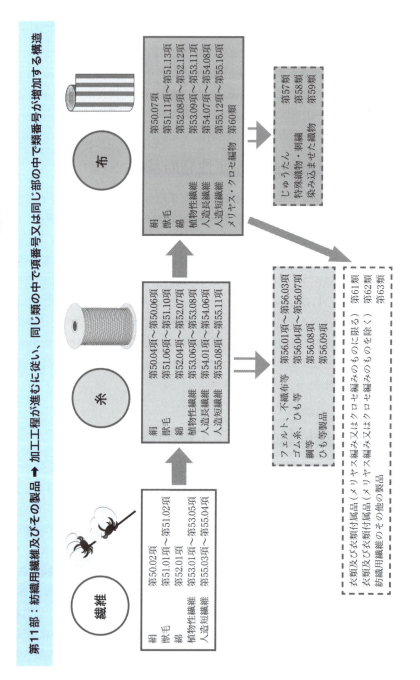

又は織物からの生産によって、同様に類が変更する構成となっています。

　ここで、繊維・繊維製品の例として、衣類の生産工程と、繊維、糸、織物・編物等、使用される各段階の材料が分類されるHS番号を**図表２－25**に示します。

　繊維・繊維製品の品目別規則は、当該分類体系に基づき、これら一連の生産工程の中で、具体的にどのような工程が行われた場合に原産品としての資格を付与するかを規定したもので、各EPAによってその内容は異なります。繊維・繊維製品の生産工程は、「製糸・紡績」、「織布・編立」、「縫製・組立」の３段階の工程からなると述べましたが、その内容を大きく分けると、３段階の工程すべてが行われた場合に原産品としての資格を付与する３工程ルール、２段階の工程が行われた場合に原産品としての資格を付与する２工程ルール、１段階の工程のみで原産品としての資格を付与する１工程ルールに整理することができま

図表２－25　繊維・繊維製品（例：衣類）の生産工程とHS品目表

産品		生産工程	HS品目番号
衣類			第62類（例：第62.05項）
↑	↑	（縫製・組立）	
	衣類の部分品		第6217.90号
	↑	（裁断）	
織物・編物	織物・編物		第50.07項（絹） 第51.11項〜51.13項（獣毛） 第52.08項〜52.12項（綿） 第53.09項〜53.11項（植物性繊維） 第54.07項〜54.08項（人造長繊維） 第55.12項〜55.16項（人造短繊維） 第60類（メリヤス編物・クロセ編物）
	↑	（なせん・浸染等）	
	織物・編物		
↑		（織布・編立）	
糸			第50.04項〜50.06項（絹） 第51.06項〜51.10項（獣毛） 第52.04項〜52.07項（綿） 第53.06項〜53.08項（植物性繊維） 第54.01項〜54.06項（人造長繊維） 第55.08項〜55.11項（人造短繊維）
↑		（製糸・紡績）	
繊維			第50.02項（絹） 第51.01項〜51.02項（獣毛） 第52.01項（綿） 第53.01項〜53.05項（植物性繊維） 第55.01項〜55.04項（人造短繊維）

164 第2章 繊維・繊維製品

す。

　日本のEPAの繊維・繊維製品の品目別規則の具体的な規定方法として、生産段階に対応したHS品目表の構成を活用し、多くの場合、関税分類変更基準が採用されています。

3. 衣類の代表的な品目（男子用のシャツ（第62.05項））の品目別規則

　ここで、男子用のシャツ（第62.05項）を例に、日本のEPAの品目別規則の内容を**図表2－26**に示すとともに、それぞれの内容の具体的な規則の例を示します。

（1）3工程（繊維からの製造。ただし、材料の種類によっては、糸、織物の使用が可能）の例

　例として、CPTPPの第62.01項から第62.08項までの織物製の衣類の品目別規則を示します。この規則では、「他の類の材料からの変更」を規定した上で、当

図表2－26　衣類の代表的な品目（男子用のシャツ（第62.05項））の品目別規則

EPA相手国等	規則の内容
メキシコ、ペルー、CPTPP	［メキシコ、CPTPP］ 3工程（繊維からの製造。ただし、材料の種類によっては、糸、織物の使用も可能）、 ［ペルー］ 3工程（ただし、材料の種類によっては、糸の使用も可能）＋一部の非原産の糸の使用制限
チリ、スイス、インド、モンゴル	2工程（糸からの製造）
豪州	2工程、又は1工程（織物・編物からの製造）＋累積ルール（締約国において製織）
マレーシア、シンガポール、タイ、インドネシア、フィリピン、ブルネイ、ベトナム、アセアン	2工程、又は1工程 アセアン累積ルール（締約国、アセアン加盟国において製織）、 ［ブルネイのみ］ 又は0工程（衣類部分品から組立 アセアン累積ルール（締約国、アセアン加盟国において製織・裁断）
EU、英国	2工程、1工程 なせん等、又は1工程＋付加価値要件（英国のみ）
RCEP、GSP	1工程

ステップ５：原産地規則を満たすか否かの確認 **165**

該類変更から除外される項を指定し、当該項からの変更は除かれます。例えば、第52.04項から第52.12項の綿製の糸及び織物からの変更は除外されます。その結果、当該規則を満たすためには、非原産の綿製の糸及び織物を使用することはできず、非原産の繊維から「製糸・紡績」、「織布・編立」、「縫製・組立」の３工程を経て生産することが必要となり、非常に厳しいルールとなっています。

　一方で、第50類（絹）及び第53類（植物性繊維）の糸、織物、また、第54類（人造長繊維）の一部の糸（第5403.10号、第5403.31号～第5403.32号、第5403.41号のビスコースレーヨンのもの）からの変更は除外されていないので、非原産のそれらの材料の使用は可能です。

繊維・繊維製品

CPTPP附属書4-A（第62.01項～第62.08項）（間接引用）

　第62.01項から第62.08項までの各項の産品への他の類の材料からの変更（「糸、織物・編物の項・号」（注）の材料からの変更を除く。）。ただし、当該産品が、一又は二以上の締約国の領域において、裁断され若しくは特定の形状に編まれ又はその両方が行われ、かつ、縫い合わされ又は組み立てられることを条件とする。

（注）「糸、織物・編物の項・号」として、次の項・号からの変更が除外されています。

　第51.06項から第51.13項までの各項、第52.04項から第52.12項までの各項、第54.01項から第54.02項までの各項、第5403.33号から第5403.39号までの各号、第5403.42号から第5403.49号までの各号、第54.04項から第54.08項までの各項、第55.08項から第55.16項までの各項、第58.01項から第58.02項までの各項又は第60.01項から第60.06項までの各項

（2）２工程ルール（糸からの製造）、又は、１工程（織物・編物からの製造）＋アセアン累積ルール（締約国又はアセアン加盟国において製織）の例

　例として、日アセアンEPA及び日ベトナムEPAの第62.05項（男子用のシャツ）の品目別規則を示します。この規則では、「CC」（類変更）と規定した上で、織物・編物（第50.07項、第51.11項から第51.13項までの各項、第52.08項から第52.12項までの各項、第53.09項から第53.11項までの各項、第54.07項、第54.08項、第55.12項から第55.16項までの各項又は第60類）からの変更を除外し、これにより、非原産の織物・編物を使用することができず、非原産の糸からの「織

166　第2章　繊維・繊維製品

布・編立」及び「縫製・組立」の2工程を経ることが必要です。

　ただし、非原産の織物・編物を使用する場合であっても、それらが一又は二以上の締約国（日アセアンEPAの場合）又はいずれかの締約国又はアセアン加盟国である第三国（日ベトナムEPAの場合）において完全に製織されたものである場合には、それらを使用することが認められます。これにより、日アセアンEPAであれば、他の締約国（アセアン加盟国又は日本）、日ベトナムEPAであれば、第三国であるアセアン加盟国又は日本において行われた「織布・編立」の工程を含めることにより[8]、2工程ルールを満たすことができます。

日アセアンEPA附属書2、日ベトナムEPA附属書2（第62.01項）（間接引用）
CC（「織物・編物の類・項」[(注)]の非原産材料を使用する場合には、当該非原産材料のそれぞれが［日アセアンEPA］一又は二以上の締約国［日ベトナムEPA］いずれかの締約国又は東南アジア諸国連合の構成国である第三国において完全に製織される場合に限る。）

(注)「織物・編物の類・項」として、次の項・号からの変更が除外されています。
　　第50.07項、第51.11項から第51.13項までの各項、第52.08項から第52.12項までの各項、第53.09項から第53.11項までの各項、第54.07項、第54.08項、第55.12項から第55.16項までの各項又は第60類

---

(3) 1工程ルール（織物・編物からの製造）の例

　例として、RCEPの第62類の品目別規則を示します。この規則では「CC」（類変更）と規定され、織物・編物が分類される他の類からの変更は除外されておらず、織物・編物から衣類への「縫製・組立」の1工程を経ることにより、原産品としての資格が付与されるという緩やかなルールが採用されています。

RCEP附属書3A（第62類）
CC（他の類からの変更）（説明：1工程）

---

(4) 加工工程基準による規則の例

　例として、日EU・EPAの第62.05項（男子用のシャツ）の品目別規則を示します。この規則では「製織と製品にすること（布の裁断を含む。）との組合せ」と

ステップ5：原産地規則を満たすか否かの確認　**167**

「なせん（独立の作業）を経て製品にすること（布の裁断を含む。）」の2つのオプションからなる加工工程基準を採用しています。1つ目のオプションは、非原産の糸からの「織布・編立」及び「縫製・組立」の2工程を求める2工程ルールです。2つ目のオプションは、非原産の織物から、なせん等の必要とされる工程と「縫製・組立」が行われた場合に原産品としての資格を付与するという「1工程＋なせん等」ルールが採用されています。

日EU・EPA附属書3-B（第62.01項）

製織と製品にすること（布の裁断を含む。）との組合せ（説明：2工程）

　又は

なせん（独立の作業）（注）を経て製品にすること（布の裁断を含む。）。（説明：1工程＋なせん等）

（注）「なせん（独立の作業）」：スクリーン、ローラー、デジタル又は転写の技術と二以上の準備又は仕上げの工程との組合せ（非原産材料の価額が産品のEXWの50％又はFOBの45％以下に限る）（詳細は、附属書3-A 注釈6（d）を参照してください。）

> 繊維・繊維製品

4. CPTPP、日EU・EPA（日英EPA）及びRCEPの品目別規則

　ここでは、CPTPPや日EU・EPAに規定された繊維・繊維製品の品目別規則に特徴的な規定、及び、RCEPの繊維・繊維製品の品目別規則の特徴を説明します。

（1）CPTPPの品目別規則

　CPTPPの品目別規則のポイントは以下のとおりです。

① 衣類等の繊維製品の品目別規則は、基本として、①製糸・紡績、②織布・編立、③裁断・縫製・組立、という3つの工程を原則CPTPP締約国内において行われなければならない「ヤーンフォワード」（3工程）ルールを採用。ただし、使用される繊維素材の種類によって緩やかなルールが適用。

② 「供給不足の物品の一覧表」（ショートサプライ・リスト（SSL））に掲載された域内での供給が十分でない材料（繊維、糸、生地）については、例外的に域外から調達しても、その最終用途の要件を満たせば原産材料として使用可能。（詳細は、第4.2条7～9、附属書4-A 付録1を参照）

③ 第61類～第63類の衣類等繊維製品が原産品とされるには、当該産品の関税分類を決定する構成部分（原則として、表側の生地に占める面積が最も大きい部分）が、適用される規則に定める関税分類番号の変更を満たすことが必要。（附属書4-A第61類～第63類類注1）

④ デミニミス規定（詳細は、第4.2条2～4を参照）

第61類～第63類

* 関税分類を決定する構成部分に関税分類変更基準を満たさない非原産ファイバー・糸を含む場合、当該ファイバー・糸の総重量が当該構成部分の総重量の10％を超えないもの。

* 関税分類を決定する構成部分に弾性糸を含む場合、弾性糸が域内で完全に作られるもの。

第61類～第63類以外

* 関税分類変更基準を満たさない材料の総重量が、産品の総重量の10％を超えないもの。

* 関税分類変更基準を満たさない材料に弾性糸を含む場合、弾性糸が域内で完全に作られるもの。

⑤ 弾性生地ルール

第61類～第62類の繊維製品に弾性糸等を使った生地（第60.02項、第5806.20号）を使用する場合、当該生地は域内産の糸を使用することが必要。（詳細は、附属書4-A第61類～第62類類注2を参照）

⑥ 縫糸ルール

第61類～第63類の繊維製品に縫糸（第52.04項、第54.01項、第55.08項の縫糸又は第54.02項の糸を縫糸として使用）を使用する場合、当該縫糸は域内産の糸を使用することが必要。（詳細は、附属書4-A第61類～第62類類注3、第63類注2を参照）

⑦ 絹100％の着物・帯に関するルール

絹100％の織物を使用する着物又は帯について、域内で製織、裁断・縫製を求める2工程ルールを採用。なお、絹織物はSSLで域外調達が認められているが、当該ルールの対象である絹100％の着物・帯については、域内での製織が必要。（詳細は、附属書4-A第62類類注4及び附属書4-A付録1（物品番号155）を参照）

これらのポイントを踏まえたCPTPPの原産性判断基準の適用のフローを**図表2－27**に示します。

図表2-27 CPTPPの原産性判断基準の適用のフロー

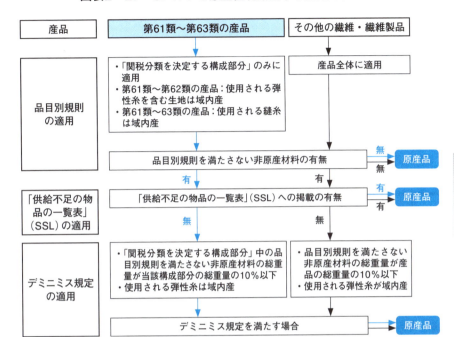

(2) 日EU・EPA（日英EPA）の品目別規則

日EU・EPAの品目別規則のポイントは以下のとおりです。

① 衣類等の繊維製品、織物・編物（生地）の品目別規則は、2工程ルールに加えて、1工程＋なせん等（衣類等）、又は、なせん等（織物等）のみでも原産品としての資格を付与するルール。

② 関税分類変更基準ではなく、加工工程基準を採用。そのため、品目別規則が産品について特定の材料から生産されることを要件として定める場合に、固有の性質上の理由からこの要件を満たすことができない他の材料の使用が可能。（附属書3-A注釈3.3）

③ 第61類から第63類に分類される紡織用繊維を用いた産品の生産において、第50類から第63類に分類されない非原産材料（紡織用繊維を含むかどうかを問わない。）については制限なく使用可能。（附属書3-A注釈8.2）

④ デミニミス（許容限度）について、詳細な規定を設定。（詳細は、第3.6条1(b)、附属書3-A注釈6～注釈8を参照）

* 非原産の「基本的な紡織用繊維」(注)の重量が全ての基本的な紡織用繊維の10％以内（産品が2以上の基本的な紡織用繊維を含む場合に限る）（重量ベース）

    (注)「基本的な紡織用繊維」：32の主要な天然繊維、人造繊維をリスト化

* 第61類、第62類及び第63.01項〜第63.06項の産品について、非原産の紡織用繊維の価額が産品の価額（EXW又はFOB）の8％以内（非原産の紡織用繊維が、産品以外の項に分類され、かつ、裏地、芯地以外に限る。裏地、芯地は原産材料であることが必要）（価額ベース）

* それ以外に特定の産品にかかる規定（附属書3-A 注釈7.3、7.4及び7.5）あり。

これらのポイントを踏まえた日EU・EPAの原産性判断基準の適用のフローを図表2−28に示します。

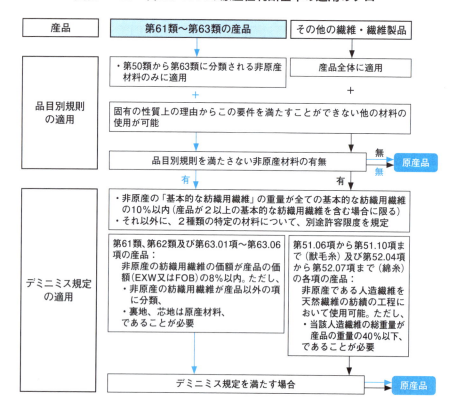

図表2−28　日EU・EPAの原産性判断基準の適用のフロー

日英EPAの品目別規則は、基本的に日EU・EPAの品目別規則を踏襲していますが、以下の点が変更されています。

① 一部の品目別規則が日EU・EPAに比べて緩和。

② 第61類から第63類までの産品は、「関税分類を決定する構成部分」のみが品目別規則を満たせばよい。すなわち、第50類から第63類までの各類に分類されない非原産材料（金属ボタン等）のみならず、「関税分類を決定する構成部分」に当たらない非原産材料についても、品目別規則（生産工程及び関税分類の変更にかかる要件の場合）を満たすか否か考慮する必要はない。ただし、品目別規則の要件が、非原産材料の価額にかかる場合には産品全体を考慮することが必要。

③ デミニミス（許容限度）の規定は、日EU・EPAを踏襲としているが、注意点として、当該規定を適用する場合、「関税分類を決定する構成部分」だけではなく、産品全体を考慮することが必要。

(3) RCEPの品目別規則

RCEPの品目別規則は、日EU・EPA、CPTPPと比較し、極めて簡素で緩やかな規定であり、そのポイントは以下のとおりです。

① 1工程ルールが原則。

＊ 衣類及び衣類附属品（第61類～第62類）：
CC（類変更）（布から衣類をつくる工程である「縫製・組立」に原産品資格を付与）

＊ 生地（織物・編物）：
原則、CTH（項変更）（糸から布をつくる工程である「製糸・紡績」に原産品資格を付与）

② 多くのEPAに採用されている、品目別規則を「関税分類を決定する構成部分」にのみ適用するといった規定もなし。よって、留意点として、CC（類変更）を適用する場合、産品と全ての非原産材料との間にHS2桁レベルの変更があることを確認する必要あり。

③ デミニミス規定は、価額ベース及び重量ベースの2つの規準が選択可能。

5. 第61類～第63類の産品の品目別規則の適用方法

第61類～第63類の産品（衣類等繊維製品）の品目別規則を適用するにあたり、

172　第2章　繊維・繊維製品

産品の生産に使用される材料をどこまで考慮するかについて、EPAによって違いがあり、次の3つの方法に整理されます。

① 　方法1：「関税分類を決定する構成部分」[注]のみが必要な関税分類変更基準を満たすことを規定しているEPA
　➡CPTPP、日英EPA、日シンガポールEPA、日メキシコEPA、日マレーシアEPA、日チリEPA、日タイEPA、日インドネシアEPA、日ブルネイEPA、日アセアンEPA、日フィリピンEPA、日ベトナムEPA、日ペルーEPA
　(注)「関税分類を決定する構成部分」については、原産地規則解釈例規第2章(第11部関連)1．9に以下のとおり規定されています。
　　「第61類から63類　衣類における「関税分類を決定する構成部分」の解釈について衣類における「関税分類を決定する構成部分」は、原則として、産品の表側の生地(袖裏、襟の折り返し部分等着用した際外部から見えない部分を除くものとし、衣類の身頃等に装飾的効果をもたせるための加工(例えば、ひだ付け)を施したため外部から見えにくくなった部分は含める。)に占める面積が最も大きい構成材料から成る部分とする。この場合において、産品が属する号(HS6桁)に規定する材料から成る部分の面積の合計を、一の構成部分の面積として考慮する。」

② 　方法2：第50類～第63類までに分類されない非原産材料(紡織用繊維を含むかどうか問わない)を制限なく使用できると規定しているEPA
　➡日EU・EPA、日スイスEPA、日モンゴルEPA、日豪EPA

③ 　方法3：限定のない(特段の規定のない)EPA
　➡RCEP、日インドEPA

　これら3つの方法について、**図表2−29**を例として、男子用のシャツ(第6205.20号)に適用すると、方法1の場合は、「関税分類を決定する構成部分」である材料①のみが、方法2の場合は、第50類～第63類までに分類されない材料④以外の①～③までが、方法3の場合は、①～④までのすべての材料が、品目別規則を満たすべき非原産材料です。
　RCEPの第61類～第63類の品目別規則は、基本的にCC(類変更)と1工程ルールとなっていますが、品目別規則の適用方法としては方法3を採用しています。よって、RCEPは、方法1を採用する従来の多くの日本のEPAと異なり、すべ

図表2-29 「関税分類を決定する構成部分」の適用例

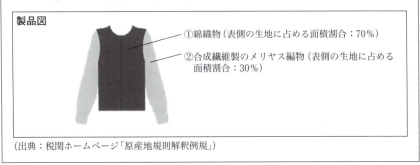

(出典：税関ホームページ「原産地規則解釈例規」)

ての非原産材料について、産品とHS2桁レベルの変更があることを確認しなければならないことに注意が必要です。

6．日本のEPAの原産地規則（繊維・繊維製品に関連が深い規定）

ここでは、原産性判断基準の3つの基準の例外規定である「基礎的基準の例外」、また、原産品か否か判断に当たって必要とされる「技術的規定」について、繊維・繊維製品に関連の深い規定を中心に説明します[10]。

(1) 基礎的基準の例外

ここでは、基礎的基準の例外のうち、僅少の非原産材料（デミニミス）[11]の規定について説明します。

174 第2章 繊維・繊維製品

「僅少の非原産材料」（「デミニミス」と呼ばれています。）とは、生産に使用した非原産材料がごく僅かであるにもかかわらず、当該非原産材料の使用により品目別規則を満たさない場合に、当該非原産材料が全体として特定の割合を超えないときには、品目別規則の適用（通常、関税分類変更基準にのみに適用）対象から除外する規定です。

繊維・繊維製品の場合には、前述のとおり、CPTPP及び日EU・EPAには特別の規定が導入されています。他のEPAでは、多くの場合、当該産品の総重量の一定割合以下（EPAによって10％又は7％）と規定されていますが、RCEPでは、産品の総重量の10％以下の基準に加え、産品価額の10％以下の基準も選択可能とされています。各EPAのデミニミスの規定を一覧としたものを**図表2−30**に示します。

なお、付加価値基準では、非原産材料の価額は、そのまますべての価額が計算式に用いられ、デミニミスの対象とならないので注意が必要です。

図表2−30　繊維・繊維製品（第50類〜第63類）のデミニミス規定

EPA相手国等	根拠規定	内容
シンガポール	協定第25条、附属書Ⅱ-A 注釈3	当該産品の重量の7％
メキシコ	協定第25条	当該産品の関税分類を決定する構成部分の重量の7％
マレーシア	協定第30条、附属書2 一般的注釈(e)	当該産品の重量の7％
フィリピン	協定第31条、附属書2 一般的注釈(f)	当該産品の重量の7％
チリ	協定第32条、附属書2 一般的注釈(f)	当該産品の重量の7％
タイ	協定第30条、附属書2 一般的注釈(f)	当該産品の重量の10％
ブルネイ	協定第26条、附属書2 一般的注釈(e)	当該産品の重量の7％
インドネシア	協定第31条、附属書2 一般的注釈(e)	当該産品の重量の7％
アセアン	協定第28条	当該産品の重量の10％
ベトナム	協定第28条	当該産品の重量の10％
スイス	附属書2 第6条（許容限度）	当該産品の重量の7％
インド	協定第32条	当該産品の重量の7％（除外品目有）
ペルー	協定第44条	当該産品の重量の10％
豪州	協定第3.4条	当該産品の重量の10％
モンゴル	協定第3.6条、附属書2 一般的注釈(f)	当該産品の重量の10％
CPTPP	協定第3.11条	協定4.2条を適用
EU	協定第3.6条（許容限度）	附属書3-A注釈6〜8を適用
英国	協定第3.6条（許容限度）	附属書3-A注釈6〜8を適用
RCEP	協定第3.7条	当該産品の価額の10％又は当該産品の重量の10％
GSP	関税暫定措置法施行規則第9条第2項	当該産品の重量の10％

ステップ5：原産地規則を満たすか否かの確認　**175**

（2）技術的規定

　原産品か否かの判断は、「３つの原産性判断基準」、「その例外である救済規定（デミニミスや累積）」、「十分な変更とはみなされない作業又は加工」によって行われますが、それ以外にも多くの技術的規定が必要です。ここでは、繊維・繊維製品に特に関係すると規定として、「セットの取扱い」について説明します[12]。

　産品がセットである場合、① HS通則１によってセットとして規定されるもの、② HS通則３の「小売用のセット」、③ その他のセットとされるもの、に分けて、次のように原産品か否かの判断を行います。

①　通則１のセット

　例として、第63.08項に規定される「織物と糸から成るセット」があり、このようなセットについては、当該セットが分類される項・号に適用される品目別規則で原産品か否かの判断を行います。

②　通則３の「小売用のセット」

　通則３の「小売用のセット」とは、個別に販売できる製品を寄せ集め、小売用のセットにした物品で、次の要件を満たすものをいいます。

- ＊　異なる項に属する二以上の異なった物品から成るものであること
- ＊　ある特定の必要性を満たすため又はある特定の活動を行うために、共に包装されたものであること
- ＊　再包装しないで、使用者に直接販売するのに適した状態に包装されている物品であること

　具体例として、パスタ、トマトソース、粉チーズを詰め合わせた小売用パスタセットがあります。

　通則３の「小売用のセット」については、セット規定が設けられているEPAでは当該規定を適用することにより、セット規定が設けられていないEPAでは当該セットが分類される項・号の品目別規則を適用します。

　セット規定は、通常２段階で規定されていて、第１段階は、セットを構成する要素がすべて原産品である場合に当該セットを原産品とするものですが、第２段階として、構成要素に非原産品がある場合には、非原産品がセットの価額のＸ％を超えないときに、セットを原産品とすると規定されています。

③ その他のセット

その他のセットとは、例えば、お歳暮用のワインとピクルスの瓶詰セットといった商業上セットにしたもので、これらのセットは前述の通則3の規定を満たさず、セットを構成する産品（例のケースでは、ワインとピクルス）に分割し、各産品が分類される項・号の品目別規則を適用して、それぞれの産品が原産品か否かの判断を行うことになります。

これら①〜③のセットの原産品か否かを判断する方法について整理したもの

図表2−31　セットの扱い①

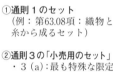

①通則1のセット （例：第63.08項：織物と糸から成るセット）	→	当該項・号の品目別規則を適用	→	一般的なセット規定 **第1段階**：セットを構成する要素がすべて原産品であること（要件の充足は困難）。
②通則3の「小売用のセット」 ・3(a)：最も特殊な限定をした記載がある項 ・3(b)：重要な特性を与えている構成要素の項 ・3(c)：数字上の配列において最後となる項	→	② 1．セット規定があればそれを適用 2．セット規定が置かれていない場合、当該項・号の品目別規則を適用	→	**第2段階**：セットを構成する要素のうち、「非原産品がセットの価額のX％を超えない」場合、セットを原産品とする。
③商業上のセット	→	個別商品毎の項・号の品目別規則を適用		

図表2−32　セットの扱い②

EPA相手国等	セット規定	内容
シンガポール、マレーシア、フィリピン、タイ、ブルネイ、インドネシア、アセアン、ベトナム、スイス、インド、豪州、モンゴル、RCEP	無	
メキシコ	第29条	第2段階：非原産品の価額の総額が10％以下
チリ	第35条	第1段階のみ
ペルー	第47条	第2段階：非原産品の価額の総額が10％以下
CPTPP	第4.2条5	第2段階：非原産品の価額の総額が10％以下
EU	第3.9条	第2段階：非原産品の価額の総額が15％以下
英国	第3.9条	第2段階：非原産品の価額の総額が15％以下

（注）CPTPPにおいて、第4章が適用される繊維・繊維製品（HS分類上の繊維・繊維製品（第50類〜第63類）よりも広く、バッグ類（第4202.12、4202.22、4202.32、4202.92号）、傘（第66.01項）、ガラス繊維（第70.19項）、布団等（第9404.90号）、おむつ等（第96.19項）を含む）については上記のとおり。他の品目については、通則3(a)及び(b)のセットについては、セットが分類されるHS品目の品目別規則が適用され、通則3(c)のセットについては、<u>第1段階（セットを構成する要素がすべて原産品）</u>、<u>第2段階（セットを構成する要素中の非原産品がセットの価額の10％以下の場合にセットを原産品とする）</u>が適用される。

ステップ５：原産地規則を満たすか否かの確認　**177**

を**図表２－31**に示します。また、日本の各EPAのセット規定の有無及びセット規定がある場合の内容を一覧にしたものを**図表２－32**に示します。

（3）中古、ぼろ及びくずの扱い

　第63類には、「中古の衣類その他の物品」が分類される第63.09項、また、「ぼろ及びくず（ひも、綱若しくはケーブル又はこれらの製品のもの）」が分類される第63.10項があり、一部のEPAでは、それら項の品目別規則として、衣類等繊維製品に適用される品目別規則と異なる規則（例えば、日アセアンEPAでは、「WO」[13]）が設けられています（**図表２－33**参照）。

　これは、第63.09項の「中古の衣類その他の物品」は、「ばら積み又はベール、サックその他これらに類する包装で提示されるもの：外装をすることなく束にしたもの又は粗クレート（crate）に包装したものであること」とされ、これらを構成する各衣類の原産情報を把握することは困難であり、新品である物品と同じ品目別規則によって、当該締約国の原産品と認定することは事実上困難であること、また、第63.10項の「ぼろ及びくず」についても、同様に通常の品目別

繊維・繊維製品

図表２－33　中古、ぼろ及びくずの扱い

中古の衣類その他の物品（第63.09項）

EPA相手国等	規則の内容
シンガポール、フィリピン、ブルネイ、アセアン、ベトナム、スイス	WO
豪州	1工程（織物・編物からの製造）
RCEP	CC
EU、英国	CTH
メキシコ、チリ、マレーシア、タイ、インドネシア、ペルー、インド、モンゴル、CPTPP	衣類等の規則と同様（品目別規則上、特別な扱いなし）

ぼろ及びくず（ひも、綱若しくはケーブル又はこれらの製品のもの（第63.10項））

EPA相手国等	規則の内容
シンガポール、チリ、フィリピン、ブルネイ、アセアン、ベトナム、スイス	WO
豪州	1工程（織物・編物からの製造）
RCEP	CC
EU、英国	CTH
メキシコ、チリ、マレーシア、タイ、インドネシア、ペルー、インド、モンゴル、CPTPP	衣類等の規則と同様（品目別規則上、特別な扱いなし）

規則の適用が困難であることによると考えられます。

なお、「ぼろ及びくず」については、完全生産品の定義を満たし、当該締約国で発生・収集した廃品・くずとして扱われると考えられますが、「中古の衣類その他の物品」については、完全生産品の定義にある「原材料の回収のみに適するもの」といった条件を満たすかどうかについて、実際の適用にあたっては、輸入締約国の税関へ確認する必要があると考えられます。

廃品及びくずに関する完全生産品の定義（日アセアンEPAの例。他のEPAも概ね同様の定義有り）

（g）当該締約国において収集される産品であって、当該締約国において本来の目的を果たすことができず、又は回復若しくは修理が不可能であり、かつ、処分、部品若しくは原材料の回収又は再利用のみに適するもの

（i）当該締約国における製造若しくは加工作業（略）又は消費から生ずるくず及び廃品であって、処分又は原材料の回収のみに適するもの

---

7. 証明資料の作成

証明資料とは、EPAの原産地規則（原産性判断基準）を満たしていることを具体的に確認するために作成する資料です。証明資料は、ステップ6で作成される原産地証明の基となる資料であり、根拠資料とその根拠資料に記載された内容の裏付けとなる資料（裏付資料）から構成されます。

証明資料の作成については、第1章「機械類」で、関税分類変更基準と付加価値基準についての証明資料の作成方法及び証明資料作成において特に留意すべき事項を紹介していますので、そちらを参照していただくとともに、後述の事例研究においても、関税分類変更基準についての証明資料作成の具体例を示します。

ここでは、加工工程基準についての証明資料として、特定の加工要件を満たすことを証明する書類の例として「繊維及び同製品にかかる生産内容証明書」[14]を図表3-34に示します。当該書類により、産品の輸出者（最終生産者）が、産品の生産に使用された繊維材料が特定の加工要件を満たしていることを証明するとともに、当該生産・加工に携わったすべての生産者から、その根拠となる資料を取得しておく必要があります。

日本への輸入の場合には、ステップ6で説明するように、自己申告を用いる

図表2－34　証明資料の作成（加工工程基準）

＜特定の加工要件を満たすことを証明する書類の例＞

使用された繊維材料が特定の加工要件を満たしていることを証明するとともに、当該生産･加工に携わった全ての生産者から、その根拠となる資料を取得しておく必要あり。

（表面）

＜登録 No.＞
（原産判定申請企業名）殿

年　月　日

繊維及び同製品に係る生産内容証明書

住　所：
事業者名：
代表者名：　　　　印

（連絡先）
担当部課名：
担当者名：
連絡先：

下記の事項（裏面を含む）につき、事実と相違ないことを証明します。

記

1．品　名：＿＿＿＿＿＿＿＿＿＿

2．HS 番号：（6 桁）＿＿＿＿＿＿＿＿＿＿

3．生産工程内容：

生産工程	内容	
原糸生産工程	生産者	（事業者及び工場名）
		（工場所在地）
	HS 番号	
	生産時期	年　月
	生産国	
織布/編立工程	生産者	（事業者及び工場名）
		（工場所在地）
	HS 番号	
	生産時期	年　月
	生産国	
加工工程①	生産者	（事業者及び工場名）
		（工場所在地）
	加工内容	□染色　□捺染　□その他（　　　）
加工工程②	生産者	（事業者及び工場名）
		（工場所在地）
	加工内容	□染色　□捺染　□その他（　　　）

（注１）該当する項目の全てに正確に記入すること。

（裏面）

（注２）染色又は捺染加工を行う場合、「□その他」欄に、以下の 48 工程のうち該当する番号を記入すること。

≪染色･捺染加工工程に必要な作業内容一覧≫

No.	加工名称	No.	加工名称	No.	加工名称
1	抗菌防臭加工	2	防黴加工	3	防蚊加工
4	抗ピル加工	5	帯電防止加工、制電加工	6	しわ加工
7	漂白	8	ブラッシング	9	パフ加工
10	抜蝕加工、オパール加工	11	カレンダ仕上げ	12	圧縮収縮仕上げ
13	防しわ加工	14	蒸じゅう、デカタイジング	15	消臭加工
16	イージーケア加工	17	エンボス加工	18	エメリ加工
19	難燃加工	20	植毛、フロック加工、電着加工	21	発泡なせん
22	液体アンモニア加工	23	マーセライズ加工	24	制菌加工
25	縮じゅう	26	モアレ仕上げ	27	透湿防水加工
28	はっ油加工	29	オーガンジ加工	30	減量加工
31	芳香加工	32	リラックス加工	33	リップル加工
34	シュライナ加工	35	せん毛、シャリング	36	防縮加工
37	ソイルガード加工（SG 加工）	38	ソイルリリース加工（SR 加工）	39	ストレッチ加工
40	防ダニ加工	41	UV カット加工	42	W&W 加工
43	吸水加工	44	防水加工	45	はっ水加工
46	ウエットデカタイジング	47	防風加工	48	針布起毛

4．根拠資料の有無：
（（注）該当する資料の有無についてチェックするとともに、必要に応じて提出できるよう適切に保管しておくこと。）

□生産工程表
□生産指図書
□生産者等が日本商工会議所に登録が無い場合、当該生産者の所在と事業活動を証する書面（次のいずれか）
➢全部事項証明書（原産判定申請時より 3 カ月以内発行に限る）
➢同社パンフレット
➢同社 HP（事業の全体が紹介されているものに限る）
□納品書
□外国原料、材料の輸入確認書
➢輸入許可書（I/D）
輸入許可番号：＿＿＿＿＿＿
輸入年月日：＿＿＿＿＿＿
輸入品名：＿＿＿＿＿＿
輸入数量：＿＿＿＿＿＿
輸入相手国：＿＿＿＿＿＿

□その他生産に関する重要な事項：

出典：「繊維製品の原産地規則・証明方法に関する留意事項」（経産省ホームページ）

場合、原産地申告書に加え、原産品申告明細書及び関係書類の提出が必要ですが、加工工程基準を適用する場合には、原産品申告明細書に特定の製造又は加工の作業が行われていることが確認できる事実を記載するとともに、関係書類として、契約書、製造工程フロー図、生産指図書、生産内容証明書等（当該基準に係る特定の製造又は加工の作業が行われていることが確認できるもの）が必要です。なお、後述の事例研究において、原産品申告書、原産品申告明細書及び関係書類の具体例を示します。

8．事例研究

具体的な事例として、男子用シャツ（綿製のもの）の日本への輸入、及び、男子用ベストの日本から中国への輸出の２つの事例を取り上げて、品目別規則適

用のポイント及び証明資料の作成について説明します。

(事例1)男子用シャツ(綿製のもの)[15]

(1)産品：男子用シャツ(綿製のもの)

　輸出者から入手した「Construction Sheet」により、以下の情報を確認しています。

① **仕出国**：ポルトガル、カナダ、タイ
② **HS番号**：第62.05項
③ **材料**

01 表地（織物 綿製）	国内サプライヤーが製造
02 芯地（不織布）	輸入品
03 ラベル（織物 ナイロン製）	輸入品
04 値札（紙製）	輸入品
05 縫糸	国内サプライヤーが製造
06 ボタン	他の締約国の取引先から購入

④ **製造工程**：材料投入→裁断→芯貼り→縫製→製品洗い→プレス→仕上げ→検査→包装
　仕出国内の輸出者自社工場にて製造。

(2)第1段階：全ての材料についてHS番号を確認します。

01 表地（織物 綿製）	第52.08項
02 芯地（不織布）	第56類
03 ラベル（織物 ナイロン製）	第58類
04 値札（紙製）	第49類
05 縫糸	第54類
06 ボタン	第96類

(注) 本事例では、簡略化のために、必要な関税分類変更の有無の確認に必要なHS番号のみ記載

ステップ５：原産地規則を満たすか否かの確認　**181**

（3）第２段階：産品に適用される品目別規則（関税分類変更基準）を確認します。

　これまでに説明したように、産品（第62.05項）に適用されるCPTPP、日EU・EPA、RCEPの品目別規則及びその適用方法は**図表２－35**のとおりです。

（4）第３段階：全ての材料について品目別規則（関税分類変更基準）を満たすかを確認します。

　関税分類変更基準が適用されるCPTPP及びRCEPについては、まずは、非締約国から調達した材料のみならず、締約国内で調達したが、どこで生産されたか分からない材料、締約国内で生産されたが、EPAの原産性判断基準を満たしているか不明な材料を全て非原産材料と扱った場合であっても必要な関税分類変更基準を満たすかどうかを確認します。その理由として、材料を非原産材料として扱う場合、その価額又は原産情報は必要とされませんが、後述するように、当該材料にデミニミスを適用する場合、又は、当該材料を原産材料として扱う場合、価額又は原産情報の確認・証明を行う必要が生じるためです。

　RCEPについては、産品と全ての材料の間で類変更があり、品目別規則（CC）を満たします。

　CPTPPについては、品目別規則が適用される「関税分類を決定する構成部分」は「材料01」のみですが、品目別規則で変更が除外されている類に該当するため、他の規定（デミニミス等）の適用の可否、原産材料と扱うことが可能かの確認が必要です。また、縫糸はCPTPP域内産であることの確認も必要です。

　日EU・EPAの品目別規則は加工工程基準で規定されていて、当該基準を満たすかの確認が必要です。

図表２－35　産品に適用される品目別規則及びその適用方法

産品	HS番号	CPTPP	日EU・EPA	RCEP
男子用シャツ	第62.05項	CC（「糸、織物・編物の項・号」（前述の３．（1）の注を参照）の材料からの変更を除く）	製織と製品にすること（布の裁断を含む）との組合せ 又は なせん（独立の作業）を経て製品にすること（布の裁断を含む。）	CC
第61類〜第63類の産品への適用方法		関税分類を決定する構成部分 第61類〜第62類の産品：弾性糸を含む生地は域内産 第61類〜第63類の産品：縫糸は域内産	第50類〜第63類に分類されるもの	限定なし

（5）第４段階：品目別規則（関税分類変更基準）を満たさない材料がある場合

CPTPPの場合には、まず、「供給不足の物品の一覧表」（SSL）に該当する材料か確認し、SSLに該当しない場合には、次に、デミニミスを適用して、その規定を満たすかを確認し、デミニミスの規定を満たさない場合に、当該材料が原産材料と認められるかを確認します。

選択肢１　「供給不足の物品の一覧表」（SSL）に該当する材料か確認

材料01（表地（織物 綿製）第52.08項）が、SSLに掲載される材料に該当する材料かどうかの確認のため、輸出者よりより詳細な情報を入手します。該当すれば当該材料は原産材料とみなされます。ここでは、該当しないとして次の選択肢に進みます。

選択肢２　デミニミスの規定を満たすかを確認

当該産品（「男子用のシャツ」（第62.05項））に適用される基準は、「関税分類を決定する構成部分」の中の非原産材料の割合が当該構成部分の総重量の10％以下（ただし、使用される弾性糸は域内産）（CPTPP第4.2条3）とされています。

「関税分類を決定する構成部分」の構成部分は「材料01」のみであり、材料01の重量（378g）が構成部分の総重量（378g）に占める割合は100％となり、デミニミスは適用できないことになります。

選択肢３　品目別規則を満たさない材料が、原産材料と認められるかを確認

「材料01（表地（織物 綿製））」及び「材料05（縫糸）」は、国内サプライヤーが製造していますが、締約国内で生産された事実だけでは、原産材料とは認められず、原産材料と認められるためには、当該材料が当該EPAの原産地規則を満たした原産品であることが必要です。

具体的には、「材料01（表地（織物 綿製））」が分類される第52.08項の品目別規則を満たすかどうか、「材料05（縫糸）」が「一又は二以上の締約国の領域において作られ、かつ、仕上げられた」かを確認するために必要な情報を輸出者から入手します。

ステップ５：原産地規則を満たすか否かの確認　**183**

輸出者からの情報

＊　「材料01（表地（織物 綿製））」は第三国から輸入した糸を製織して製造

＊　「材料05（縫糸）」は第三国から輸入した糸から製造

第52.08項の品目別規則を満たすかどうかの確認

　CPTPPの第52.08項の品目別規則は、以下のとおり、繊維材料として綿を用いる場合には、紡績・製織が必要であり、材料01は、第52.08項の品目別規則を満たさず、非原産材料です。

> CTH（「糸、織物の項・号」（注）の材料からの変更を除く。）
>
> （注）51.06項から51.13項までの各項、52.05項から52.07項までの各項、52.09項から52.12
> 　　項までの各項、54.01項から54.02項までの各項、5403.33号から5403.39号までの各号、
> 　　第5403.42号から5403.49号までの各号、54.04項から54.08項までの各項又は55.09項か
> 　　ら55.16項までの各項

　材料05は、「一又は二以上の締約国の領域において作られ、かつ、仕上げられた」ものではありません。

　よって、産品「男子用シャツ」は、CPTPP上の非原産品です。

（6）日EU・EPAの品目別規則（加工工程基準）を満たすかどうか確認

　当該産品に適用される品目別規則は、「製織と製品にすること（布の裁断を含む。）との組合せ」又は「なせん（独立の作業）を経て製品にすること（布の裁断を含む。）。」であり、当該産品が原産品と認められるためには、締約国内で、「生地を織ること」と、「裁断及び縫製等の工程により製品とすること」の両方を行うか、又は、締約国内で、生地に「なせん（独立の作業）」の加工を行うことと、「裁断及び縫製等の工程により製品とすること」の両方を行う必要があります。

　ここで、日EU・EPAにおいて、第61類～第63類の産品の品目別規則は第50類から第63類に分類される非原産材料のみに適用されることから、第50類から第63類までの各類に分類されない非原産の「04値札（紙製）」と「06ボタン」は、制限を受けることなく使用することができます。

　次に、固有の性質上の理由からこの要件を満たすことができない他の材料の使用が可能であり、今回適用される品目別規則は、締約国内で織られた生地から産品が生産されなければならないと定めているため、「02芯地（不織布）」及び

繊維・繊維製品

「05縫糸」については、固有の性質上の理由から織ることができないので、その利用を妨げられないことになります。

よって、残りの「材料01 表地（織物 綿製）」及び「03ラベル（織物 ナイロン製）」について、品目別規則を満たしているかどうかを確認します。

産品の製造工程は、材料投入→裁断→芯貼り→縫製→製品洗い→プレス→仕上げ→検査→包装（ポルトガル国内輸出者自社工場にて製造）ですので、品目別規則の条件のうち、締約国内で布の「裁断、縫製等の工程を経て製品としていること」は確認できます。

よって、未確認の条件　① 締約国内で、「生地を織ること」、又は、② 締約国内で、生地に「なせん（独立の作業）」の加工を行う、のうち、国内で購入した「材料01 表地（織物 綿製）」が、締約国で織られていれば、条件の①を満たすことになります。

「材料01表地（織物 綿製）」が締約国で織られているかの確認のため、輸出者から追加で情報を求めたところ、表地仕入時のインボイスと生産者による表地生産場所の証明書（**図表２－36**）を入手しました。

よって、「材料01 表地（織物 綿製）」は、「①締約国内で、生地を織る。」の条件

図表２－36　表地仕入時のインボイスと生産者による表地生産場所の証明書

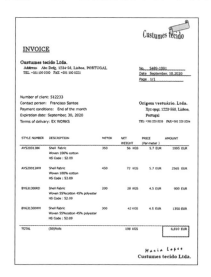
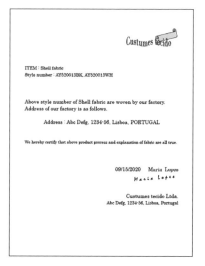

を満たし、材料01は、第62.05項の品目別規則の「製織と製品にすること（布の裁断を含む。）との組合せ」を満たすことになります。

　「03ラベル（織物 ナイロン製）」は、輸入品・産地不明であり、品目別規則の上記未確認の条件を満たすかどうか不明であり、品目別規則を満たさない材料です。このように品目別規則を満たさない材料がある場合には、次に、デミニミスの規定を満たすかを確認します。

　ここでは、日EU・EPAのデミニミス規定のうち、非原産の「基本的な紡織用繊維」の重量が全ての基本的な紡織用繊維の10％以内（産品が二以上の基本的な紡織用繊維を含む場合に限る）（重量ベース）（注釈7.2）の適用の可否を以下のとおり検討します。

　要件（a）：「産品が二以上の基本的な紡織用繊維を含むこと」の要件を満たすかを確認

　　「材料01表地（織物 綿製）」の綿と「03ラベル（織物 ナイロン製）」のナイロンは、「基本的な紡織用繊維」（注釈7．1）に該当し、当該産品が「二以上の基本的な紡織用繊維」を含み、要件（a）を満します。

　要件（b）：「非原産である基本的な紡織用繊維の重量の合計が生産において使用される全ての基本的な紡織用繊維の総重量の10％以内」の要件を満たすかを確認

　　輸出者から、許容限度の確認のための以下の情報を得るため、材料の重量証明書（**図表２−37**）を入手します。

（男子用シャツ（綿製のもの）の材料重量）
　基本的な紡織用繊維を含んでいることが判明している材料
　　01 表地（織物 綿製）　378g
　　03 ラベル（織物 ナイロン製）　3g
　基本的な紡織用繊維を含んでいるか不明な、繊維を含む材料
　　02 芯地（不織布）　8g
　　05 縫糸　5g
　紡織用繊維を含まない材料
　　04 値札（紙製）、06　ボタン　10g

図表2－37　材料の重量証明書・許容限度確認資料

要件(b)を満たすかを確認するための計算式

$$\frac{3g}{(378+3)g} \times 100 = 0.79\% \leq 10\%$$

(注) 基本的な紡織用繊維を含んでいるかどうか不明な材料02及び05を考慮しても、当該計算式を十分に満たします。

　非原産である材料03 ラベルの重量が、使用される全ての基本的な紡織用繊維の総重量の10％以内であり、要件(b)を満たします。
　よって、すべての材料が品目別規則を満たすことを確認したので、この産品は日EU・EPA上の原産品と認められます。
　この事例について、輸入者自己申告用の原産品申告書及び原産品申告明細書をそれぞれ**図表2－38及び図表2－39**に示します。
　原産品申告明細書の記載にあたってのポイントとして、「2．産品が原産性の基準を満たすことの説明」の欄に、以下の情報を記載します。
* 　産品が製造された場所と製造工程
* 　使用したすべての材料とそのHS番号
* 　材料01（原産品申告明細書では①）の製織された場所
* 　基本的な紡織用繊維の重量情報（注釈7.2の許容限度の規定を満たすこ

ステップ５：原産地規則を満たすか否かの確認　**187**

図表２－38　原産品申告書（輸入者自己申告用）

＜原産品申告書の記載例＞

原産品申告書
（経済上の連携に関する日本国と欧州連合との間の協定）

　本書は、協定第3・18条に規定する「輸入者の知識」に基づく自己申告を行う場合に、任意様式として使用することができる。

1. 輸出者の氏名又は名称及び住所（国名を含む）
Origem vestuário. Ltda.
Xyz opqr, 1234-56, Lisbon, Portugal

No.	2. 産品の概要 品名、仕入書の番号（一回限りの輸入申告に使用する場合で、判明している場合）等、輸入申告に係る内容と原産品申告書に係る内容との同一性が確認できる事項を記入する。	3. 関税分類番号 （6桁、HS2017）	4. 適用する原産生の基準（A、B、C（Cの場合1、2、3） 適用するその他の原産生の基準（D、E）
1	品名：男子用シャツ（綿製のもの） 品番：3456262 仕入書番号：AJV / 2020/0148	第6205.20号	C3、E

適用する原産性の基準：
　実質変更基準を満たす産品➡C
　　　　加工工程基準➡3
　許容限度を適用する場合➡E

5. 包括的な時間（同一の産品が2回以上輸送される場合の期間）

6. その他の特記事項

7. 以上のとおり、2.に記載する産品は、経済上の連携に関する日本国と欧州連合との間の協定に基づく欧州連合の原産品であることを申告します。

作成年月日：　2020年10月27日
作成者の氏名又は名称：　税関商事株式会社
作成者の住所又は居所：　東京都港区海岸2－7－68
代理人の氏名又は名称：
代理人の住所又は居所：

※A: 完全生産品、B: 原産材料のみから生産される産品、C: 品目別規則を満たす産品、1: 関税分類変更基準、2: 付加価値基準、3: 加工工程基準、累積若しくは許容限度の規定を適用した場合　D: 累積、E: 許容限度

繊維・繊維製品

188 第2章 繊維・繊維製品

図表2−39　原産品申告明細書

<原産品申告明細書の記載例>

産品が原産性の基準を満たすことの説明（日EU協定）

作成日：2020年10月27日

１．仕入書の番号及び発行日（仕入書が複数ある場合に、原産品が含まれる仕入書について記載
して下さい。）

２．産品が原産性の基準を満たすことの説明

<適用した原産地規則>　HS第62.05項　品目別原産地規則
　　　　　　　　　　　　　製織と製品にすること（布の裁断を含む。）との組み合わせ
<産品>　　　男子用シャツ（綿製のもの）　HS第62.05項（品番：3456262）
<製造地>　　ポルトガル国内の工場で製造。
<製造工程>　材料投入→裁断→芯張り→縫製→製品洗い→プレス→仕上げ→検査→包装
<原材料>

	材料名	材質	HS	製造国	重量	説明
①	表地	綿	第52類	ポルトガルで製織	378g	PSRを満たす
②	芯地		第56類			附属書3-A 注釈33
③	ラベル	ナイロン	第58類		3g	附属書3-A 注釈72 許容限度適用 ・2以上の基本的な紡織用繊維を使用 ・3÷（378＋3）≦10%
④	値札		第49類			附属書3-A 注釈82
⑤	縫糸		第54類			附属書3-A 注釈33
⑥	ボタン		第96類			附属書3-A 注釈82

３．作成者
氏名又は名称：　税関商事株式会社
住所又は居所：　東京都港区海岸2−7−68

（代理人が作成した場合）
氏名又は名称：
住所又は居所：

と）

　なお、材料02〜06（原産品申告明細書では②〜⑥）の製造国等、原産性の確認に必要ない情報は記載不要です。

　関係書類として、産品の製造工程と使用した全ての材料の確認資料として、CONSTRUCTION SHEET（**図表２−40**）を、材料01が織られた場所の確認資料として、材料01仕入時のインボイス及び生産者による生産場所の証明書（**図表２−36**）を、許容限度の規定を満たすことを確認した資料として、材料の重量証明書（**図表２−37**）を添付します。

　輸出者自己申告の場合は、輸出者による原産地に関する申告（原産品申告書）は、仕入書その他の商業上の文書に、協定附属書3-Dに定められた申告文を用いて作成しますが、本事例の原産品申告書の例を**図表２−41**に示します。この場合の原産品申告明細書及び関係書類については、輸入者が、輸出者から産品が原産品であることに係る追加的な情報（資料）を入手している場合は、輸入者自己申告と同様のものを提出しますが、輸入者が、輸出者から原産品申告書以外の情報を入手できない場合は、それらの提出は不要であり、この場合、NACCSの原産地証明識別コード欄に所定のコードを入力します。

図表２−40　CONSTRUCTION SHEET―産品の製造工程と全材料の確認資料

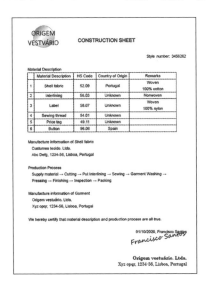

190 第2章　繊維・繊維製品

図表2-41　原産品申告書（輸出者自己申告用）

輸出者による原産地に関する申告（原産品申告書）は、仕入書その他の商業上の文書に、協定附属書3-Dに定められた申告文を用いて作成

（事例2）産品：男子用ベスト（人造繊維製のもの）[16]

（1）産品：男子用ベスト（人造繊維製のもの）

① 　**仕出国**：日本
② 　**関税分類番号**：6211.33-200
③ 　**材料**

01 合成繊維製織物（表地）	日本で製造
02 合成繊維製織物（縁、ウェビングテープ）	日本で製造
03 不織布（ポケット部分芯地）	ベトナムで製造
04 プラスチック製ボタンワッシャー	トルコで製造
05 面ファスナーロゴラベル	不明
06 ロゴラベル（合成繊維製織物）	不明
07 合成繊維製の縫糸	不明
08 ファスナー	不明
09 スナップボタン	不明

ステップ5：原産地規則を満たすか否かの確認　**191**

④　**製造工程**：日本国内で、上記原材料を使用し、下記工程で産品を製造
裁断→縫製→仕上げ→検査→包装

（2）第1段階：全ての材料についてHS番号を確認します。

01 合成繊維製織物（表地）	第54類
02 合成繊維製織物（縁、ウェビングテープ）	第54類
03 不織布（ポケット部分芯地）	第56類
04 プラスチック製ボタンワッシャー	第39類
05 面ファスナーロゴラベル	第96類
06 ロゴラベル（合成繊維製織物）	第58類
07 合成繊維製の縫糸	第54類
08 ファスナー	第96類
09 スナップボタン	第96類

(注) 本事例では、簡略化のために、必要な関税分類変更の有無の確認に必要なHS番号のみ記載

（3）第2段階：産品に適用される品目別規則（関税分類変更基準）を確認します。

　産品（第62.11項）に適用されるRCEPの品目別規則はCCであり、その適用方法として全ての材料に適用されます。

（4）第3段階：全ての材料について品目別規則を満たすかを確認します。

　産品と全ての材料の間で類変更があり。品目別規則（CC）を満たします。

　この事例について、証明資料の作成例として、RCEP上の原産品であるかどうかを判断するために作成した対比表の例（**図表2−42**）を示します。産品と材料との間に類の変更があることがこの対比表により確認できます。

　この対比表の裏付資料として、男子用ベストが対比表に示された材料から製造されたことを示す、総部品表及び製造工程フロー図等が必要です。なお、使用した材料が非原産材料の場合には、その材料の原産情報は必要とされませんが、この事例では、産品に使用した材料をすべて非原産材料と扱っても関税分類変更基準（CC（類の変更））を満たすことから、使用した材料の原産情報にかかる裏付資料は必要とされません[17]。

　留意点として、第61類〜第63類の産品（衣類等繊維製品）の品目別規則を適

図表2-42 ＜事例1＞対比表（作成例）

利用協定	RCEP
生産国	日本
実際の生産場所	○○県（○○工場）
適用原産地規則	関税分類変更基準（CC）

HSコード	産品名	HSコード	部品（材料）名	価額	原産情報等
6211.33	男子用ベスト	54.07	01 合成繊維製織物（表地）		
		62.17	02 合成繊維製織物（縁、ウェビングテープ）		
		56.03	03 不織布（ポケット部分芯地）		
		39.26	04 プラスチック製ボタンワッシャー		
		96.06	05 面ファスナーロゴラベル		
		58.07	06 ロゴラベル（合成繊維製織物）		
		54.01	07 合成繊維製の縫糸		
		96.07	08 ファスナー		
		96.06	09 スナップボタン		
FOB価格			—	—	

非原産材料とした材料については、原産情報にかかる裏付資料は必要なし。

産品と全ての材料の間で類の変更あり。

用するにあたり、産品の生産に使用される材料をどこまで考慮するかについて、EPAによって違い（３つの方法）があることを説明しましたが、RCEPの第61類〜第63類の品目別規則の適用方法として、RCEPはすべての非原産材料について、産品と類の変更があることを確認しなければならないことに注意が必要です。今回の産品の材料である01、02、03、06の材料が特定の形状に裁断されていた場合は、第54類、第56類、第58類ではなく、第62類に分類され[18]、CCを満たさないことになりますので、これらの生地は長方形（正方形を含む）の形状であるかを確認する必要があります。

　先ほどの男子用ベストで、非原産の02の材料が特定の形状に裁断されたもので、第62類に分類される事例について取り上げます。当該事例では、産品との間に必要な関税分類変更が生じていない材料があり、当該材料にデミニミスの規定を適用することにより原産品であるかどうかを判断します。この事例では、産品は、02の材料にデミニミスの規定（産品の価額の10％以下[19]）を適用することにより原産品となることを判断するために作成した対比表の例（**図表２－43**）を作成し、裏付資料として、男子用ベストが対比表に示された材料から製造されたことを示す、総部品表及び製造工程フロー図等に加えて、さらに、産品の価額及びデミニミスの規定を適用した非原産材料の価額の裏付資料として、買手との取引契約書、当該材料の輸入時の仕入書、産品一単位の当該材料の投入量を明らかにする資料（この例では、製造原価計算書としています。）が必要です。

194 第2章 繊維・繊維製品

図表2−43 ＜事例2：デミニミス適用＞対比表（作成例）

利用協定	RCEP
生産国	日本
実際の生産場所	○○県（○○工場）
適用原産地規則	関税分類変更基準（CC）

HSコード	産品名	HSコード	部品（材料）名	価額	原産情報等	
6211.33	男子用ベスト	54.07	01 合成繊維製織物（表地）			
		62.17	02 合成繊維製織物（裏、衿、ウェビングテープ）			
		56.03	03 不織布（ポケット部分芯地）			
		39.26	04 プラスチック製ボタンワッシャー			
		96.06	05 面ファスナー　ロゴラベル			
		58.07	06 ロゴラベル（合成繊維製織物）	40	非原産	請求書、製造原価計算書
		54.01	07 合成繊維製の縫糸			
		96.07	08 ファスナー			
		96.06	09 スナップボタン			

FOB価格	—	500	取引契約書

デミニミスの規定を適用した材料については、価額情報を記載。その他の材料は、関税分類変更基準（CC）を満たすため、価額情報の記載は不要。

価額（産品の生産に投入された材料の単価）を裏付ける資料が必要。この場合、国内サプライヤーからの請求書、（産品の生産に投入された単価を示すものとして）製造原価計算書を資料として記載。

産品のFOB価額を裏付ける資料が必要。この場合は、買手との取引契約書を資料として記載。

ステップ6：原産地証明の作成

ここでは、ステップ6（原産地証明の作成）に関して、RCEPで採用されている「税率差ルール」について説明します。また、前述の事例研究で日EU・EPAを用いた日本への輸入における原産地証明（原産品申告書、原産品申告明細書及び関係書類）の作成事例を説明しましたが、ここでは、RCEPを用いた日本への輸入における原産地証明の作成事例を中心に説明します。

1. 税率差ルール

RCEPの原産地規則の特徴の一つとして、関税率の差異（相手国によって異なる特恵税率の適用）[20]に伴って、迂回防止を目的とした「税率差ルール」が採用されていることがあります。「税率差ルール」では、RCEPの原産性判断基準を満たし、輸出締約国の原産品とされた産品であっても、関税率の差異の対象となる品目である場合、輸入締約国は、自国の譲許表の中の「RCEP原産国」に対する税率を適用することになり、輸出締約国の原産品とされた産品について、さらにその産品の「RCEP原産国」がどこかを追加で確認や証明することを求められます。

次に、どのように「RCEP原産国」を決定するかについて説明します。

（1）第1段階

輸出締約国において、以下の要件が満たされる場合、輸出締約国がRCEP原産国です。

A．譲許表の付録で特定された産品[(注1)]に対しては、特別ルール[(注2)]を満たした場合

  （注1）輸入締約国が日本の場合には、農産品56品目、皮革・靴44品目が特定されています[21]。

  （注2）輸出締約国で産品の価額の20％以上の付加価値を提供すること。

B．当該産品が、輸出締約国において原産性判断基準を満たした原産品（ただし、原産性判断基準の第二基準（原産材料のみから生産される産品）を適用する場合、輸出締約国での加工が「軽微な工程」[22]でないこと）である場合

196 第2章 繊維・繊維製品

　ポイントとして、産品が特別ルールの対象（日本の場合：100品目）となって
いるかどうかを確認し、該当する場合には、輸出締約国において20％付加価値
基準を満たしていれば、輸出締約国がRCEP原産国です。特別ルールの対象品
目に該当しない場合には、輸出締約国で満たした原産性判断基準が第二基準で
ないかを確認します。第一基準及び第三基準であれば、輸出締約国がRCEP原
産国ですが、第二基準を満たして原産品となった場合には、輸出締約国で「軽微
な工程」を超える加工又は作業が行われているかどうかの確認が必要です。これ
は、輸出締約国において、輸入された他の締約国の原産材料のみを使用し、当
該「軽微な工程」のみを行うことによって原産品としての資格を得られた産品に
ついても、第二基準を満たして原産品となることが可能であることから、本来
の税率を迂回する目的で、低い税率が適用される締約国で軽微な工程のみを実
施する行為を防止するために設けられています。

　例えば、先ほどの中国で生産された綿製の男子用のシャツを日本に直接輸入
すると5.6％（2024年4月1日時点）のRCEP特恵税率が適用されますが、ベト
ナムにおいて小売包装のみといった「軽微な工程」のみを実施してから日本へ輸
入する場合であっても、ベトナムに対するRCEP特恵税率（無税）は適用されず、
「RCEP原産国」である中国への税率が適用されます。

（2）第2段階

　輸出締約国が上記要件を満たさない場合には、輸出締約国で当該産品の生産
に使用された原産材料のうち、合計して最高価額のものを提供した締約国が
RCEP原産国です。しかしながら、生産に使用された原産材料の価額の情報が
サプライヤーから得られず、分からない場合、または、それらの証明の負担を
軽減したい場合には、産品の生産に使用された原産材料の供給国に適用される
税率のうち最も高い税率又は輸入締約国の当該産品の各関税率で最も高い税率
を選択することもできます。

　これら「RCEP原産国」の決定のフローをまとめたものを、**図表2－44**に示し
ます。

図表２－44　「RCEP原産国」の決定フローチャート

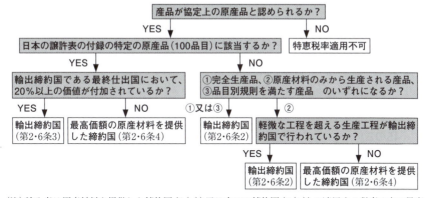

(注) 輸入者は原産材料を提供した締約国(6(a)) 又は全ての締約国(6(b))に適用する税率の中で最高税率を選択可能(第2・6条6)
出典：税関ホームページ（RCEP協定フォローアップセミナー資料(2020年4月)）より作成。

2. RCEPを用いた日本への輸入の場合

　原産地証明を作成する方法として、「第三者証明制度」、「認定輸出者制度」、輸出者（生産者）、輸入者が自ら原産性を証明する「自己申告制度」の３種類があることを第１章「機械類」で説明しましたが、RCEPでは、第三者証明制度、認定輸出者制度がすべての締約国で採用される一方で、自己申告制度については、輸出者（生産者）による自己申告が経過的に導入するとされ[23]、輸入者による自己申告は日本への輸入に対してのみ導入されています。

　原産地証明の様式について、第三者証明制度による原産地証明書の様式が規定されていますが、認定輸出者制度及び自己申告制度の原産地申告については、必要的記載事項の記載が求められる一方で、様式の指定はなく任意とされています。

　日本への輸入の際には、上記のすべての方法を用いることができます。その際、通常の輸入申告書類に加え、原則として、以下の書類の提出が必要になります（**図表２－45**参照）。

　　＊　第三者証明制度：輸出国の発給機関により発給された「原産地証明書」（図表２－45のＡ）

図表2-45　日本への輸入時の提出書類

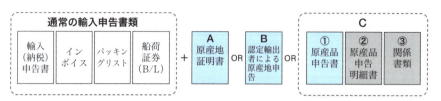

出典：税関ホームページ（RCEP協定業務説明会（2021年12月））より作成。

* 認定輸出者制度：認定された輸出者が作成した「原産地申告」（**図表2-45のB**）
* 自己申告制度：輸出者・生産者[24]又は輸入者が作成した「原産品申告書」に加え、原則として、「原産品申告明細書」及び「関係書類」（原産品であることを明らかにする書類）（**図表2-45のC**）

　なお、RCEPでは、日本への輸入について輸入者自己証明が利用可能ですが、後述するように、輸入者自己証明では、輸入者が、産品が原産品であることを証明するための十分な情報を有していることがその利用の前提とされ、また、税関の事後の確認の際に、輸入者が十分な情報が提供できない場合には特恵の適用が否認されることがあることから、可能な限り、税関の事前教示[25]を受けておくことが推奨されます。なお、事前教示を受けた場合には、「原産品申告明細書」及び「関係書類」の提出は省略可能です。

　日本に輸入される場合の原産地申告は「原産品申告書」と呼ばれます。原産品申告書については、前述のとおり、必要的記載事項が記載されていれば、任意の様式による申告が可能ですが、日本税関がホームページに公開している所定の様式[26]を活用することが便利と思われます。

　次に、「原産品申告書」、「原産品申告明細書」、「関係書類」（原産品であることを明らかにする書類）の実例として、税率差ルールが適用される事例について説明します。

3. RCEP：Tシャツ（関税分類変更基準）（税率差有・特別ルール非該当）

　関税分類変更基準を満たした産品の例として、カンボジアから輸入するTシャツを取り上げます。当該産品は、以下のとおり税率差が存在する品目に該

当しますが、税率差ルールの特別ルールに該当しない品目です。

	ASEAN、オーストラリア及び ニュージーランドに対する待遇	中国及び韓国に対する待遇
発効前	10.9％	
2022/1/1	無税	10.2％
2024/4/1	無税	8.2％
〜		
2036/4/1	無税	無税

税関ホームページ（「自己申告制度」利用の手引き〜RCEP協定〜）より作成

　当該産品について作成した「原産品申告書」を**図表２−46**に示します。

　次に「原産品申告明細書」を**図表２−47**に示します。「原産品申告明細書」の第6欄（「上記４．で適用した原産性の基準を満たすこと及び上記５．のRCEP原産国の決定に関する説明」）には、まず、産品が第4欄にチェックした「原産性の基準」を満たし、輸出締約国の原産品と認められる事実を記載し、次に、RCEP原産国をどのように決定（輸出締約国又はそれ以外の締約国）したかについて記載します。

　この事例の場合、原産地規則を満たすことを確認するために作成した証明資料に基づいて、第4欄のCTC（関税分類変更基準）を満たすこと、すなわち、すべての非原産材料のHS番号と産品のHS番号との間に特定のHS番号の変更があることを確認できる事実として、

「＜製造工程＞
　カンボジアの工場にて、次の材料（非原産材料）を使用して製造する。
　　・表地（綿製のもの、中国で編み立てたもの）（第60.06項）
　　・芯地（不織布）（第56.03項）
　　・紡織用繊維から成るラベル（第58.07項）
　　・縫い糸（第54.01項）
　非原産材料を使用し生産した本品は、第61.09項の品目別規則である「CC」（類変更）を満たしていることから、RCEP協定上のカンボジアの原産品である。」

を記載します。さらに、RCEP原産国の決定に関する説明として、

200　第2章　繊維・繊維製品

図表2−46　RCEP：Tシャツ（原産品申告書）

<原産品申告書の記載例>

Declaration of Origin 原産品申告書
（Regional Comprehensive Economic Partnership Agreement 地域的な包括的経済連携協定）

1. Unique reference number　固有の参照番号 59CUS0058792	2. Authorization code (in the case of approved exporter) 認定番号（認定された輸出者の場合）

3. Exporter's name, address (including country) and contact (phone or email address)
輸出者の氏名又は名称、住所(国名を含む)、連絡先(電話番号又は電子メールアドレス)
KHFACTORY CO.,LTD. PHNOM PENH, CAMBODIA
（XXXX）XXXXXXX　XXXXXXX@Khfactory.co.kh

4. Producer's name, address (including country) and contact (phone or email address), if known
生産者の氏名又は名称、住所(国名を含む)、連絡先(電話番号又は電子メールアドレス)(判明している場合)
Same as above

5. Importer's or consignee's name, address (including country) and contact (phone or email address)
輸入者又は荷受人の氏名又は名称、住所(国名を含む)、連絡先(電話番号又は電子メールアドレス)
Customs Corporation 2-7-68, Kaigan, Minato-ku, Tokyo, JAPAN　03-3456-XXXX　XXXXXX@customs.co.jp

No.	6. Description of the goods , Invoice numbers and date of invoice 産品の品名、仕入書番号・日付	7. HS Code (6-digit level, HS2022) 関税分類番号（6桁、HS2022）	8. Origin Conferring criterion 原産性の基準	9. RCEP country of origin RCEP原産国	10. Quantity and value (FOB) where RVC is applied 数量及びFOB価額
1	T shirts ABC01234 20 March 2024	6109.10	CTC	Cambodia	1,000 PCS

11. Remarks　その他の特記事項

12. Information on original Proof of Origin (in the case of a back to back Declaration of Origin)
最初の原産地証明に関する情報（連続する原産地申告の場合）

13. The undersigned hereby certifies that the above details and statements are correct and that the goods specified in this Declaration of Origin meet all the relevant requirements of Chapter 3 (Rules of Origin) in the Regional Comprehensive Economic Partnership Agreement. These goods are exported from Cambodia(exporting country)to _____ (importing country).
私は、上記の情報が正確であること及びこの申告に記載された産品が地域的な包括的経済連携協定第3章（原産地規則）に定める全ての関連する要件を満たしていることを証明します。これらの産品は（輸出締約国）から（輸入締約国）に向けて輸出されます。

Date of Declaration　作成年月日：　31 March 2024
Name of the certifying person 作成者の氏名又は名称：　Customs Corporation
Name of the agent of the certifying person 代理人の氏名又は名称：
Address of the agent of the certifying person 代理人の住所：
Signature 作成者の署名(日本への輸入の場合には不要)：

The certifying person　（☐Approved exporter、☐Exporter、☐Producer、☑Importer）
本原産品申告書の作成者　　認定された輸出者　　輸出者　　生産者　　輸入者

出典：税関ホームページ（「自己申告制度」利用の手引き～RCEP協定～）

ステップ６：原産地証明の作成　**201**

図表２−47　RCEP：Tシャツ（原産品申告明細書）

＜原産品申告明細書の記載例＞

原産品申告明細書
（RCEP協定）

1. 仕入書の番号及び日付
ABC01234　2024年3月20日

2. 原産品申告書における産品の番号	3. 産品の関税分類番号
1	6109.10-011

4. 適用する原産性の基準
☐WO　☐PE　☑CTC　☐RVC・☐CR　☐DMI　☐ACU

5. RCEP原産国
カンボジア

6. 上記4. で適用した原産性の基準を満たすこと及び上記5. のRCEP原産国の決定に関する説明
＜製造工程＞
カンボジアの工場にて、次の材料（非原産材料）を使用して製造する。

・表地（綿製のもの、中国で編み立てられたもの）	第60.06項
・芯地（不織布）	第56.03項
・紡織用繊維から成るラベル	第58.07項
・縫い糸	第54.01項

非原産材料を使用し生産した本品は、第61.09項の品目別規則である「CC」（類変更）を満たしていることから、RCEP協定上のカンボジアの原産品である。
また、本品は日本の譲許表の付録に掲げる品目に該当しないことから、「RCEP原産国」はカンボジアとなる。
上記事実は別添の総部品表によって確認することができる。

最初に、産品がRCEP上、輸出締約国の原産品と認められるかを確認する。その次のステップとして、輸出締約国が「RCEP原産国」かどうか決定するために「税率差ルール」を適用する。

7. 上記6. の説明に係る証拠書類の保有者
☐生産者、☐輸出者、☑輸入者

8. その他の特記事項

9. 作成者　氏名又は名称及び住所又は居所
税関商事株式会社　東京都港区海岸２−７−68

（代理人の氏名又は名称及び住所又は居所）

作成日：2024年3月31日

※WO：完全生産品、PE：原産材料のみから生産される産品、CTC：関税分類変更基準、RVC：付加価値基準（域内原産割合）、CR：加工工程基準（化学反応）、ACU：累積、DMI：僅少の非原産材料

出典：税関ホームページ（「自己申告制度」利用の手引き〜RCEP協定〜）

「また、本品は日本の譲許表の付録に掲げる品目に該当しないことから、「RCEP原産国」はカンボジアとなる。」

を記載します。

図表2-48　RCEP：Tシャツ（関係書類）

<関係書類の例>

総部品表

産　　　品：Tシャツ
スタイルNo.：０１２３４（税番：６１０９．１０－０１１）

	材料名	HSコード	備考
①	表地（綿製のもの、中国で編み立てられたもの）	60.06	
②	芯地（不織布）	56.03	
③	紡織用繊維から成るラベル	58.07	
④	縫い糸	54.01	

<製造工程>

断裁・縫製
↓
洗濯・アイロン
↓
仕上げ
↓
検品
↓
包装

出典：税関ホームページ（「自己申告制度」利用の手引き〜RCEP協定〜）

ステップ７：日本又は相手国での輸入手続（EPA特恵税率の適用の要求）　**203**

　この事例では、原産品申告明細書に記載された事実を裏付ける関係書類として、総部品表（材料一覧表）及び製造工程フロー図を添付します（**図表２－48**）。

ステップ７：日本又は相手国での輸入手続（EPA特恵税率の適用の要求）

ステップ８：証明書類の保存

ステップ９：輸入国税関の事後の確認（輸入事後調査、輸入国税関からの検証）への対応

　ステップ７〜ステップ９については、第１章「機械類」で説明した内容が、繊維・繊維製品についても同様に適用されますので、そちらをご参照していただければと思います。

　なお、ステップ９（輸入国税関の事後の確認（輸入事後調査、輸入国税関からの検証）への対応）に関して、日本税関は、事後の確認等により、EPA特恵税率の適用対象となる原産品ではないことが明らかになった事例（非違事例）を税関ホームページ[27]に公表していますので、参考としてください。

（注）

1　外務省ホームページ「我が国の経済連携協定（EPA/FTA）等の取組」の発効済みEPA一覧表からEPAごとの日本の譲許表を確認します。

（https://www.mofa.go.jp/mofaj/gaiko/fta/index.html）

2　税関ホームページ「輸入統計品目表（実行関税率表）」の最新の実行関税率表を確認します。

（https://www.customs.go.jp/tariff/index.htm）

3　公益財団法人日本関税協会が毎年４月１日に発行していて、関税率表の解釈に関する通則、関税率表（基本、協定、暫定、一般特恵の各税率を一覧で記載）、EPA等タリフデータ等から構成されています。

4　本節における以下税関ホームページ等に関する説明は、すべて2024年４月１日現在に閲覧したページをベースにしています。

5　RCEPを含めて各EPAのステージング表は、税関ホームページのトップページの

204 第2章 繊維・繊維製品

「EPA/原産地規則について知りたい」をクリックすることにより表示されるポップアップ画面の「ステージング表」からアクセスすることができますのでご利用ください。

6 外務省ホームページ「我が国の経済連携協定（EPA/FTA）等の取組」の発効済みEPA一覧表からEPAごとの譲許表を確認します。
（https://www.mofa.go.jp/mofaj/gaiko/fta/index.html）

7 日本貿易振興機構（JETRO）ホームページ「世界各国の関税率」から確認します。
（https://www.jetro.go.jp/theme/export/tariff/）

8 アセアン加盟国での生産行為を累積する規定であるため、このような規定を便宜上「アセアン累積ルール」と呼んでいます。なお、第1章「機械類」の「累積」で説明したように、日アセアンEPAでは、モノの累積のみで生産行為の累積は認められていません。仮に、日アセアンEPAにおいて生産行為の累積は認められていれば、アセアン加盟国又は日本で行われた「織布・編立」を累積できるため、品目別規則にこのような規定は必要ないことになります。

9 税関ホームページ：「原産地規則解釈例規」
（https://www.customs.go.jp/roo/text/reiki/index.htm）

10 「基礎的基準の例外」及び「技術的規定」について、さらに詳細をお知りになりたい方は、当協会発行のEPA原産地規則の解説書である『基礎から学ぶ原産地規則』（日本関税協会）を参照して下さい。

11 「累積」及び「十分な変更とはみなされない作業又は加工」については機械類と同様の規定が適用されますので、第1章「機械類」での説明をご参照下さい。

12 第1章「機械類」で説明したそれ以外の技術的規定ついても、同様に適用されますので、機械類編での説明をご参照下さい。

13 「第25条（「完全生産品」を規定）の規定に従い、締約国において完全に得られ、又は生産されることをいう。」と定義されています。

14 出典：「繊維製品の原産地規則・証明方法に関する留意事項」（経産省ホームページ）

15 当該事例研究については、日本関税協会ホームページ（賛助会員専用ページ）：原産地規則オンライン説明会「【輸入編】日EU・EPA自己申告制度利用方法の紹介（繊維・繊維製品）」を参照しています。

16 この事例は、日本関税協会ホームページ（賛助会員専用ページ）：原産地規則オンライン説明会「【輸入編】RCEP協定利用方法の紹介（衣類）」を参考としています。

17 日本税関は、このような簡易な方法を認めていますが、一部の締約国では、輸入

ステップ9：輸入国税関の事後の確認（輸入事後調査、輸入国税関からの検証）への対応　**205**

された材料を使用していない場合、原産性判断基準の第二基準（原産材料のみから生産される産品）を満たすこと（すなわち、全ての材料が原産材料であること）が求められるとの事例も報告されていて、輸出国の原産地証明書発給当局に確認されるとともに、輸出国で必要な証明が得られない場合には、日本税関にご相談にされることをお勧めします。（「地域的な包括的経済連携（RCEP）協定フォローアップセミナーQ&A（2022年4月実施）」

（https://www.customs.go.jp/kyotsu/kokusai/news/rcep/rcep_qa_20220428.pdf）

18　産品の生産に使用された非原産材料が生地であったとしても、生地が特定の形状に裁断されていた場合等「製品にしたもの」に該当する場合、産品と同じ第61類～第63類に分類され、当該材料については類変更が生じないことになります。

「製品にしたもの」（HS第11部注7）の例

- 長方形（正方形を含む。）以外の形状に裁断したもの

- 特定の大きさに裁断してドロンワークしたもの

- メリヤス編み又はクロセ編みにより特定の形状に編み上げたもの

19　RCEPでは、デミニミスの規定として、繊維・繊維製品については、産品の価額の10％以下と産品の重量の10％以下のどちらかが選択可能です。重量の規定を選択した場合にも、産品の重量及び産品一単位の当該材料の投入重量を明らかにする裏付資料が必要です。

20　関税率の差異とは、RCEPでは、7か国（日本、中国、韓国、タイ、フィリピン、インドネシア、ベトナム）が、相手国によって異なる特恵税率の適用が可能な国別譲許を採用し、相手国によって異なる扱い（関税撤廃・引下げ率や撤廃・引下げ期間）を実施していることをいいます。例えば、日本の場合、前述のTシャツ等、品目によって内容は異なりますが、対中国、対韓国、対その他に分け3つの異なる譲許を実施していて、日本において適用される関税率が締約国によって異なる（税率差が発生する）品目は2,722品目と、その対象品目は全体の約3割となっています。

21　中国は、繊維、機械類などの82品目、韓国は、農産品、機械類などの99品目が特定されています。

22　瓶、箱等の容器に詰める等の包装作業、物品を単にセットにすること等11の工程がリスト化されています（RCEP第2.6条5項）。

23　協定上は、後発開発途上国も含め、各締約国について協定が発効した日から一定期間内に輸出者（生産者）自己申告を導入する義務（カンボジア、ラオス、ミャンマーは、この協定の当該締約国では発効の日の後20年以内に、その他の締約国は10年以内に実施（それぞれ、10年を限度に延長可能））が規定されています。現時点（2025

206 第2章 繊維・繊維製品

年1月1日時点）では、日本、豪州、ニュージーランド、韓国間の輸出入のみに導
入されています。

24　前脚注のとおり、現時点では豪州、ニュージーランド、韓国からの輸入のみが対
象です。

25　原産地に係る事前教示制度について、税関ホームページに、利用方法や実際の回
答が掲載されていて、制度に関する詳細な情報を知ることができます。

26　税関ホームページ「原産地証明手続き」
（https://www.customs.go.jp/roo/procedure/index.htm）にRCEPを含め、「原産品
申告書」、「原産品申告明細書」等の様式や記載事例が掲載されています。

27　https://www.customs.go.jp/roo/gensan_hiijirei/index.htm

第3章
化 学 品

208 第3章 化学品

ステップ1：輸出入産品のHS番号の確定

1. 分類体系

HS品目表において、化学品は、第5部から第7部までに分類され、その分類体系の概要は**図表3-1**のとおりです。

最初の第5部には、鉱物性生産品、金属鉱及び鉱物性燃料などの化学品の原料となるものが含まれます。

第6部には、第5部の物品を原料にして得られる無機・有機化学品及びこれを用いて製造される医療用品、肥料、塗料、化粧品、洗剤などの各種・様々な化学工業の生産品が含まれます。

図表3-1　第5部～第7部　化学品の分類体系

部の表題及び類の表題	
第5部　鉱物性生産品	
第25類	塩、硫黄、土石類、プラスター、石灰及びセメント
第26類	鉱石、スラグ及び灰
第27類	鉱物性燃料及び鉱物油並びにこれらの蒸留物、歴青物質並びに鉱物性ろう
第6部　化学工業（類似の工業を含む。）の生産品	
第28類	無機化学品及び貴金属、希土類金属、放射性元素又は同位元素の無機又は有機の化合物
第29類	有機化学品
第30類	医療用品
第31類	肥料
第32類	なめしエキス、染色エキス、タンニン及びその誘導体、染料、顔料その他の着色料、ペイント、ワニス、パテその他のマスチック並びにインキ
第33類	精油、レジノイド、調製香料及び化粧品類
第34類	せっけん、有機界面活性剤、洗剤、調製潤滑剤、人造ろう、調製ろう、磨き剤、ろうそくその他これに類する物品、モデリングペースト、歯科用ワックス及びプラスターをもととした歯科用の調製品
第35類	たんぱく系物質、変性でん粉、膠着剤及び酵素
第36類	火薬類、火工品、マッチ、発火性合金及び調製燃料
第37類	写真用又は映画用の材料
第38類	各種の化学工業生産品
第7部　プラスチック及びゴム並びにこれらの製品	
第39類	プラスチック及びその製品
第40類	ゴム及びその製品

ステップ１：輸出入産品のHS番号の確定　**209**

第７部には、プラスチックやゴムの一次製品及びこれらを成形加工した製品が含まれます。

化学品の特徴としては、元素が特定の構造で結合した分子レベルの物品とこれらの物品から製造される生産品とがあることです。

化学品の分類を理解する上で特に重要となるのは、各種の分子レベルの物品を扱う第29類の有機化学品と分子が繋がり分子量が大きくなった生産品が属する第39類のプラスチックとです。

したがって、下記２．の分類のポイントでは、第29類と第39類の物品の分類について、特に詳しく説明することにします。

２．分類のポイント

（1）第５部（鉱物性生産品）

第５部に属する第25類から第27類の概要を**図表３−２**に示します。

最初の第25類は、「塩、硫黄、土石類、プラスター、石灰及びセメント」などを分類する類です。例えば、第25.01項（塩（食卓塩、純塩化ナトリウム）及び海水）、第25.02項（硫黄）、第25.17項（小石等）等が含まれます。

この類に含まれる鉱物性産品は、洗ったもの、粉砕したもの、ふるい分けしたもの、機械的又は物理的な方法により選鉱したものなども含まれますが、構造を変化させたものや結晶法により選鉱したものは含まれません。

第26類は、「鉱石、スラグ及び灰」などを分類する類です。例えば、第26.01項（鉄鉱）、第26.02項（マンガン鉱）、第26.03項（銅鉱）等の金属を採取するために冶金工業において実際に使用する種類の鉱物が含まれます。

ただし、冶金工業において通常行われない工程を経た鉱物を含みません。例えば、チタン鉱を第32類の顔料として使用できるレベルまで、細かく砕いたものなどはこの類には含まれません。

第27類は、「鉱物性燃料及び鉱物油並びにこれらの蒸留物、歴青物質並びに鉱物性ろう」などを分類する類です。例えば、第27.01項（石炭）、第27.09項（原油）、第27.10項（石油）、第27.11項（石油ガス、天然ガス）等が含まれます。

この類には、原油などの粗のもの又は揮発油、灯油などの蒸留により精製したものも含みます。ただし、精製により、化学的に単一な有機化学品とみなされるものや商習慣上純粋なものとして取引されるものは、メタン、プロパンを除き、

210　第3章　化学品

図表3−2　第5部　鉱物性生産品（概要）

第25類	塩、硫黄、土石類、プラスター、石灰及びセメント
	この類の物品は、文脈により別に解釈される場合を除くほか、鉱物生産品で、粗のもの、洗ったもの（構造を変化させることなく化学物質により不純物を除いたものを含む。）、破砕し、粉砕し、粉状にし又はふるい分けたもの及び浮遊選鉱、磁気選鉱その他の機械的又は物理的な方法により選鉱したもの（結晶法により選鉱したものを除く。）に限られる。（注1）
	第25.01項（塩（食卓塩、純塩化ナトリウム）及び海水）、第25.02項（硫黄）、第25.17項（小石等）、等
第26類	鉱石、スラグ及び灰
	第26.01項から第26.17項までにおいて「鉱」とは、水銀又は第28.44項、第14部若しくは第15部の金属を採取するために冶（や）金工業において実際に使用する種類の鉱物（冶（や）金用以外の用途に供するものを含む。）をいう。ただし、第26.01項から第26.17項までには、冶（や）金工業において通常行われない工程を経た鉱物を含まない。（注2）
	第26.01項（鉄鉱）、第26.02項（マンガン鉱）、第26.03項（銅鉱）、等
第27類	鉱物性燃料及び鉱物油並びにこれらの蒸留物、歴青物質並びに鉱物性ろう
	この類には、一般に、石炭その他の天然の鉱物性燃料、石油、歴青油、これらの蒸留物及び他の方法で得られる類似の物品を含む。また、鉱物性ろう及び天然の歴青物質もこの類に含まれる。ただし、精製により、化学的に単一な有機化学品とみなされるものや商習慣上純粋なものとして取引されるものは、メタン、プロパンを除き、第29類に分類される（例、エタン、ベンゼン、フェノール、ピリジン等）。
	第27.01項（石炭）、第27.09項（原油）、第27.10項（石油）、第27.11項（石油ガス、天然ガス）、等

第29類に分類されます（例、エタン、ベンゼン、フェノール、ピリジン等）。

（2）第6部（化学工業（類似の工業を含む。）の生産品）

A．部注1から4

　第6部は、図表3−1に示すように11の類からなりますが、この部には、重要な4つの注があります。これらの注の規定及びその概要を**図表3−3**示し、以下に解説します。

　部注1は（A）と（B）とから成ります。

　（A）は、第28.44項及び第28.45項が（放射性鉱物を分類する場合を除いて）関税率表の他の全ての項よりも優先されると規定しています。この規定で引用されている第28.44項は「放射性の元素及び同位元素並びにこれらの無機又は有機の化合物」を分類する項で、第28.45項は「非放射性の同位元素並びにこれらの

ステップ1：輸出入産品のHS番号の確定　**211**

無機又は有機の化合物」を分類する項です。

　したがって、まず、（A）は、全ての放射性の元素及び同位元素並びにこれらの無機又は有機の化合物は、この表の他の項に同時に該当する場合も、第28.44項に属すると規定しています。例えば、塩化ナトリウムは、第5部の第25.01項に分類されるのですが、放射性の塩化ナトリウムであった場合には、部を飛び越えて、第6部の第28.44項に分類されます。

　さらに、この（A）は、非放射性の同位体元素及びその無機又は有機の化合物については、第28.45項に属し、この表の他の項には属しないと規定しています。例として、炭素元素は第28.03項に分類されますが、炭素元素の非放射性同

図表3-3　第6部　化学工業（類似の工業を含む。）の生産品（注1～注4）

注1
（A）第28.44項又は第28.45項に該当する物品は、放射性鉱物を除くほか、当該各項に属するものとし、この表の他の項には属しない。
（B）第28.43項、第28.46項又は第28.52項に該当する物品は、（A）の物品を除くほか、当該各項に属するものとし、この部の他の項には属しない。

（A）の規定
　全ての放射性の元素及び同位元素並びにこれらの無機又は有機の化合物（化学的に単一であるかないかを問わない。放射性鉱物を除く）は、**この表**の他の項に同時に該当する場合も、第28.44項に属する。

　塩化ナトリウム（食塩）第25.01項（**第5部の物品**）　　放射性の塩化ナトリウム　第28.44項

　非放射性の同位元素及びその無機又は有機の化合物（化学的に単一であるかないかを問わない。放射性鉱物を除く）は、第28.45項に属し、この表の他の項に属しない。

　炭素元素　第28.03項　　炭素の非放射性同位元素　第28.45項

（B）の規定
　第28.43項（貴金属の化合物等）、第28.46項（希土類金属の化合物等）又は第28.52項（水銀の化合物）に該当する物品は、放射性のもの又は同位元素の形になっているもの（第28.44項又は第28.45項）を除き、当該各項に属し、**この部**の他の項には属しない。

　酢酸のナトリウム塩　第29.15項（**第6部の物品**）　　酢酸銀　第28.43項

（B）の規定は、第6部以外の物品には適用されない。
　ガドリン石（gadolinite）　第25.30項（**第5部の物品**）（セリウム、イットリウム等の希土類金属（第28.46項）を含む）

注2　投与量又は小売用にしたことにより第30.04項から第30.06項まで、第32.12項、第33.03項から第33.07項まで、第35.06項、第37.07項又は第38.08項のいずれかに属するとみられる物品は、1の物品を除くほか、当該各項に属するものとし、この表の他の項には属しない。

投与量にし又は小売用にしたことにより、分類が特定の項に変わる規定。

(特定の項)　　　　　　　　　　　　　　(例)
　第30.04項(医薬品)
　第30.06項(ガーゼ等)
　第32.12項(染料、着色料)
　第33.03項(香水等)
　第33.04項(美容用等の調製品)
　第33.05項(頭髪用調製品)
　第33.06項(歯磨き等の口腔衛生用の調製品)
　第33.07項(髭剃り用、入浴用等の調製品)
　第35.06項(接着剤等)
　第37.07項(写真用の物品)
　第38.08項(殺虫剤、殺菌剤等)

インシュリン　　　　　投与量にしたインシュリン
(第29.37項(第2937.12号)　(第30.04項(第3004.31号)
ホルモン)　　　　　　医薬品)

注3　二以上の独立した構成成分(その一部又は全部がこの部に属し、かつ、この部又は第7部の生産品を得るために相互に混合するものに限る。)から成るセットにした物品は、当該構成成分が次の全ての要件を満たす場合に限り、当該生産品が属する項に属する。
　(a) 取りそろえた状態からみて、詰め替えることなく共に使用するためのものであることが明らかに認められること。
　(b) 共に提示するものであること。
　(c) 当該構成成分の性質又は相対的な量の比のいずれかにより互いに補完し合うものであることが認められること。

　二以上の独立した構成成分から成るセットにした物品のうち、当該構成成分の一部又は全部がこの部に属するものの分類について取り扱う。
　ただし、この注は、セットにした物品のうち、当該構成成分がこの部又は第7部の生産品を得るために相互に混合するものに限る。
　このようなセットにした物品は、当該構成成分がこの注の(a)から(c)までの要件を充たす場合に限り、当該生産品が属する項に属する。

(第7部注1に同様の規定(上記第6部注3の第1文の「第7部」を「第6部」と置き換え))

第7部の注1の例
(二液混合型セメダインセット)
　エポキシ樹脂(第39.07項) ＋ ポリアミド(第39.08項)
　➡ セメダイン(第35.06項 接着剤(**生産品**))

ステップ1：輸出入産品のHS番号の確定 **213**

注4　名称又は機能によりこの部の一以上の項に該当し、かつ、第38.27項にも該当する物品は、当該名称又は機能により該当する項に属するものとし、第38.27項には属しない。

第6部の中における第38.27項の優先関係を明確化

第6部中の他の項（第38.24項を除く）＞ 第38.27項 ＞ 第38.24項

第38.27項：HFC（ハイドロフルオロカーボン）混合物（モントリオール議定書のキガリ改正により、温室効果の強い物質として規制対象となった物質））

有機配合溶剤でHFCを含有するもの

　第38.14項（有機配合溶剤）＞ 第38.27項（HFCを含む混合物）

ただし、第38.27項は、第38.24項（化学品のバスケット）との関係においては優先される。

位体元素は第28.45項に分類されます。

　（B）は、（A）と類似した規定ぶりですが、その適用範囲は、同じ第6部に属する物品に限られています。

　したがって、（B）は、第28.43項（貴金属の化合物等）、第28.46項（希土類金属の化合物等）又は第28.52項（水銀の化合物）に該当する物品は、放射性のもの又は同位元素の形になっているもの（第28.44項又は第28.45項）を除き、当該各項に属し、この部の他の項には属しないと規定しています。例えば、酢酸のナトリウム塩は第6部の第29.15項に分類されますが、同じ酢酸でも酢酸銀のように貴金属との塩の場合には、第28.43項に分類されます。

　しかしながら、この優先関係は同じ部に属する物品に限ってのことで、他の部の項に属する物品の場合には、この注の規定は適用されません。この例として、第5部の第25.30項に分類されるガドリン石は、セリウム、イットリウム等の第28.46項に該当する希土類金属の化合物を含みますが、（B）の規定は第6部以外の他の部の物品には適用されないので、第5部の物品のガドリン石は第25.30項に留まります。

　部注2は、部注1の物品を除き、化学品等を投与量又は小売用にしたことにより、分類が特定の項に変わることを規定しています。この注の適用を受ける物品は、投与量又は小売用にしたことにより、注で定められた11の特定の項のいずれかに属するとみられるものとなります。

化学品

214　第3章　化学品

　例として、三角ビーカーの中のインシュリンは研究や試験に用いられる化学品のホルモンとして第29.37項に分類されますが、投与量にしたアンプル入りのものは、医薬品として第30.04項に分類されます。

　すなわち、化学品を投与量のアンプル入りにしたことにより、その形態から医薬品としての用途が特定できるようになったということです。

　部注3は、二以上の独立した構成成分から成るセットにした物品で、その一部又は全部がこの部に属し、かつ、この部又は第7部の生産品を得るために相互に混合して使用するもので、

　（a）取りそろえた状態からみて、詰め替えることなく共に使用するためのものであることが明らかに認められること

　（b）共に提示するものであること

　（c）当該構成成分の性質又は相対的な量の比のいずれかにより互いに補完し合うものであることが認められること

の上記（a）から（c）に規定する3つの要件を全てを満たす場合に限り、構成要素を共に混合して使用することにより得られる生産品として分類するという規定です。

　プラスチック、ゴムを分類する第7部の注1にも同様の規定があります。

　例として、第7部注1を適用する第39類の物品からなる「二液混合型セメダイン」の分類が判り易いです。二液混合型セメダインは、第39類に属するエポキシ樹脂（39.07）とポリアミド（39.08）から成るセットで（a）から（c）の要件を全て満たします。したがって、本品は、二液を混合して使用することにより得られる生産品（セメダイン）が属する第6部の第35.06項に接着剤として分類されます。

　この注は、物品を輸入申告時のものとしてではなく、特別の要件を満たす場合には、輸入後の使用の際に混合して得られた生産品として分類するという特殊な規定です。

　最後の部注4は、HS2022改正で新設されたもので、第6部の中における第38.27項の優先関係を明確化しています。

　第38.27項は、HS2022改正において、HFC（ハイドロフルオロカーボン）混合物（モントリオール議定書のキガリ改正により、温室効果の強い物質として規制対象となった物質）を分類するために新設されました。しかしながら、第38.14項は有機配合溶剤を分類することから、有機配合溶剤でHFCを含有するものは、第38.14項と第38.27項との両方の項に該当することになります。この注は、

ステップ1：輸出入産品のHS番号の確定　**215**

このような場合、第38.27項に対して、第38.14項の方が優先されると規定しています。具体的には、第38.27項は、第6部のバスケット項の第38.24項よりは優先されますが、第6部の他の項（第38.24項を除く）よりも優先順位が低いと規定しています。

B．第28類（無機化学品及び貴金属、希土類金属、放射性元素又は同位元素の無機又は有機の化合物）

第28類の構造は、**図表3－4**に示すように6の節からなります。元素が分類される第1節から始まり、基本的には、節番号が大きくなるにつれて、複雑な分子構造を有する化合物が分類されるという構造となっています。

C．第29類（有機化学品）

第29類の構造は、**図表3－5**に示すように8の類注、2の号注及び13の節と42の項からなります。

第1節から第10節までには、分子をその化学的な官能基や構造（例えば、炭化水素、エーテル、複素環式化合物等）により分類するための項（第29.01項〜第29.35項）が用意されています。

一方、第11節から第13節までには、分子をある特定の構造、機能等を持ったグループ（例えば、ビタミンやホルモン等）により分類するための項（第29.36項〜第29.41項）が用意されています。

ある特定の構造、機能等を持ったグループを分類する第11節から第13節の項

図表3－4　第28類　無機化学品及び貴金属、希土類金属、放射性元素又は同位元素の無機又は有機の化合物

第1節	元素 塩素（第28.01項）、炭素（第28.03項）	第28.01項〜第28.05項
第2節	無機酸及び無機非金属酸化物 塩化水素（第28.06項）、二酸化けい素（第28.11項）	第28.06項〜第28.11項
第3節	非金属のハロゲン化合物及び硫黄化合物 オキシ塩化りん（第28.12項）、二硫化炭素（第28.13項）	第28.12項〜第28.13項
第4節	無機塩基並びに金属の酸化物、水酸化物及び過酸化物 水酸化ナトリウム（第28.15項）、過酸化マグネシウム（第28.16項）	第28.14項〜第28.25項
第5節	無機酸の金属塩及び金属ペルオキシ塩 ふっ化アルミニウム（第28.26項）、ペルオキシ硫酸塩（第28.33項）	第28.26項〜第28.42項
第6節	その他のもの 天然ウラン（第28.44項）、水銀化合物（第28.52項）	第28.43項〜第28.53項

図表3−5　第29類　有機化学品（構造）

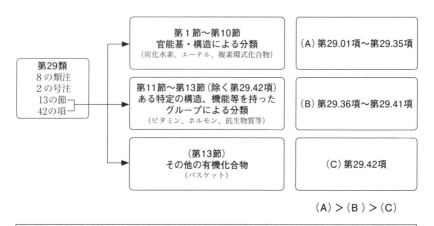

注3　この類の二以上の項に属するとみられる物品は、これらの項のうち数字上の配列において最後となる項に属する。

（図表3−5の(B)グループの項）に該当する有機化学品は、その官能基や構造によって第1節から第10節の項（図表3−5の(A)グループの項）にも該当するのですが、後述する第29類の注3において「有機化学品が第29類の複数の項に分類されるとみられる場合には、項の数字の配列で大きい方（後ろの方）に分類される。」と規定されていることから、(B)グループの項の方が(A)グループの項よりも、分類において優先されます。

なお、第13節には、その他の有機化合物を分類するいわゆるバスケットで最も優先順位が低い第29.42項があります。

したがって、第29類の項の優先関係は、(B)＞(A)＞(C)の順となります。

第29類注1(a)の規定及びこれに関連する第29類の関税率表解説の総説の規定を**図表3−6**に示します。

この注は、第29類に化学的に単一の有機化合物（不純物を含有するかしないかを問わない。）が含まれると規定しています。

関税率表解説によれば、不純物とは、一の化学化合物の製造（精製を含む。）工程に関連して、専ら、かつ、直接に生ずる物質のみをいいます。主な不純物として、

(a) 出発原料のうち、未反応のもの
(b) 出発原料中に存在した不純物

ステップ1：輸出入産品のHS番号の確定　**217**

図表3－6　第29類　有機化学品（注1）

注1　この類には、文脈により別に解釈される場合を除くほか、次の物品のみを含む。
　（a）化学的に単一の有機化合物（不純物を含有するかしないかを問わない。）

第29類　関税率表解説　総説（A）化学的に単一の化合物（類注1）抜粋

　不純物とは、一の化学化合物の製造（精製を含む。）工程に関連して、専ら、かつ、直接に生ずる物質のみをいう。これらの不純物は、その工程に伴う種々の要因から生じるもので、主な不純物は、次のものである
　（a）出発原料のうち、未反応のもの
　（b）出発原料中に存在した不純物
　（c）製造（精製を含む。）工程で使用された試薬
　（d）副産物
　ただし、このような物質があらゆる場合に、注1（a）に基づく不純物としてみなされるとは限らないので注意すること。**特定の用途に適するように**、このような物質が製造された物品中に意図的に残された場合には、この類の注1（a）で許容された不純物とはみなされない。例えば、酢酸メチルに、その溶剤としての性質を改善するため、意識的にメタノールが残されている場合には、この類から除かれる（第38.14項）。

　保存又は輸送のために必要な安定剤を加えたもの、また、安全のため着色料、香気性物質若しくは催吐剤を加えたものも、第29類に属する（ただし、その添加量は目的を達成するための必要量を超えないものとし、添加により性質を変え又は特定の用途に適するようにするものであってはならない。）（注1他の規定参照）

化学品

　（c）製造（精製を含む。）工程で使用された試薬
　（d）副産物
が示されていますが、さらに補足説明として「ただし、このような物質があらゆる場合に、注1（a）に基づく不純物としてみなされるとは限らないので注意すること。

　特定の用途に適するように、このような物質が製造された物品中に意図的に残された場合には、この類の注1（a）で許容された不純物とはみなされない。例えば、酢酸メチルに、その溶剤としての性質を改善するため、意識的にメタノールが残されている場合には、この類から除かれる（38.14）。」と規定されています。

　このように化学品が持つ本来の特性・性質を特定の用途に適するよう変えてしまうような物質を意図的に含んでいてはならないということと理解できます。

　ちなみに、同じ注1の規定の中に、例えば、安全のための着色料など、必要

量を超えない量であって、添加により性質を変え又は特定の用途に適するようにしない範囲であれば許される旨の規定があります。

なお、無機化学品などが分類される第28類注1にも、化学的に単一の元素及び化合物に関する同様の規定があります。

第29類注3の規定及びその適用例を**図表3-7**に示します。

注3は、有機化学品を第29類に分類する場合、一つの分子が複数の項に該当することがありますが、その場合には、これらの項のうち数字上の配列において最後となる項に分類することを規定しています。

例1の2-フルアルデヒドは、その分子内に第29.12項に該当するアルデヒド構造（①）と第29.32項に該当する複素環式化合物で環内にヘテロ原子として酸素を有するものの構造（②）を有していることから、二つの項に分類される可能性がありますが、このような場合には、注3の規定により数字が大きい方の第29.32項に分類されます。

図表3-7　第29類　有機化学品（注3及び号注2）

注3　この類の二以上の項に属するとみられる物品は、これらの項のうち数字上の配列において最後となる項に属する。

（例1）　2-フルアルデヒド

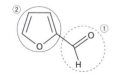

分類の可能性
① 29.12（アルデヒド）
② 29.32（複素環式化合物（酸素））　←

号注2　第29類の注3の規定は、この類の号には適用しない。

（例2）

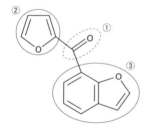

分類の可能性
（項レベル）
① 29.14（ケトン）
②③ 29.32（複素環式化合物（酸素））　←
（号レベル）
② 2932.1（非縮合フラン環を有するもの（2932.19））　←
③ 2932.9（その他のもの（2932.99））
「その他のもの」の号は優先されない

ステップ1：輸出入産品のHS番号の確定 **219**

しかしながら、第29類号注2において、この注3の規定は項レベルの分類の場合についてのみ適用され、号レベルの分類については適用されない旨が規定されています。

したがって、例2のような化合物の場合、まず、分子内に項（4桁レベル）の分類に関係する2種類の官能基があります。一つは第29.14項に該当するケトン構造（①）、他の一つは第29.32項に該当する複素環式化合物でヘテロ原子として酸素を有する構造（②と③）です。

項レベルの分類では、第29.14項と第29.32項との関係では、注3が適用され番号の大きい第29.32項に分類されます。

次に、分子内で同じ第29.32項に属する2種類の複素環式化合物でヘテロ原子として酸素を有する構造について、これらの号の5桁レベルの分類ついて確認すると、②の構造は第2932.1号の非縮合フラン環に該当しますが、③の構造は該当する特定の号がないことから第2932.9号（その他のもの）に含まれます。号注2により、号の5桁レベルの分類には注3が適用されないことから、当該化合物の分類において、第2932.9号は、番号が大きいというだけでは優先されません。この場合、通則6により通則3（a）を準用し、第2932.1号と第2932.9号との規定を比較し、より特殊な限定をして記載している第2932.1号に本化合物は分類されます。

上記注3の適用例からも分かるように、有機化合物の分類では、分子の中の官能基等の構造で分類に関係する部分を正確に見つけ出すことが必要です。このためには、それぞれの項に属する化合物の官能基・構造式について正確に把握することが重要です。その参考として、第29類の関税率表解説の中で言及されている有機化合物の構造を示す関税率表解説第29類末尾の「関税率表解説第29類のある物品の化学構造式集[1]」及び税関HPの「化学構造式集[2]」が非常に便利です。これらの表に記載の化学構造式を利用すると、第29類の有機化合物の分類は、あたかも官能基・構造式の絵合わせのようにして行うことができます。

D．第30類（医療用品）

最近、各種のフードサプリメントが商品化されていて、その他の調製食料品として第21.06項に分類されるべきか、医薬品として第30.03項又は第30.04項に分類されるべきかについて、判断に迷う事例が増えてきています。

このような物品について分類の基本的な考え方は、**図表3－8**の上段四角に示すように「医薬品（30.03及び30.04）の範囲は限定的であり、治療用又は予防

220　第3章　化学品

用の効果が期待できる十分な分量の薬効成分を含有することが必要」です。

　参考として、HS委員会で実際に分類検討され国際分類例規にも掲載されているものの中から2事例を紹介します。

　最初の事例は**図表3－8**の中段に示す「錠剤の形状をした医薬品」ですが、その商品説明から、治療用又は予防用の効果が期待できる十分な量の薬効成分を含有することが分かります。したがって、本品は、小売用の形状にした医薬品として第30.04項に分類されます。

　一方、図表3－8の下段の「咳止めシロップ」の事例は、その商品説明から治療用又は予防用の効果が証明されるには活性医療成分が十分な量でないことが分かります。したがって、本品は、その他の調製食料品として第21.06項に分類されます。

図表3－8　第30類　医療用品

フードサプリメント（第21.06項）　vs　医薬品（第30.03項、第30.04項）
医薬品（第30.03項及び第30.04項）の範囲は限定的であり、治療用又は予防用の効果が期待できる十分な分量の薬効成分を含有することが必要。

＜国際分類例規＞
3004.90 2．錠剤の形状をした医薬品

　本品は、植物エキス（吉草根及びホップ）、マルトデキストリン、着色料及び賦形剤から成る錠剤の形状をした医薬品である。ラベルによると、本品は、興奮（1日に2から4錠）又は睡眠障害（1日に1錠）の治療剤として用いることが推奨されている。本品は、不眠症等の疾病を治療又は予防するのに十分な量の有効成分を含有しており、小売用にしたもの（例えば60錠の容器入り）である。

通則1及び6を適用

2106.90 23．咳止めシロップ

　本品は、アルコール分が1.8%の水溶液で、100ミリリットル（130グラム）の容器入りにしたものである。本品は、はちみつ、植物性チンキ、グルコースシロップ、還元糖シロップ、チェリーの芳香、ローズオイル、安息香酸ナトリウム及び純水から成る。ラベルによれば、本品は、呼吸カタル症及び気管支粘液分泌の障害に対し使用することが薦められている。しかしながら、活性医療成分は、臨床上、治療用又は予防用効果が証明されるには十分ではない。

通則1（第30類注1（a））及び6を適用

ステップ1：輸出入産品のHS番号の確定　**221**

E．第33類（精油、レジノイド、調製香料及び化粧品類）及び第34類（せつけん、有機界面活性剤、洗剤、調製潤滑剤、人造ろう、調製ろう、磨き剤、ろうそくその他これに類する物品、モデリングペースト、歯科用ワックス及びプラスターをもととした歯科用の調製品）

　各種の化学品を混合して製造される調製品の場合、異なる項に該当する二以上の特性(機能)を有すると見られる場合があります。このような調製品の事例として、**図表3-9**に示すHS委員会でも実際に検討された第33類と第34類と

図表3-9　第33類　精油、レジノイド、調製香料及び化粧品類
第34類　せつけん、有機界面活性剤、洗剤、調製潤滑剤、人造ろう、
調製ろう、磨き剤、ろうそくその他これに類する物品、
モデリングペースト、歯科用ワックス及びプラスターをもととした歯科用の調製品

<国際分類例規>
3305.10　5．皮膚及び頭髪を洗うためのシャンプージェル

　本品は、水、有機界面活性剤、グリセリン、植物エキス、硫酸マグネシウム、グルコン酸亜鉛、ブチレングリコール、塩化ナトリウム、くえん酸、アルコール、香料、芳香剤及び賦形剤を含有する。
　本品は、小売用の250ミリリットルの瓶入りにしたものである。
通則1（第34類注1(c)）及び6を適用

(分類の可能性)
第33.05項（頭髪の調製品（シャンプー））
~~第34.01項（せっけん（ボディソープ））~~
(理由)
　第34類注1(c)が本品（有機界面活性剤を含有するシャンプー）を第34類から第33.05項へシャンプーとして除外していることから、第33.05項のシャンプーである本品は第33類注1(b)の除外規定を適用する上において、その対象となる第34.01項の石けんその他の物品とはみなし得ない。

第33類
注1　この類には、次の物品を含まない。
　(b)第34.01項のせっけんその他の物品

第34類
注1　この類には、次の物品を含まない。
　(c)せっけんその他有機界面活性剤を含有するシャンプー、歯磨き、ひげそりクリーム、ひげそりフォーム及び浴用の調製品（第33.05項から第33.07項まで参照）

化学品

222 第3章 化学品

の両方に属するのではないかと見られる物品の分類について確認します。

商品は、国際分類例規に記載されている「皮膚及び頭髪を洗うためのシャンプージェル」です。したがって、本品は、第33.05項に該当するシャンプーと第34.01項に該当する皮膚の洗浄用の調製界面活性剤としての2種類の特性を有するものです。

HS委員会は、第33類注1（b）は第34.01項のせっけんその他の物品を第33類から第34.01項へ除外する規定ですが、本品の分類には当該除外規定は適用されないとしました。その理由は、第34類注1（c）が本品（有機界面活性剤を含有するシャンプー）を第34類から第33.05項へシャンプーとして除外していることから、第33.05項のシャンプーである本品は第33類注1（b）の除外規定を適用する上において、その対象となる第34.01項の石けんその他の物品とはみなし得ないということによります。

F．第38類（各種の化学工業生産品）

各種の化学工業生産品が分類される第38類の分類事例として、**図表3−10**に示すHS2022改正で分類が明確化された診断キットについて説明します。

コロナのアウトブレイクにより、診断キットには免疫反応によるものと、PCR法によるものとがあることは良く知られています。

HS2022改正前は、これら診断キットは、通則3（b）が適用される小売用のセットにした物品とみなし得ることから、重要な特性を与えている構成要素から成るものとして分類されていました。

したがって、免疫反応による診断キットは、その構成要素では免疫産品が重要であるとして第30.02項に分類され、PCR法による診断キットでは、含まれているPCR用の試薬が重要として第38.22項に分類されていました。

コロナ等の世界的な流行を少しでもくい止めるためには、診断キットの物流を迅速化することが重要なことから、診断キットの分類について、通則3（b）に基づく各構成要素ごとに重要な特性を与えているかいないかの判断の必要がなく、かつ、免疫法・PCR法にかかわらず全ての種類が同一の項に分類されるように、HS2022改正では、

① 第30類に除外規定を設けて、免疫反応によるものであっても第38.22項に分類されるようにしました。

② さらに、第38.22項の規定中にキットにしてあるかいなかを問わない旨明記し、通則3（b）によるのではなく、診断キットそのもの全体を通則1

ステップ１：輸出入産品のHS番号の確定　**223**

図表３－10　第38類　各種の化学工業生産品

HS2022改正　診断用キットの分類の明確化

＜HS2022改正前＞
診断キット（免疫反応によるもの）
　　　第30.02項（免疫産品）
　　　　　　　通則３（b）（重要な特性を与えている構成要素から成るものとして分類）
診断キット（PCR法によるもの）
　　　第38.22項（PCR用の試薬）
　　　　　　　通則３（b）（重要な特性を与えている構成要素から成るものとして分類）

＜HS2022改正内容＞
① 　第30類に除外規定（注１（ij）第38.22項の診断用の試薬）
② 　第38.22項の改正
　　「38.22　診断用又は理化学用の試薬（支持体を使用したものに限る。）及び診断用又は
　　理化学用の調製試薬（支持体を使用してあるかないか及びキットにしてあるかないか
　　を問わない。）（第30.06項のものを除く。）並びに認証標準物質」
③ 　HS2022改正以降：診断キットは、その確認方法（免疫反応法又はPCR法）によらず、全
　　てのもの（キットにしてあるものを含む）が通則１により、第38.22項に分類される。
④ 　効果：分類の明確化、通関の迅速化に貢献

化学品

で項の規定に基づき分類できるように改正しました。

　この診断キットに関するHS改正は、分類の明確化と、通関の迅速化を可能と
したことから、HS関税分類を通じて人類の健康的な生活に貢献する、とてもタ
イムリーなものであったと考えられます。

　第38類の物品のもう一つの例として、**図表３－11**に示す地球環境の保護に貢
献する分類について説明します。

　第６部注４の説明ですでに触れましたが、HS2022改正で新たに第38.27項
（HFC（ハイドロフルオロカーボン（モントリオール議定書のキガリ改正によ
り、温室効果の強い物質として規制対象となった物質））等を含有する混合物を
分類する項）が第38類に追加されました。

　具体的には、図表３－11に示す規定から成る第38.27項と第６部の中における
第38.27項の優先関係を明確化する第６部注４が新設されました。

　さらに、第38.27項には、HFC等を含有する混合物で実際に貿易取引されて
いる商品を区分する号が設けられています。なお、混合物でなく、化学的に単
一のHFC等は、別途第29.03項（炭化水素のハロゲン化誘導体）に新設された号

224 第3章　化学品

図表3−11　第38類　各種の化学工業生産品

HS2022改正　温室効果物質の分類の明確化
HFC（ハイドロフルオロカーボン（モントリオール議定書のキガリ改正により、温室効果の強い物質として規制対象となった物質））等を含有する混合物を分類する項の追加（オゾン事務局の要請）

＜HS2022改正内容＞
① 第38.27項の新設
　「38.27　メタン、エタン又はプロパンのハロゲン化誘導体を含有する混合物（他の項に該当するものを除く。）」
② 第6部注4の新設（第6部の中における第38.27項の優先関係を明確化）
　「名称又は機能によりこの部の一以上の項に該当し、かつ、第38.27項にも該当する物品は、当該名称又は機能により該当する項に属するものとし、第38.27項には属しない。」
　　　第6部の項（第38.24項を除く）＞ 第38.27項 ＞ 第38.24項
③ 第38.27項にHFC等を含有する混合物をそれぞれ分類するための号を新設
④ 化学的に単一なHFC等は、第29.03項（炭化水素のハロゲン化誘導体）に新設された号に分類
⑤ 効果：温室効果ガスの国際貿易取引のモニター・規制及び貿易量の集計等をHS品目表の利用国（世界200以上の国・地域（地球規模））で、統一的に行うことの容易化

に分類されます。

　このHFC混合物に関する改正は、オゾン事務局から要請されたものですが、温室効果ガスの国際貿易取引のモニター・規制及び貿易量の集計等をHS品目表を利用している世界200以上の国・地域（地球規模）で、統一的に行うことを容易化することから、HS品目分類が地球環境の保護に貢献するものです。

　上記の第38類の物品に関する2事例は、HSが多目的な品目表と呼ばれる所以をよく表しています。

（第6部のバスケット項）

　第6部の最後に位置する第38類は、化学品のバスケット類と呼ばれることがあり、特に、第38.24項は、その規定「······化学工業において生産される化学品及び調製品（······、他の項に該当するものを除く。）」から、化学工業の生産品を分類する第6部全体の中で、その他の化学品及び調製品を分類する、いわゆるバスケット項となります。したがって、第38.24項は、第6部の中で分類上の優先順位が最も低い項となります。

　関税率表において、物品の統一的で正確な分類を確保するためには、常に、

優先順位が高い項から順次分類の可能性について検討することが重要です。

項の優先順位の関係では、第38.24項以外にも第38類のいくつかの項（第38.09項、第38.12項、第38.14項、第38.15項、第38.25項及び第38.27項）の中には、他の項に分類上の優先を譲る規定（「他の項に該当するものを除く。」）を有するものがあります。

特に、このように低い優先順位同士の項が分類上競合するような場合には、分類を明確化するために注の規定を設けることが必要となることがあります。先に説明の第6部注4は、このような目的で設けられたものです。

なお、二以上の項が等しく考慮に値する場合に数字上の配列において最後となる項に分類することを規定した通則3（c）も用意されています。ただし、第6部の場合、バスケット項である第38.24項よりも大きな数字の項（第38.25項から第38.27項）が設けられているので、これらの項と第38.24項との間で適切な分類を確保するため、項の優先関係を明確にする注が必要となる場合があります。

（3）第7部（プラスチック及びゴム並びにこれらの製品）

第7部は、第39類のプラスチック及びその製品並びに第40類のゴム及びその製品から成りますが、プラスチックやゴムの特徴として、様々な物品の形状に成形加工することが可能ということです。

関税率表には、プラスチックやゴムを分類する第39類及び第40類以外の類に、これら成形後の物品を分類する特別な項が用意されていることが多いです。例えば、カバンやバッグは、第42.02項に分類されますが、プラスチックシートからカバンやバッグを作ることができます。したがって、プラスチック製のカバンやバッグ等をその材質から第39類に分類するとした場合、第39類に分類される物品の種類が多くなり過ぎてしまい、カバンやバッグを分類する第42.02項が分類上の本来の機能を発揮できなくなってしまいます。第40類のゴムについても同様のことがいえます。

したがって、この様な問題を避けるため、第39類及び第40類には、**図表3－12**に示すようにプラスチック及びゴムからなる製品をこれらを特定する項（例、繊維製品、靴、機械、玩具、等）へ除外する多くの規定が設けられています。

なお、第40類注2（d）により第16部に除外される物品は、硬質ゴム製のものに限られていて、加硫ゴム製であっても硬質ゴム製でないものは除外されないことに注意が必要です。

226 第3章　化学品

図表3−12　第7部　プラスチック及びゴム並びにこれらの製品（除外規定）

第39類　プラスチック及びその製品 注2（除外規定）		第40類　ゴム及びその製品 注2（除外規定）
2　この類には、次の物品を含まない。 　(a) 第27.10項又は第34.03項の調製潤滑剤 　(b) 第27.12項又は第34.04項のろう 　(c) 化学的に単一の有機化合物（第29類参照） 　(d) ヘパリン及びその塩（第30.01項参照） 　(e) 第39.01項から第39.13項までの物品を揮発性有機溶剤に溶かした溶液（溶剤の含有量が全重量の50％を超えるものに限るものとし、コロジオンを除く。第32.08項参照）及び第32.12項のスタンプ用のはく 　(f) 第34.02項の有機界面活性剤及び調製品 　(g) ランガム及びエステルガム（第38.06項参照） 　(h) 鉱物油（ガソリンを含む。）用又は鉱物油と同じ目的に使用するその他の液体用の調製添加剤（第38.11項参照） 　(ij) ポリグリコール、シリコーンその他の第39類の重合体をもととした調製液圧液（第38.19項参照） 　(k) 診断用又は理化学用の試薬（プラスチック製の支持体を使用したものに限る。第38.22項） 　(l) 第40類の合成ゴム及びその製品 　(m) 動物用の装身具（第42.01項参照）及び第42.02項のトランク、スーツケース、ハンドバッグその他の容器	(n) 第46類のさなだ、枝条細工物その他の製品 　(o) 第48.14項の壁面被覆材 　(p) 第11部の物品（紡織用繊維及びその製品） 　(q) 第12部の物品（例えば、履物、帽子、傘、つえ及びむち並びにこれらの部分品） 　(r) 第71.17項の身辺用模造細貨類 　(s) 第16部の物品（機械類及び電気機器） 　(t) 第17部の航空機又は車両の部分品 　(u) 第90類の物品（例えば、光学用品、眼鏡のフレーム及び製図機器） 　(v) 第91類の物品（例えば、時計のケース） 　(w) 第92類の物品（例えば、楽器及びその部分品） 　(x) 第94類の物品（例えば、家具、照明器具、イルミネーションサイン及びプレハブ建築物） 　(y) 第95類の物品（例えば、玩具、遊戯用具及び運動用具） 　(z) 第96類の物品（例えば、ブラシ、ボタン、スライドファスナー、くし、喫煙用パイプの吸い口及び柄、シガレットホルダー類、魔法瓶その他これに類する容器の部分品、ペン、シャープペンシル並びに一脚、二脚、三脚その他これらに類する物品）	2　この類には、次の物品を含まない。 　(a) 第11部の物品（紡織用繊維及びその製品） 　(b) 第64類の履物及びその部分品 　(c) 第65類の帽子（水泳帽を含む。）及びその部分品 　(d) 第16部の機械類及び電気機器（電気用品を含む。）並びにこれらの部分品で、硬質ゴム製のもの 　(e) 第90類、第92類、第94類又は第96類の物品 　(f) 第95類の物品（運動用の手袋、ミトン及びミット並びに第40.11項から第40.13項までの製品を除く。）

A．第39類（プラスチック及びその製品）

　第39類の項の構造及び主要な注の規定を**図表3−13**に示します。この類は、第1節（一次製品）と第2節（くず、半製品及び製品）から成りますが、一次製品については、注6にその形状、例えば、液状、ペースト状、不規則な形の塊、粉、粒、フレークその他これらに類する形状のものと規定されています。

　次に、第39.01項から第39.11項には、化学合成により製造された物品が含ま

ステップ１：輸出入産品のHS番号の確定　**227**

図表３−13　第39類　プラスチック及びその製品（構造及び主要な注の規定）

第１節　一次製品（注６）	
第39.01項〜第39.11項	化学合成により製造した物品（注３）
第39.12項、第39.13項	天然重合体
第39.14項	第39.01項から第39.13項の重合体をもととしたイオン交換樹脂
第２節　くず、半製品及び製品	
第39.15項	**プラスチックのくず**（注７）
第39.16項〜第39.25項	**プラスチック製の半製品及び製品**
第39.26項	その他の**プラスチック製品**及び第39.01項から第39.14項の材料（プラスチックを除く）からなる物品

注（主要なものを抜粋）
1　この表において「プラスチック」とは、第39.01項から第39.14項までの材料で、重合の段階又はその後の段階で、加熱、加圧その他の外部の作用（必要に応じ溶剤又は可塑剤を加えることができる。）の下で、鋳造、押出し、圧延その他の方法により成形することができ、かつ、外部の作用の除去後もその形を維持することができるものをいう。
　　この表においてプラスチックには、バルカナイズドファイバーを含むものとし、第11部の紡織用繊維とみなされる材料を含まない。
3　第39.01項から第39.11項までには、化学合成により製造した物品で次のもののみを含む。
　(a) 減圧蒸留法により蒸留した場合において1,013ミリバールに換算したときの温度300度における留出容量が全容量の60％未満の液状の合成ポリオレフィン（第39.01項及び第39.02項参照）
　(b) 低重合のクマロン−インデン系樹脂（第39.11項参照）
　(c) その他の合成重合体で平均５以上の単量体から成るもの
　(d) シリコーン（第39.10項参照）
　(e) レゾール（第39.09項参照）その他のプレポリマー
6　第39.01項から第39.14項までにおいて一次製品は、次の形状の物品に限る。
　(a) 液状又はペースト状のもの（ディスパージョン（乳化し又は懸濁しているもの）及び溶液を含む。）
　(b) 塊（不規則な形のものに限る。）、粉（モールディングパウダーを含む。）、粒、フレークその他これらに類する形状のもの
7　第39.15項には、一の熱可塑性材料のくずで一次製品の形状にしたものを含まない（第39.01項から第39.14項まで参照）。

化学品

れますが、どのようなものが含まれるかについて、注３に規定されています。この注の中では、特に(c)の規定「その他の合成重合体で平均５以上の単量体から成るもの」が重要です。

　第１節に分類される一次製品については、重合体を構成する物質の種類・割合などにより、第39.01項から第39.14項の間で分類が決められます。

228 第3章 化学品

　一方、第2節のくず、半製品、製品が分類される第39.15項から第39.26項において使用されている「プラスチック」という言葉について、その定義が注1に「第39.01項から第39.14項までの材料で、‥‥‥成型することができ、かつ、外部の作用の除去後もその形を維持することができるものをいう。」と定義されています。

　また、注7には、「第39.15項（プラスチックのくず。）には、一の熱可塑性材料のくずで一次製品の形状にしたものを含まない（第39.01項から第39.14項まで参照）。」と規定されています。この規定は、一種類の熱可塑性の重合体のくずで、一次製品の形状としたものは、プラスチック製品の原料が分類される第39.01項から第39.14項に分類することを定めています。すなわち、このような物質は、プラスチック製品の原料としてリサイクルできるものなので、その材質に基づき、一次製品が属する第1節の項に分類することを規定していると理解できます。

　第39類は、重合体を構成する物質の化学的な種類や混合割合によって分類する項や号が設けられていて、詳細な分類ルールが類注や号注に規定されています。

　第39類注4の規定及びその適用例を**図表3－14**に示します。第39類注4では、項レベルの分類に関して、異なる種類のポリマーの単量体ユニットからなる共重合体やポリマーブレンドの分類方法が規定されていて、共重合体の定義として「重合体の全重量の95％以上を占める一つの単量体ユニットを有しない全ての重合体をいう。」と定めています。さらに、**共重合体**（共重縮合物、共重付加物、ブロック共重合体及びグラフト共重合体を含む。）及びポリマーブレンドの分類方法として、「文脈により別に解釈される場合を除くほか、これらを構成するコモノマーユニットのうち最大の重量を占めるコモノマーユニットの重合体が属する項に属する。この場合において、同一の項に属する重合体を構成するコモノマーユニットは、一のものとみなしその重量を合計する。最大の重量を占めるコモノマーユニットが存在しない場合には、共重合体及びポリマーブレンドは、等しく考慮に値する項のうち数字上の配列において最後となる項に属する。」と規定しています。

　図表3－14の最初の表に、第39.04項のポリ塩化ビニルと第39.05項のポリ酢酸ビニルとを構成するコモノマーユニットからなる共重合体の分類例を示しています。

　この表の最初と2行目の例の物品では、第39.04項のポリ塩化ビニルと第39.05

ステップ１：輸出入産品のHS番号の確定　**229**

図表3−14　第39類　プラスチック及びその製品（共重合体の分類）

> 注4　「共重合体」とは、重合体の全重量の95％以上を占める一の単量体ユニットを有しない全ての重合体をいう。
> 　　この類において共重合体（共重縮合物、共重付加物、ブロック共重合体及びグラフト共重合体を含む。）及びポリマーブレンドは、文脈により別に解釈される場合を除くほか、これらを構成するコモノマーユニットのうち最大の重量を占めるコモノマーユニットの重合体が属する項に属する。この場合において、同一の項に属する重合体を構成するコモノマーユニットは、一のものとみなしその重量を合計する。
> 　　最大の重量を占めるコモノマーユニットが存在しない場合には、共重合体及びポリマーブレンドは、等しく考慮に値する項のうち数字上の配列において最後となる項に属する。

ポリ塩化ビニル（第39.04項）のコモノマーユニット	ポリ酢酸ビニル（第39.05項）のコモノマーユニット	共重合体	分類（項）
96％	4％	No	第39.04項
4％	96％	No	第39.05項
55％	45％	Yes	第39.04項
45％	55％	Yes	第39.05項
50％	50％	Yes	第39.05項（等しく考慮に値する項のうち数字の大きい方に分類）

➡最大重量を占めるコモノマーユニットの重合体が属する項に属する。

ポリエチレン（第39.01項）のコモノマーユニット	ポリプロピレン（第39.02項）のコモノマーユニット	ポリイソブチレン（第39.02項）のコモノマーユニット	分類
45％	35％　（合計55％）	20％	第39.02項

➡同一の項に属する重合体を構成するコモノマーユニットは、一のものとみなしその重量を合計する。

項のポリ酢酸ビニルを構成するコモノマーユニットの重量割合がそれぞれ95％以上を占めていることから、これらは共重合体（No）ではなく、そのままポリ塩化ビニル、ポリ酢酸ビニルとして第39.04項及び第39.05項に分類されます。

　しかしながら、3行目及び4行目の例の物品は、いずれのコモノマーユニットの重量割合も95％未満なことから、共重合体（Yes）として「最大重量を占めるコモノマーユニットの重合体が属する項に属する。」、即ち、その含有量の多い方の項にそれぞれ分類されます。

　また、最後の行の物品について、ポリ塩化ビニルとポリ酢酸ビニルのコモノマーユニットの重量割合が50％ずつで同じであることから、この場合は共重合

体（Yes）として項の番号の大きい方の第39.05項に分類されます。

　２番目の表の例では、項レベルの分類を決めるに当たり、同一の項に属する重合体を構成するコモノマーユニットは、一のものとみなしその重量を合計する場合が示されています。この例では、同じ第39.02項に分類されるポリプロピレンとポリイソブチレンとを構成するコモノマーユニットの重さを合計して、第39.01項のポリエチレンを構成するモノマーユニットの重さと比べることとなり、この場合はポリプロピレンとポリイソブチレンとが属する第39.02項に分類されます。

　共重合体の号レベル（５桁、６桁レベル）の分類については、**図表３−15**の左側の四角の中に示す第39類号注１の規定により、その分類を決めます。

　号注１は、大きく（ａ）と（ｂ）とに分かれていて、一連の号中に「その他のもの」を定める号がある場合は（ａ）の規定が適用され、一連の号中に「その他のもの」を定める号がない場合には（ｂ）の規定が適用されます。

　図表３−15の右上の四角の中は、関税率表解説の総説の号注１に関連する部分の抜粋ですが、一連の号の中に「その他のもの」を定める号があるかないかの判断を以下のように明確化しています。

「号注１にしたがって、重合体（共重合体を含む）及び化学的に変性させた重合体は、一連の号中に「その他のもの」を定める号があるかないかにより、号注１（ａ）又は１（ｂ）の規定にしたがって分類する。

　「その他のもの」を定める号には「その他のポリエステル」及び「その他のプラスチックのもの」のような号を含まない。

　「一連の号中に」とは、同じ水準の号（すなわち、一段落ちの号（水準１）又は二段落ちの号（水準２）のことをいう。（通則６に関する解説参照）

　２種類の一連の号を有する項（例えば、第39.07項）が存在することに注意しなくてはならない。」

と解説しています。

　図表３−15の右中段の四角に第39.07項の号の構造を示しています。

　まず、一段落ちの号（水準１）の分類を見ると、表中に矢印で示すように、「その他のもの」がなく「その他のポリエステル」となっていることから、一段落ちの号（水準１）の分類、即ち、第3907.10号、第3907.2号、第3907.30号、第3907.40号、第3907.50号、第3907.6号、第3907.70号及び第3907.9号の間の分類におい

ステップ１：輸出入産品のHS番号の確定　**231**

図表3－15　第39類　プラスチック及びその製品（共重合体の分類）

（号（5桁、6桁レベル）の分類）

号注1　この類の各項において重合体（共重合体を含む。）及び化学的に変性させた重合体は、次に定めるところによりその所属を決定する。

（a）一連の号中に「その他のもの」を定める号がある場合には、次に定めるところによる。

（1）号において接頭語として「ポリ」が付された重合体（例えば、ポリエチレン、ポリアミド－6，6）は、重合体を構成する一の単量体ユニット又は当該重合体の名称が由来する二以上の単量体ユニットが全重量の95％以上を占める重合体のみをいう。

（2）第3901.30号、第3901.40号、第3903.20号、第3903.30号又は第3904.30号の共重合体は、当該共重合体の名称が由来するコモノマーユニットが全重量の95％以上を占める場合に限り、それらの号に属する。

（3）化学的に変性させた重合体は、当該重合体がより明確に他の号に該当しない場合に限り、「その他のもの」を定める号に属する。

（4）（1）、（2）及び（3）のいずれにも該当しない重合体は、一連の号中の他の号のうち、当該重合体を構成するいずれのコモノマーユニットをも重量において上回る単量体ユニットの重合体が属する号に属する。この場合において、同一の号に属する重合体を構成する単量体ユニットは、一のものとみなしその重量を合計するとともに、当該一連の号に属する重合体を構成するコモノマーユニット同士のみの重量を比較する。

（b）一連の号中に「その他のもの」を定める号がない場合には、次に定めるところによる。

（1）重合体は、当該重合体を構成するいずれのコモノマーユニットをも重量において上回る単量体ユニットの重合体が属する号に属する。この場合において、同一の号に属する重合体を構成する単量体ユニットは、一のものとみなしその重量を合計するとともに、当該一連の号に属する重合体を構成するコモノマーユニット同士のみの重量を比較する。

（2）化学的に変性させた重合体は、化学的に変性させていない重合体が属する号に属する。

ポリマーブレンドは、これを構成する単量体ユニットを同一の割合で有する重合体が属する号に属する。

（関税率表解説　総説　関連部分抜粋）

重合体（共重合体を含む）及び化学的に変性させた重合体の分類

号注1にしたがって、重合体（共重合体を含む）及び化学的に変性させた重合体は、一連の号中に「その他のもの」を定める号があるかないかにより、号注1（a）又は1（b）の規定にしたがって分類する。

「その他のもの」を定める号には「その他のポリエステル」及び「その他のプラスチックのもの」のような号を含まない。

「一連の号中に」とは、同じ水準の号（すなわち、一段落ちの号（水準1）又は二段落ちの号（水準2）のことをいう。（通則6に関する解説参照。）

2種類の一連の号を有する項（例えば、第39.07項）が存在することに注意しなくてはならない。

（A）一連の号中に「その他のもの」を定める号が存在する場合の分類
（省略）

（B）一連の号中に「その他のもの」を定める号がない場合の分類
（省略）

39.07	ポリアセタールその他のポリエーテル、エポキシ樹脂及びポリカーボネート、アルキド樹脂、ポリアリルエステルその他のポリエステル（一次製品に限る。）
3907.10	－ポリアセタール
	－その他のポリエーテル
3907.21	－－ビス（ポリオキシエチレン）メチルホスホネート
3907.29	－－その他のもの
	↑ 2段落ちの号（水準2）
3907.30	－エポキシ樹脂
3907.40	－ポリカーボネート
3907.50	－アルキド樹脂
	－ポリ（エチレンテレフタレート）
3907.61	－－粘度数が1グラムにつき78ミリリットル以上のもの
3907.69	－－その他のもの
3907.70	－ポリ乳酸
	－その他のポリエステル
	↑ 1段落ちの号（水準1）
3907.91	－－不飽和のもの
3907.99	－－その他のもの

第39.07項内の重合体の号レベルの分類

＊1段落ちの号（（－）水準1）では（b）が適用される。

＊2段落ちの号（（－－）水準2）（3907.21と3907.29）では（a）が適用される。

化学品

232 第3章 化学品

ては、号注1（b）の規定が適用されます。

　次に、二段落ちの号（水準2）の分類を見ると、第3907.2号内において、表中に矢印で示すように、二段落ちの号（水準2）の第3907.29号が「その他のもの」を定める号であることから、第3907.21号と第3907.29号との間の分類においては、号注1（a）の規定が適用されます。

　以上まとめると、図表3−15の右下の四角の中に示すように、第39.07項内の重合体の号レベルの分類について、一段落ちの号（水準1）の分類では（b）の規定が適用され、二段落ちの号（水準2）の第3907.21号と第3907.29号との間の分類では（a）の規定が適用されます。

　図表3−16は、号注1（a）を適用する例として、第39.06項に分類されるアクリル共重合体の号レベルの分類を示しています。

　まず、第39.06項の号の構造を見ると、一段落ちの号（水準1）に「その他のもの」を定める第3906.90号があることから、第39.06項内の重合体の一段落ちの号

図表3−16　第39類　プラスチック及びその製品（共重合体の分類）

（号（5桁、6桁レベル）の分類）

39.06　アクリル重合体（一次製品に限る。）
3906.10 −ポリ（メタクリル酸メチル）
3906.90 −その他のもの

号注1　この類の各項において重合体（共重合体を含む。）及び化学的に変性させた重合体は、次に定めるところによりその所属を決定する。
　（a）一連の号中に「その他のもの」を定める号がある場合には、次に定めるところによる。
　　（1）号において接頭語として「ポリ」が付された重合体（例えば、ポリエチレン、ポリアミド−6, 6）は、重合体を構成する一の単量体ユニット又は当該重合体の名称が由来する二以上の単量体ユニットが全重量の95％以上を占める重合体のみをいう。

（以下省略）

（例）
第39.06項に分類されるアクリルの重合体の号レベルの分類

＊1段落ちの号（水準1）に「その他のもの」（第3906.90号）があることから、号注1（a）が適用される。
＊第3906.10号において、接頭語に「ポリ」が付されていることから、号注1（a）（1）の規定により、
　＊第3906.10号は、ポリ（メタクリル酸メチル）の単量体ユニットを95％以上占める重合体のみを含む。
　　・ポリ（メタクリル酸メチル）の単量体ユニット ≧ 95％
　＊第3906.90号は、ポリ（メタクリル酸メチル）の単量体ユニットを95％以上占める重合体**以外**の第39.06項のアクリル重合体を含む。
　　・ポリ（メタクリル酸メチル）の単量体ユニット ＜ 95％

ステップ1：輸出入産品のHS番号の確定　**233**

（水準1）の分類では、号注1（a）が適用されます。

　次に、図表3－16左下の四角に示すように号注1（a）(1)では、「号において接頭語として「ポリ」が付された重合体（例えば、ポリエチレン、ポリアミド－6，6）は、重合体を構成する一の単量体ユニット又は当該重合体の名称が由来する二以上の単量体ユニットが全重量の95％以上を占める重合体のみをいう。」と規定されています。そこで第3906.10号の規定を見てみると、接頭語に「ポリ」が付されていることから、号注1（a）(1)の規定が当該号に適用されます。

　したがって、アクリル重合体の分類は、号注1（a）(1)の規定により、第3906.10号は、ポリ（メタクリル酸メチル）の単量体ユニットが全重量の95％以上を占める重合体のみを含むこととなります。

　一方、その他のものを分類する第3906.90号は、ポリ（メタクリル酸メチル）の単量体ユニットが全重量の95％以上を占める重合体以外の第39.06項に分類されるアクリル重合体を含むこととなります。

　これまで説明した第39類の共重合体の分類のまとめとして、**図表3－17**を用いて、スチレン（ST）－メタクリル酸メチル（MMA）－アクリル酸ブチル（BA）共重合体について、その項レベル、号レベルの分類を考えてみたいと思います。

　まず、スチレンの重合体が分類される第39.03項と、メタクリル酸メチルの重合体及びアクリル酸ブチルの重合体が分類される第39.06項の号の構造は図表3－17の下部に示すようになっています。

　次に、スチレンのモノマーユニットをST、メタクリル酸メチルのモノマーユニットをMMA及びアクリル酸ブチルのモノマーユニットをBAと表すとします。図表3－17の表の各列のタイトルに示すように、STからなる重合体は、第39.03項に分類され、第39.03項内のポリスチレンの構造が「多泡性のもの」と「その他のもの」とに分かれていることから、この事例では「多泡性のもの」でない「その他のもの」ということにすれば第3903.19号に分類されることになります。

　また、第39.06類に属するMMAからなる重合体は第3906.10号に分類され、BAからなる重合体はその他のものとして第3906.90号に分類されます。

　本共重合体の分類において、MMAとBAは、共に同一の項（第39.06項）に属する重合体を構成するコモノマーユニットなので、スチレン（ST）の重合体を分類する項（第39.03項）との間で、どちらの項に分類されるかを決める際は、一つのものとみなして重量を合計して比較することになります。

　それでは、表1行目の例の重合体について考えてみると、この重合体はST

化学品

234 第3章　化学品

の重量が全重量の95％以上を占めることから、共重合体（No）としてではなく、スチレンの重合体として第39.03項に分類されます。さらに、第39.03項内の一段落ちの号（水準1）の第3903.90号に「その他のもの」を分類する号があること、及び、同じく一段落ちの号（水準1）の第3903.1号において、接頭語として「ポリ」が付された重合体「ポリスチレン」と規定されていることから、第3903.1号には号注1（a）（1）が適用されるので、STの重量が全重量の95％以上からなる本品は、第3903.19号に分類されます。

　表2行目の例は、STの重量は全重量の50％超で95％未満で、MMAとBAとの重量の合計は全重量の5％超で50％未満です。したがって、STは95％未満ですが、MMAとBAの合計よりも重量割合が大きいことから、STの共重合体（Yes）として第39.03項に分類され、号の分類においてはその他のものとして第3906.90号に分類されます。

　表3行目の例の重合体は、STの重量割合とMMAとBAの合計の重量割合とが同じことから、項番号の大きい第39.06項に分類されます。第39.06項内の号

図表3-17　第39類　プラスチック及びその製品（共重合体の分類）

（例）共重合体の分類（項及び号レベル）
　　スチレン（ST）＊－メタクリル酸メチル（MMA）－アクリル酸ブチル（BA）共重合体の分類
　　（＊多泡性のものでない）
➡　実際にHS分類上共重合体として分類されるのは2、3及び4行目の場合のみ

ST（第3903.19項）	MMA（第3906.10項）	BA（第3906.90項）	共重合体	項（号）
ST ≧ 95％	（MMA ＋ BA）< 5％		No	39.03（3903.19）
50％ ＜ST < 95％	5％ <（MMA ＋ BA）< 50％		Yes	39.03（3903.90）
ST ＝ 50％	（MMA ＋ BA）＝ 50％		Yes	39.06（3906.90）
5％ ＜ ST < 50％	50％ <（MMA ＋ BA）< 95％		Yes	39.06（3906.90）
ST ＜ 5％	MMA≧ 95％	BA < 5％	No	39.06（3906.10）

39.03	スチレンの重合体（一次製品に限る。）
	－ポリスチレン
3903.11	－－多泡性のもの
3903.19	－－その他のもの
3903.20	－スチレン－アクリロニトリル（SAN）共重合体
3903.30	－アクリロニトリル－ブタジエン－スチレン（ABS）共重合体
3903.90	－その他のもの

39.06	アクリル重合体（一次製品に限る。）
3906.10	－ポリ（メタクリル酸メチル）
3906.90	－その他のもの

ステップ1：輸出入産品のHS番号の確定　**235**

レベルの分類は図表3−16で示した通りであり、本品は、MMAの重量が全重量の95％未満なことから、その他のものとして第3906.90号に分類されます。

　表4行目の例の重合体は、MMAとBAの合計の重量割合の方がSTの重量割合より大きいことから、第39.06項に分類されることとなり、MMAの重量が95％未満なのでその他のものとして第3906.90号に分類されます。

　表5行目の重合体は、MMAの重量割合が95％以上を占めることから、共重合体（No）ではなくMMAの重合体として第39.06項に分類され、号レベルの分類においても、号注1（a）（1）の規定により、MMAの重合体として第3906.10号に分類されることになります。

　図表3−18は、プラスチックのくず、半製品及び製品が分類される第39類の第2節の項の構造を示しています。

　簡単な形状・構造のものから複雑なものまでいろいろな物品を分類する項が

図表3−18　第39類　プラスチック及びその製品（第2節の項の構造）

第39.15項	プラスチックのくず（**注7**）
第39.16項	プラスチックの単繊維で横断面の最大寸法が1ミリメートルを超えるもの、プラスチックの棒及びプラスチックの形材（表面加工をしてあるかないかを問わないものとし、その他の加工をしたものを除く。）
第39.17項	プラスチック製の管及びホース並びにこれらの継手（プラスチック製のものに限る。例えば、ジョイント、エルボー及びフランジ）（**注8**）
第39.18項	プラスチック製の床用敷物（接着性を有するか有しないか問わないものとし、ロール状又はタイル状のものに限る。）並びにこの類の注9のプラスチック製の壁面被覆材及び天井被覆材（**注9**）
第39.19項	プラスチック製の板、シート、フィルム、はく、テープ、ストリップその他のへん平な形状の物品（接着性を有するものに限るものとし、ロール状であるかないかを問わない。）
第39.20項	プラスチック製のその他の板、シート、フィルム、はく及びストリップ（多泡性のもの並びに補強し、薄層で被覆し又は支持物を使用したもの及びこれらに類する方法により他の材料と組み合わせたものを除く。）（**注10**）
第39.21項	プラスチック製のその他の板、シート、フィルム、はく及びストリップ（**注10**）
第39.22項	プラスチック製の浴槽、シャワーバス、台所用流し、洗面台、ビデ、便器、便座、便器用の覆い、水洗用の水槽その他これらに類する衛生用具
第39.23項	プラスチック製の運搬用又は包装用の製品及びプラスチック製の栓、ふた、キャップその他これらに類する物品
第39.24項	プラスチック製の食卓用品、台所用品、その他の家庭用品及び化粧用品
第39.25項	プラスチック製の建築用品（他の項に該当するものを除く。）（**注11**）
第39.26項	その他のプラスチック製品及び第39.01項から第39.14項までの材料（プラスチックを除く。）から成る製品

分類の際には、関連する注の規定に従い、関税率表解説の各項の例示物品を参考にすることが重要

化学品

236 第3章 化学品

用意されています。それぞれの項の規定の中で下線部分の物品にどのようなものが含まれるか、その範囲を明確にするため、括弧書きで示すように多くの注が設けられています。

　したがって、プラスチックのくず、半製品及び製品の分類の際には、関連する注の規定に従うこと及び関税率表解説の各項の例示物品を参考にすることが重要です。

B．第40類（ゴム及びその製品）

　図表3-19は、ゴム及びその製品が分類される第40類の項の構造及びゴムの定義に関する注の規定を示しています。

　第40類においても、それぞれの項に含まれる物品の範囲を明確にするため、括弧書きで示すように多くの注が設けられています。

　第40類注1は、この類の「ゴム」を定義しています。この「ゴム」という用語は、文脈により別に解釈される場合を除くほか、

　(1) 天然ゴム、バラタ、グタペルカ、グアユール、チクルその他これらに類する（ゴム様している）天然ガム

　(2) 注4に定める合成ゴム

　(3) 油から製造したファクチス

　(4) 再生品

を含み、これらは、加硫してあるかないか又は硬質化してあるかないかを問いません。

　この中で合成ゴムについて定めた注4(a)には、その物理的な特性が規定されています。

　また、関税率表解説の総説に「加硫したもの」について、一般に硫黄その他の加硫剤と共に、加熱若しくは加圧によるか又は高エネルギー照射によって架橋したゴム（合成ゴムを含む。）をいうものとし、主に可塑性の状態から弾性の状態に変化したものであると説明されています。

　この関係で関税率表解説の総説に「硬質ゴム（例えば、エボナイト）」は、ほとんど柔軟性及び弾力が失われるまで高率の硫黄でゴムを加硫することによって得られるものと説明されています。

　硬質ゴム及びその製品は、その形状のいかんを問わず、くずも含めて第40.17項に分類されます。

　本稿の(3)第7部（プラスチック及びゴム並びにこれらの製品）の最初の部分

ステップ 1 ：輸出入産品のHS番号の確定　**237**

図表3－19　第40類　ゴム及びその製品（項の構造及びゴムの定義に関する注）

第40.01項	天然ゴム等（**注5**）（一次製品（**注3**）、板、シート又はストリップ）（**注9**）
第40.02項	合成ゴム等（**注4、5**）（一次製品（**注3**）、板、シート又はストリップ）（**注9**）
第40.03項	再生ゴム（一次製品（**注3**）、板、シート又はストリップ）（**注9**）
第40.04項	ゴムのくず等（**注6**）（硬質ゴムを除く）
第40.05項	配合ゴム（一次製品（**注3**）、板、シート又はストリップ）（**注9**）
第40.06項	加硫していないゴム（その他の形状及び製品）
第40.07項～第40.10項	加硫したゴム製の製品（糸、板、管、ベルト等）（**注7、8、9**）
第40.11項～第40.13項	ゴム製のタイヤ（新品、更生、中古）、インナーチューブ
第40.14項～第40.16項	加硫したゴム製の各種製品（衛生用品、衣類、その他の製品）
第40.17項	硬質ゴム及びその製品

注1　（ゴムの定義）
1　この表において「ゴム」とは、文脈により別に解釈される場合を除くほか、天然ゴム、バラタ、グタペルカ、グアユール、チクルその他これらに類する天然ガム、合成ゴム及び油から製造したファクチス並びにこれらの再生品（加硫してあるかないか又は硬質化してあるかないかを問わない。）をいう。

注4　（合成ゴム）
（a）不飽和の合成物質で、硫黄による加硫により不可逆的に非熱可塑性物質とすることができ、かつ、この非熱可塑性物質が、温度18度から29度までにおいて、もとの長さの3倍に伸ばしても切れず、もとの長さの2倍に伸ばした後5分以内にもとの長さの1.5倍以下に戻るもの。（以下省略）

第40類　関税率表総説（抜粋）
　「加硫したもの」とは、一般に硫黄その他の加硫剤とともに、加熱若しくは加圧によるか又は高エネルギー照射によって架橋したゴム（合成ゴムを含む。）をいうものとし、主に可塑性の状態から弾性の状態に変化したものである。
　硬質ゴム（例えば、エボナイト）は、ほとんど柔軟性及び弾力が失われるまで高率の硫黄でゴムを加硫することによって得られる。

化学品

第40類 ＞ 第39類　（第39類　注2（I）の除外規定参照）

で、第40類注2（d）により、この類から第16部（機械類・電気機器等）に除外される物品は、硬質ゴム製のものに限られていて、加硫ゴム製であっても硬質ゴム製でないものは除外されないことに注意が必要と説明しましたが、第40.17項の関税率表解説に、この項に含まれずに他の類に含まれる硬質ゴム製の物品について、以下のように明確化されています。

（a）第16部の機械類、電気機器及びこれらの部分品（全ての種類の電気用品を含む。）で硬質ゴム製のもの

238 第3章 化学品

(b) 第86類から第88類までのいずれかの項に属する車両用、航空機用等の硬質ゴム製の部分品及び附属品

(c) 第90類の医療用又は獣医用の機器その他の機器

(d) 楽器並びにその部分品及び附属品 (第92類)

(e) 床尾板その他の武器の部分品 (第93類)

(f) 第94類の家具、照明器具及びその他の製品

(g) 玩具、遊戯用具及び運動用具 (第95類)

(h) 第96類のブラシその他の製品。

なお、ゴムも高分子なので重合体として第39類にも分類される可能性がありますが、第39類注2 (1) で第40類の方が第39類よりも優先されることが規定されています。

最後に、第40類の関税率表解説の総説を基に参考として、この類の項の一般的な配列を**図表3-20**に、また、ゴムと紡織用繊維とを結合したものでこの類に分類されるものをその根拠となる第11部の類注とともに**図表3-21**に示します。

図表3-20　第40類　ゴム及びその製品 (項の一般的な配列)

第40類　関税率表総説 (抜粋)
(a) 注5に定めるものを除き、第40.01項及び第40.02項には、本質的に原料ゴム (一次製品、板、シート及びストリップに限る。) を含む。
(b) 第40.03項及び第40.04項には、再生ゴム (一次製品、板、シート及びストリップに限る。) 及びゴムのくず (硬質ゴムのものを除く。) 並びにこれらから得た粉及び粒を含む。
(c) 第40.05項には、配合ゴム (一次製品、板、シート及びストリップで加硫していないものに限る。) を含む。
(d) 第40.06項には、加硫してないゴムのその他の形状のもの及び製品 (配合しているかいないかを問わない。) を含む。
(e) 第40.07項から第40.16項までには、加硫したゴムの半製品及び製品 (硬質ゴムのものを除く。) を含む。
(f) 第40.17項には、硬質ゴム (形状のいかんを問わないものとし、くずを含む。) 及び硬質ゴムの製品を含む。

ステップ２：EPA特恵税率の対象品目か否かの確定　**239**

図表３－21　第40類　ゴム及びその製品
（ゴムと紡織用繊維とを結合したものの所属）

第11部注１（ij）、第56類注３及び第59類注５により決定される。

第40類に分類されるもの（関税率表解説参照）
(a) フェルトにゴムを染み込ませ、塗布し、被覆し又は積層したもので、紡織用繊維の重量が全重量の50％以下の物品及びフェルトをゴムの中に完全に埋め込んだ物品（第56類注３（a）参照）
(b) 不織布をゴムの中に完全に埋め込んだ物品及び不織布の両面を完全にゴムを塗布し又は被覆した物品で、色彩の変化を考慮することなく、塗布又は被覆していることが肉眼により判別できる物品（第56類注３（b）参照）
(c) 紡織用繊維の織物類で、ゴムを染み込ませ、塗布し、被覆し又は積層したもののうち一平方メートルの重量が1,500グラムを超え、かつ、紡織用繊維の重量が全重量の50％以下のもの（第59類注５（a）参照）
(d) 紡織用繊維の織物類、フェルト又は不織布とセルラーラバーの板、シート又はストリップとを結合したもので紡織用繊維が単に補強の目的で使われているもの（第56類注３（c）、第59類注５最終パラグラフ参照）

化学品

ステップ２：EPA特恵税率の対象品目か否かの確定

ステップ３：特恵マージン（一般税率と特恵税率の差）の確認

ステップ４：関税割当制度等の対象か否かの確認

　これらステップについては、繊維・繊維製品で説明した内容が同様に適用できますので、第２章「繊維・繊維製品」の説明をご参照下さい。

ステップ５：原産地規則を満たすか否かの確認

　このステップで満たすか否かを確認する原産地規則として、産品がEPAの原産品であるかどうか判断する基準（原産性判断基準）を満たすか否かの確認が最も重要となります。

240 第3章 化学品

1. 化学品の原産性判断基準

　原産性判断基準として、「完全生産品」、「原産材料のみから生産される産品」、及び「品目別規則を満たす産品」の３つの基準があり、化学品では、その生産工程の最も上流にある原油等鉱物性生産品に対しては「完全生産品」の定義が適用される場合があります。さらに生産工程が進んだ産品では、産品の生産に直接使用される材料（一次材料）がすべて原産材料と認められる場合には「原産材料のみから生産される産品」の基準が適用できますが、多くの場合、一次材料がすべて原産材料かどうか明確でないことから、一次材料に非原産材料を使用する場合に適用される「品目別規則を満たす産品」の基準が用いられます。よって、次に化学品に適用される品目別規則について説明します。

2. 化学品の生産工程とHS品目表

　化学品は、HS品目表第５部の鉱物性生産品などを原料に、分解又は合成などによる化学的に新たな物質を形成する化学反応や、原料から不純物を除去する精製、原料を混合・調合するなどの工程によって生産され、特に、第39類及び第40類のプラスチック及びゴムの一次製品については、第29類の有機化学品の重合などにより、また、それらの製品については、一次製品と他の化学品との調合・加工により生産されます。

　ここで、化学品の例として、プラスチック製品の生産工程と使用される各段階の材料が分類されるHS番号を**図表３−22**に示します。

図表３−22　化学品の生産工程とHS品目表（品目別）

産品			生産工程	HS品目番号
プラスチック（製品）				第39.16項〜第39.26項
↑		↑	（調合・加工）	
化学製品	→	プラスチック（一次製品）		化学製品（第30類〜第38類）プラスチック（一次製品）（第39.01項〜第39.14項）
↑		↑	（混合・調合・化学反応等）	
有機化合物・無機化合物				第28類及び第29類
		↑	（化学反応等）	
石油等				第５部（鉱物生産品）等

ステップ5：原産地規則を満たすか否かの確認　**241**

　このように、化学品については、多くの場合、産品と材料の間でHS番号の変化を伴うことから、化学品の品目別規則の具体的な規定方式として、関税分類変更基準が採用され、それを補足する形で、付加価値基準や加工工程基準（以下、「化学品ルール」といいます。）が用いられます。

3．化学品の品目別規則

（1）化学品の品目別規則における化学品ルールの規定方法

　化学品の品目別規則における化学品ルールの規定方法として、以下の2つの方法に分けられます。

A．CPTPP以外の化学品ルールを採用するEPA（EU、英国、豪州、シンガポール、チリ、タイ、インドネシア、ブルネイとのEPA、RCEP）

　品目別規則又は品目別規則の部の注釈に、化学品ルールの詳細な定義を規定し、各HS品目表番号の品目別規則に、どの化学品ルールが適用されるかが個別に規定されています。

B．CPTPP

　品目別規則の部又は類の注釈に、化学品ルールの詳細な定義及びそれらが適用されるHS品目表番号が規定されています。

　よって、各HS品目表番号の品目別規則への個別の記載はないため、どの品目に化学品ルールが適用されるかは注釈を参照する必要があります。

（2）化学品の代表的な品目の品目別規則

　ここで、プラスチック製品として、「プラスチック製の板、シート、フィルム、はく及びストリップ（ポリ塩化ビニル製のもの）」（第3921.12号）を例に、日本のすべてのEPAの品目別規則の内容及びそのタイプを**図表3−23**に示すとともに、各タイプの具体的な規則の例を示します。

A．CTH＋付加価値基準（日メキシコEPA）

　第3921.12号の産品への他の項の材料からの変更及び域内原産割合が50％以上であること。

242 第3章 化学品

図表3−23　プラスチック製の板、シート、フィルム、はく及び
ストリップ(ポリ塩化ビニル製のもの)(第3921.12号)の品目別規則

EPA相手国等	規則の内容	規則のタイプ
メキシコ	CTH及びRVC50%	CTH及び付加価値基準
インド	CTH	CTH
CPTPP	CTSH	CTSH
EU、英国	CTH、MaxNOM50%(EXW)又はRVC55%(FOB)	
ペルー	CTH又はQVC50%	
フィリピン	CTH又はQVC40%	CTH又は付加価値基準
RCEP、アセアン	CTH又はRVC40%	
ベトナム	CTH又はLVC40%	
スイス	CTH又はMaxNOM60%(EXW))	
マレーシア、モンゴル	CTSH又はQVC40%以上	CTSH又は付加価値基準
豪州	CTSH、又は、化学反応、精製、粒径の変更又は異性体分離	CTSH又は化学品ルール
チリ	CTH、QVC45%(控除方式)又はRVC30%(積上げ方式)、又は、化学反応、精製、異性体分離又は生物工学的工程	CTH、付加価値基準又は化学品ルール
タイ、インドネシア、シンガポール	CTH、QVC40%、又は、化学反応、精製、異性体分離又は生物工学的工程	
ブルネイ	CTSH、QVC40%、又は、化学反応、精製、異性体分離又は生物工学的工程	CTSH、付加価値基準又は化学品ルール

B．CTH(日インドEPA)、CTSH(CPTPP)

　(例)第3921.11号から第3921.90号までの各号の産品への他の号の材料からの変更(CPTPP)

C．CTH又は付加価値基準(EU、英国、ペルー、フィリピン、RCEP、アセアン、ベトナム、スイスとのEPA)、CTSH又は付加価値基準(マレーシア、モンゴルとのEPA)

　(例)CTH、MaxNOM50%(EXW)又はRVC55%(FOB)(日EU・EPA)

D．CTSH又は化学品ルール(日豪EPA)

　CTSH又はCR、P、CPS又はIS

　(注)各略語は、附属書2(品目別規則)の一般的注釈に、CRは化学反応、Pは精製、CPSは粒径の変更、ISは異性体分離として定義されています。

E．CTH、付加価値基準又は化学品ルール（チリ、タイ、インドネシア、シンガポールとのEPA）、CTSH、付加価値基準又は化学品ルール（日ブルネイEPA）

（例）CTH、QVC40又は化学反応、精製、異性体分離若しくは生物工学的工程がいずれかの締約国において行われること。（日タイEPA）

4．日本のEPAの原産地規則（化学品に関連が深い規定）

（1）加工工程基準

「加工工程基準」は、化学品や繊維・繊維製品などで採用されており、産品が指定された製造工程や加工によって生産されていれば原産品としての資格が付与されるもので、具体的内容は各EPAにより異なります。

当該基準は、長所としては、比較的確認が容易である製造工程や加工の実施の有無によって原産品であるかどうかの判断を行えることが挙げられます。一方で、短所としては、日進月歩の技術革新の時代には基準の更新が不可欠となりますが、それに合わせたタイムリーな規則の改正は困難であること、立証によって社外秘が漏洩する恐れがあることが挙げられます。

その典型的な例として、図表3－24に化学反応の例を示します。この例では、産品であるグリセリンが材料であるプロピレンから生産されますが、化学反応

図表3－24　加工工程基準の例示（化学反応）

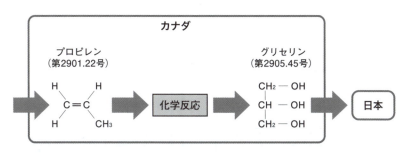

CPTPPの第2905.45号の品目別規則：第2905.11号から第2905.59号までの各号の産品への他の号の材料からの変更、**化学反応**、精製、標準物質、又は異性体分離。

244 第3章 化学品

が行われていることを産品と材料の間の分子構造の変化によって確認すること
ができます。品目別規則の例として、CPTPPの第2905.45号の品目別規則[3]を
見ると、関税分類変更基準(号変更基準(CTSH))に加えて、加工工程基準とし
て、化学反応など工程が指定されているのが分かります。なお、CPTPPでは、
化学反応以外に、精製、標準物質、異性体分離が指定されていますが、化学品
に多く用いられる加工工程基準(「化学品ルール」)について、次に詳しく説明し
ます。

(2)化学品ルール

化学品では、多くの場合、産品と材料の間でHS番号の変化を伴うことから、
品目別規則として関税分類変更基準が採用される一方で、膨大な数の化学品に
対しHS番号は限られ、すべての場合にHS番号の変更が生じるわけではないこ
とから、それを補足する形で、付加価値基準、さらには、確認が容易である特定
の生産技術・工程の実施の有無に着目した加工工程基準が設けられています。
これら加工工程基準では、特定の生産技術・工程として、「化学反応」に加えて、
「混合及び調合」、「精製」、「粒径の変更」、「標準物質の生産」、「異性体分離」及び
「生物工学的工程」(これらを総称して「化学品ルール」としています。)が用いら
れています。

化学品ルールの導入は、CPTPP、日EU・EPA、また、USMCA[4]など近年の
メガEPA・FTAでその導入が進んできており、日本のアセアン加盟国との二国

図表3-25 化学品ルールの採用状況

EPA相手国等	化学品ルール						
	化学反応	混合・調合	精製	粒径の変更	標準物質の生産	異性体の分離	生物工学的工程
メキシコ、マレーシア、アセアン、フィリピン、スイス、ベトナム、インド、ペルー、モンゴル	×	×	×	×	×	×	×
RCEP	○	×	×	×	×	×	×
シンガポール、チリ、タイ、インドネシア、ブルネイ	○	×	○	×	×	○	○
豪州	○	×	○	○	○	○	×
CPTPP	○	○	○	○	○	○	×
EU、英国	○	○	○	○	○	○	○

(注)○は化学品に横断的に適用されることを意味しない。

間のEPAをみると、シンガポール、タイ、インドネシア、ブルネイとのEPAで「化学反応」、「精製」、「異性体分離」及び「生物工学的工程」が採用されてきています。しかしながら、RCEPでは「化学品ルール」について、化学反応のみがごく一部の品目で採用されるにとどまり、この流れは大きく後退しました（**図表3-25**参照）。

　なお、化学品ルールは、化学品に横断的に適用されるものではなく、適用の有無については、各EPAの個別品目の品目別規則の確認が必要です。

　以下、各化学品ルールについて説明します。

A．化学反応

　「化学反応」とは、化学品ルールの中でも最も多く採用されているもので、分子内の結合を切断し、かつ、新たな分子内の結合を形成すること又は分子内の原子の空間的配列を変更することにより、新たな構造を有する分子を生ずる工程をいい、次の事項を含まないとされています。

① 水その他の溶媒への溶解
② 溶媒（溶媒水を含む。）の除去
③ 結晶水の追加又は除去

B．混合及び調合

　「混合及び調合」とは、所定の仕様と合致させるための材料の意図的な、かつ、比例して制御された混合又は調合（分散を含む。）であって、当該産品の用途に関係し、かつ、投入された材料と異なる物理的又は化学的特徴を当該産品に与えるものをいいます。

C．精製

　「精製」とは、不純物の削減又は除去の工程であって、次のいずれかに該当するものをいいます。

① 存在する不純物の含有量の80％以上の除去をもたらす工程
② 一又は二以上の次の応用に直接適する産品をもたらす工程（CPTPP、日EU・EPA（日英EPA）、日豪EPA以外）

　a．医薬用、医療用、化粧用、獣医用又は食品等級の物質
　b．分析用、診断用又は実験用の化学品及び試薬
　c．マイクロエレクトロニクスにおいて用いる元素及び成分

246 第3章　化学品

  d．特殊光学的用途

  e．生物工学的用途

  f．分離工程に用いる支持体

  g．原子力等級用途

D．粒径の変更

　「粒径の変更」とは、産品の粒径の意図的なかつ制御された変更（重合体の溶解及びその後の沈殿又は析出による微粒化を含み、破砕又は圧縮のみによるものを除く。）であって、当該変更の結果として生ずる産品の用途に関係する特定の粒径、粒径分布又は表面積及び投入された材料と異なる物理的又は化学的特徴を有する産品を生ずるものをいいます。

E．標準物質の生産

　「標準物質」（標準溶液を含む。）とは、分析、校正又は参照のための使用に適する調製品であって、正確な純度又は比率を有するものとして製造者により証明されたものをいいます。

F．異性体分離

　「異性体分離」とは、異性体の混合物からの異性体の単離又は分離の工程をいいます。

　異性体とは、分子式が同じであるが、原子の配列や構造などが異なる分子同士をいい、その例として、右手と左手のように、お互いが鏡に映した関係にあり、立体的に一致しない分子同士である鏡像異性体があります。鏡像異性体は、沸点・融点などの物理的性質がほとんど同じで、その分離・分割は容易ではありませんが、体内において異なる作用をするといった特徴から、技術的進歩により分離・分割が行われ、医薬品等の用途に用いられています。

G．生物工学的工程

　「生物工学的工程」とは、次のいずれかのものをいいます。

 ①　微生物又は人、動物若しくは植物の細胞の生物学的若しくは生物工学的な培養、交配又は遺伝子の改変

 ②　細胞構造又は細胞間構造の生成、単離、精製、（日EU・EPA（日英EPA）のみ）発酵

ステップ5：原産地規則を満たすか否かの確認　**247**

（3）基礎的基準の例外

　ここでは、原産性判断基準の3つの基準の例外規定である「基礎的基準の例外」[5]のうち、僅少の非原産材料（デミニミス）の規定について、補足的に説明します。

　「僅少の非原産材料」（「デミニミス」と呼ばれる）とは、生産に使用した非原産材料がごく僅かであるにもかかわらず、当該非原産材料の使用により品目別規則を満たさない場合に、当該非原産材料が全体として特定の割合を超えないときには、品目別規則の適用（通常、関税分類変更基準にのみに適用[6]）対象から除外する規定です。

　化学品（第28類〜第40類）の場合には、多くの場合当該産品の価額の10％以下と規定[7]されています。

　化学品については、品目別規則に、加工工程基準として、前述の化学品ルールが規定されている場合がありますが、化学品ルールはその性格上、産品に使用された材料から産品への変更を全体としてみて、特定の工程が行われていることを求めており、一部の非原産材料のみが当該工程に関与しないことは考えにくいため、デミニミスの規定の適用の必要性がないと考えられます。このことは、CPTPPの附属書3-D品目別原産地規則の第6部部注1「化学反応に係る規則」で「（略）第28類から第38類までの各類の産品であって化学反応が行われるもの</u>は、当該化学反応が一又は二以上の締約国の領域において行われる場合には、原産品とする」と「産品であって化学反応が行われる」と規定されていることからも窺えます。

　なお、付加価値基準では、非原産材料の価額は、そのまますべての価額が計算式に用いられ、デミニミスの対象とならないので注意が必要です。

（4）RCEPの品目別規則（化学品）

　RCEPでは、化学品のほとんどの品目において、品目別規則として、CTH/CTSH（関税分類変更基準）又はRVC40（40％付加価値基準）の選択制であり、それに加え、ごく一部の品目[注]で「化学反応」が選択肢として採用されています。

　　（注）HS4桁ベースでわずか9品目（第29.01項、第29.02項、第29.07項、第29.09項、第29.14項、第2916.15号、第29.20項、第38.11項及び第38.24項）についてのみ採用。

　このように、RCEPでは、「化学品ルール」について、化学反応のみがごく一部の品目で採用されるにとどまり、これにより、RCEPでは、関税分類変更基準を

化学品

図表3-26 品目例（アスピリン（第2918.22号））

EPA相手国等	品目例（アスピリン（第2918.22号））の規則の内容
CPTPP	CTSH、又は、化学反応, 精製, 標準物質の生産又は異性体分離
タイ、シンガポール、インドネシア、ブルネイ	CTSH、QVC40％、又は、化学反応, 精製, 異性体分離又は生物工学的工程
フィリピン、マレーシア、ベトナム	CTSH又はRVC40％
EU、英国	CTSH、MaxNOM50％（EXW）又はRVC55％（FOB）、又は化学反応、精製、粒径の変更、標準物質の生産、異性体分離又は生物工学的工程
RCEP、アセアン	CTH又はRVC40％

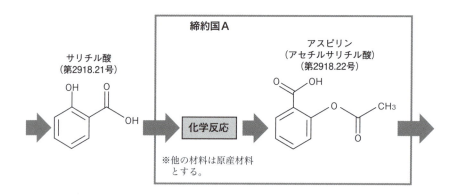

満たさない場合、原産品か否かの判断が容易な化学品ルールを適用できず、付加価値基準を満たすかどうかの計算を行うことが求められることから、より使いにくい規則となっています。例として、産品であるアスピリン（アセチルサリチル酸）（第2918.22号）を非原産材料であるサリチル酸（第2918.21号）から製造した場合、関税分類変更基準としてCTSH（号変更基準）が規定されたCPTPP、日EU・EPA等多くのEPAと異なり、RCEPではCTH（項変更基準）が規定され、また、化学反応も規定されていないことから、もう一つの選択肢である付加価値基準（RVC40）を満たすかの確認が必要となります（**図表3-26**）。

5. 証明資料の作成

　証明資料とは、EPAの原産地規則（原産性判断基準）を満たしていることを具体的に確認するために作成する資料です。証明資料は、ステップ6で作成される原産地証明の基となる資料であり、根拠資料とその根拠資料に記載された内

ステップ５：原産地規則を満たすか否かの確認　**249**

容の裏付けとなる資料（裏付資料）から構成されます。

　証明資料の作成については、第１章「機械類」で、関税分類変更基準と付加価値基準についての証明資料の作成方法及び証明資料作成において特に留意すべき事項を、第２章「繊維・繊維製品」の事例研究においても、関税分類変更基準についての証明資料作成の具体例を示しましたので、そちらをご参照下さい。

　加工工程基準（化学品ルール）を適用する場合に作成する証明資料については、対比表（関税分類変更基準）、計算ワークシート（付加価値基準）といった根拠資料として一般的に利用可能な様式は見当たりませんが、加工工程基準の根拠資料には、特定の製造又は加工の作業が行われていることが確認できる事実を記載するとともに、裏付資料として、契約書、製造工程フロー図、生産指図書、生産内容証明書等（当該基準に係る特定の製造又は加工の作業が行われていることが確認できるもの）が必要となります。なお、日本商工会議所への第三者証明の申請において、具体的にどのような資料が必要かについては、個別にご照会いただくようお願いします。

　第２章「繊維・繊維製品」のステップ６（原産地証明の作成）で述べたように、日本への輸入で自己申告を用いる場合、原産地申告書に加え、原産品申告明細書及び関係書類の提出が必要となりますが、これらは証明資料（根拠資料とその裏付資料）と同じ位置づけのものとして、加工工程基準の証明資料作成に当たって参考となりますので、後述の事例研究において、加工工程基準を適用する場合の原産品申告書、原産品申告明細書及び関係書類の具体例を示します。

６. 事例研究

　具体的な事例として、次に示す８－ヒドロキシキノリン[8]の日本への輸入を取り上げて、品目別規則適用のポイント及び証明資料の作成について説明します。

（1）産品：８－ヒドロキシキノリン

　輸出者から入手した「Material List」（**図表３－27**）により、以下の情報を確認しています。

① **仕出国**：ドイツ、カナダ、タイ
② **HS番号**：第2933.49号
③ **材料**

250 第3章　化学品

図表3－27　Material List―産品の全材料の確認資料
（例：ドイツの輸入者からのもの）

ZEIKAN CHEMISCH DEUTSCHLAND CO., LTD.
Paretzer Str.111, 10713 Belrin, GERMANY

Material List

Product Name: 8-Hydroxyquinoline
PO No: 1358615
HS Code: 2933.49
Weight: 50kg

	Material	HS code	Price	Origin
1	Quinoline	2933.49	$12,000	Imported from Thailand
2	Potassium Hydroxide	28.15	$2,000	Imported from China
3	Sulphuric Acid	28.07	$1,000	Supplied in Germany
4	Sodium Hydroxide	28.15	$1,000	Supplied in Germany

ZEIKAN CHEMISCH DEUTSCHLAND CO., LTD.
Quality Control Manager
Adelbert

01 キノリン	輸入品
02 水酸化カリウム	輸入品
03 硫酸	国内サプライヤーから調達
04 水酸化ナトリウム	国内サプライヤーから調達

④　**製造工程**：仕出国内の輸出者自社工場において、上記材料を使用し、産品を製造。

（2）第1段階：すべての材料についてHS番号を確認します。

01 キノリン	第2933.49号
02 水酸化カリウム	第28.15項
03 硫酸	第28.07項
04 水酸化ナトリウム	第28.15項

（注）本事例では、簡略化のために、必要な関税分類変更の有無の確認に必要なHS番号のみ記載

ステップ5：原産地規則を満たすか否かの確認　**251**

図表3－28　産品に適用される品目別規則

HS番号	CPTPP	日EU・EPA	RCEP
第2933.49号	CTSH、又は、 第6部の注釈のうち、 注1　化学反応に係る規則 注2　精製に係る規則 注5　標準物質に係る規則 注6　異性体分離に係る規則、 が適用	CTSH、化学反応、精製、粒径の変更、標準物質の生産、異性体分離若しくは生物工学的工程が行われること、MaxNOM50％又はRVC55％	CTH 又は RVC40％

(3) 第2段階：産品に適用される品目別規則（関税分類変更基準）を確認します。

　当該産品（「8－ヒドロキシキノリン」（第2933.49号））に適用されるCPTPP、日EU・EPA、RCEPの品目別規則は**図表3－28**のとおり、CPTPPでは関税分類変更基準と加工工程基準が選択、日EU・EPAには関税分類変更基準、加工工程基準及び付加価値基準が選択、RCEPは、関税分類変更基準と付加価値基準が選択できます。

(4) 第3段階：品目別規則を満たすかを確認します。

A．関税分類変更基準を満たすか確認

　最初に、CPTPP、日EU・EPA及びRCEPのすべての場合に選択可能な関税分類変更基準の適用を検討します。この場合、CPTPP及び日EU・EPAでは第2933.49号以外、RCEPでは第29.33項以外であれば、使用された材料が非原産材料であっても関税分類変更基準を満たすことから、非締約国から調達した材料のみならず、締約国内で調達したが、どこで生産されたか分からない材料、締約国内で生産されたが、EPAの原産性判断基準を満たしているか不明な材料をすべて非原産材料と扱った場合であっても必要な関税分類変更基準を満たすかどうかをまず確認します。その理由として、材料を非原産材料として扱う場合、その価額又は原産情報は必要とされませんが、後述するように、当該材料にデミニミスの適用をする場合、又は、当該材料を原産材料として扱う場合、価額又は原産情報の確認・証明を行う必要が生じるためです。

　今回の産品については、第2933.49号に分類される「材料01（キノリン）」が使用されており、CPTPP、日EU・EPA及びRCEPのすべてにおいて、関税分類

化学品

252 第3章 化学品

図表3−29 Process Flow Chart — 製造工程の確認資料（例：ドイツの輸出者からのもの）

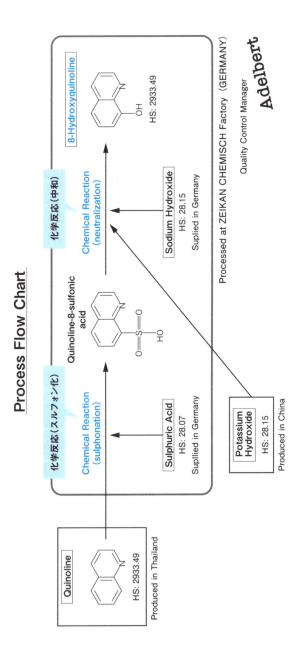

変更基準を満たしません。

B．加工工程基準を満たすか確認

次に、CPTPPでは、加工工程基準（化学品ルール）として、化学反応、精製、標準物質の生産又は異性体分離が行われることが、日EU・EPAでは、化学反応、精製、粒径の変更、標準物質の生産、異性体分離又は生物工学的工程が行われることが規定されていますので、これらの適用を検討します。

産品の製造工程において、これら加工工程基準（化学品ルール）が求める工程が行われているかどうかを確認するため、輸出者に製造工程の情報を求め、「Process Flow Chart」（**図表３−29**）を入手します。

これにより、製造工程において、加工工程基準（化学品ルール）の１つである「化学反応」が起こっていることが確認され（**図表３−30**）、CPTPP及び日EU・EPAの品目別規則（加工工程基準）を満たし、CPTPP及び日EU・EPA上の原産品と認められます。

**図表３−30　加工工程基準を満たすか否かの確認
（例：ドイツの輸出者からのもの）**

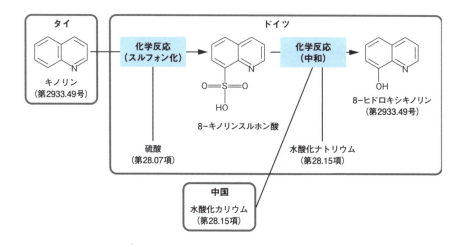

254 第3章 化学品

（5）品目別規則（関税分類変更基準）を満たさない材料がある場合の選択肢の検討

　まず、選択肢1として、デミニミスを適用して、その規定を満たすかを確認し、デミニミスの規定を満たさない場合に、当該材料が原産材料と認められるかを確認します。

選択肢1　デミニミスの規定を満たすかを確認

　当該産品（「8-ヒドロキシキノリン」（第2933.49号））に適用される基準は、CPTPP、日EU・EPA及びRCEPのすべての場合において、「全ての非原産材料の価額が当該産品の価額の10パーセントを超えないとき」とされています。

　産品及び当該材料の価額情報を確認して計算すると、

産品：8-ヒドロキシキノリン・・・・・・価額　FOB $20,000
材料01：キノリン・・・・・・輸入価額　$12,000
$(12,000/20,000) \times 100 = 60\% > 10\%$

となり、当該基準を満たさず、デミニミスは適用できないことになります。

選択肢2　品目別規則（関税分類変更基準）を満たさない材料が、原産材料と認められるかを確認

　品目別規則（関税分類変更基準）を満たさない「材料01（キノリン）」は、第三国から輸入された非原産材料ですので、この選択肢は使えないこととなります。

（6）付加価値基準の適用可能性の検討

　日EU・EPAでは、付加価値基準として、MaxNOM50％又はRVC55％が、RCEPでは、RVC40％が設定されており、これら設定された付加価値基準を満たすかどうかの確認のため、産品、すべての材料の価額及び生産等に要する費用の情報を確認します。

産品：8-ヒドロキシキノリン	価額 FOB $ 20,000
材料	
01 キノリン	$12,000

ステップ5：原産地規則を満たすか否かの確認　**255**

02 水酸化カリウム	$2,000
03 硫酸	$1,000
04 水酸化ナトリウム	$1,000
製造コスト・経費	$2,000
利益	$1,500
運送コスト	$500

　「材料03 硫酸」及び「材料04 水酸化ナトリウム」はサプライヤーからの情報が得られないので非原産材料と扱い、RVC（FOB）又はMaxNOM（EXW）の計算式を適用し、閾値を満たすかどうかを確認します。

$$RVC\,(FOB) = \frac{\textbf{FOB価額} - \textbf{非原産材料価額}}{\textbf{FOB価額}}$$

$$= \frac{\$20,000 - \$16,000}{\$20,000} = 20\% \leq 55\%$$

$$MaxNOM\,(EXW) = \frac{\textbf{非原産材料価額}}{\textbf{工場渡し価額（EXW）}}$$

$$= \frac{\$16,000}{\$20,000 - \$500} = 82.1\% \geq 50\%$$

　上記のとおり、本事例では、日EU・EPA及びRCEPの付加価値基準は、RVC（FOB）がそれぞれ55％以上及び40％以上であること、また、日EU・EPAについて、もう一つの選択肢であるMaxMOM（EXW）が50％以下であることを要求していますが、いずれの閾値も満たさず、日EU・EPA及びRCEPともに、付加価値基準を満たしません。

（7）品目別規則を満たすかの確認結果

①　関税分類変更基準

　産品と材料01（キノリン）とHS番号の号の変更がなく、デミニミスの規定も満たさないことから、関税分類変更基準（CTH/CTSH）を満たしません。

②　加工工程基準

　輸出国における製造工程において、「化学反応」が起こっていることが確認で

化学品

256 第3章 化学品

きるため、加工工程基準（化学品ルール）を満たし、CPTPP及び日EU・EPA上の原産品と認められます。

③ 付加価値基準

日EU・EPAのMaxNOM50％又はRVC55％、RCEPのRVC40％のいずれの閾値も満たさず、日EU・EPA及びRCEPともに、付加価値基準を満たしません。

よって、産品8－ヒドロキシキノリンは、上記品目別規則のうち、加工工程基準を満たしCPTPP及び日EU・EPA上の原産品と認められます。

（8）輸入者自己申告用の原産品申告書、原産品申告明細書及び関係書類の作成

この事例について、日EU・EPAを適用する場合の輸入者自己申告用の原産品申告書及び原産品申告明細書をそれぞれ**図表3－31**及び**図表3－32**に示します。

原産品申告明細書の記載にあたってのポイントとして、「2．産品が原産性の基準を満たすことの説明」の欄に、産品の製造工程において「化学変化」が起こっていることを確認した事実を具体的に記載します。

関係書類として、産品の全材料の確認資料として「Material List」（図表3－27）、製造工程の確認資料として「Process Flow Chart」（図表3－29）を添付します。

輸出者自己申告の場合は、輸出者による原産地に関する申告（原産品申告書）は、仕入書その他の商業上の文書に、協定附属書3-Dに定められた申告文を用いて作成しますが、本事例の原産品申告書の例を**図表3－33**に示します。この場合の原産品申告明細書及び関係書類については、輸入者が、輸出者から産品が原産品であることに係る追加的な情報（資料）を入手している場合は、輸入者自己申告と同様のものを提出しますが、輸入者が、輸出者から原産品申告書以外の情報を入手できない場合は、それらの提出は不要であり、この場合、NACCSの原産地証明識別コード欄に所定のコードを入力します。

ステップ5：原産地規則を満たすか否かの確認　**257**

図表3－31　原産品申告書（輸入者自己申告用）

＜原産品申告書の記載例＞

原産品申告書
（経済上の連携に関する日本国と欧州連合との間の協定）

　　本書は、協定第3・18条に規定する「輸入者の知識」に基づく自己申告を行う場合に、任意様式として使用することができる。

1. 輸出者の氏名又は名称及び住所（国名を含む） ZEIKAN CHEMISCH DEUTSCHLAND CO., LTD. Paretzer Str. 111, 10713 Belrin, GERMANY			
No.	2. 産品の概要 品名、仕入書の番号（一回限りの輸入申告に使用する場合で、判明している場合）等、輸入申告に係る内容と原産品申告書に係る内容との同一性が確認できる事項を記入する。	3. 関税分類番号 （6桁、HS2017）	4. 適用する原産生の基準（A、B、C（Cの場合1、2、3） 適用するその他の原産生の基準（D、E）
1	8-Hydroxyquinoline PO No.1358615 仕入書番号：OBTH-035	第2933.49号	C3
			適用する原産性の基準： 品目別規則を満たす産品➡C 加工工程基準➡3
5. 包括的な時間（同一の産品が2回以上輸送される場合の期間）			
6. その他の特記事項			

7. 以上のとおり、2.に記載する産品は、経済上の連携に関する日本国と欧州連合との間の協定に基づく欧州連合の原産品であることを申告します。

作成年月日：　2021年6月30日

作成者の氏名又は名称：　税関化学株式会社

作成者の住所又は居所：　東京都港区海岸2－7－68

代理人の氏名又は名称：

代理人の住所又は居所：

※A：完全生産品、B：原産材料のみから生産される産品、C：品目別規則を満たす産品、1：関税分類変更基準、2：付加価値基準、3：加工工程基準、累積若しくは許容限度の規定を適用した場合　D：累積、E：許容限度

化学品

258 第3章 化学品

図表3－32 原産品申告明細書

<原産品申告明細書の記載例>

産品が原産性の基準を満たすことの説明（日EU協定）

作成日：2021年6月30日

1．仕入書の番号及び発行日（仕入書が複数ある場合に、原産品が含まれる仕入書について記載して下さい。）

2．産品が原産性の基準を満たすことの説明

<適用した原産地規則>
　HS第2933.49号の品目別原産地規則における「化学反応」
<産品>
　8－ヒドロキシキノリン（HS第2933.49号）
<製造地>
　ドイツ（ベルリン）
<原材料>

	材料名	HS	製造国
①	キノリン	第2933.49号	タイ
②	水酸化カリウム	第28.15項	中国
③	硫酸	第28.07項	不明（ドイツ国内で調達）
④	水酸化ナトリウム	第28.15項	不明（ドイツ国内で調達）

<製造工程>
　ドイツ国内の輸出者工場において、①キノリンと③硫酸を原料として、化学反応（スルフォン化）により中間体（8－キノリンスルフォン酸）を生成し、②水酸化カリウムと④水酸化ナトリウムを用いて、化学反応（中和）させることにより、本品を製造する。
　上記事実は別添の資料（Material List、Process Chart Flow）によって確認することができる。

3．作成者
氏名又は名称：　税関化学株式会社
住所又は居所：　東京都港区海岸2－7－68

（代理人が作成した場合）
氏名又は名称：
住所又は居所：

ステップ６：原産地証明の作成　**259**

図表３－33　原産品申告書（輸出者自己申告用）

輸出者による原産地に関する申告（原産品申告書）は、仕入書その他の商業上の文書に、協定附属書3-Dに定められた申告文を用いて作成

化学品

ステップ６：原産地証明の作成

　ここでは、RCEPを用いた日本への輸入における付加価値基準にかかる原産地証明の作成事例を説明します。

（事例）RCEP：調製顔料（付加価値基準）（税率差有・特別ルール非該当）

　付加価値基準を満たした産品の例として、豪州から輸入する調製顔料[9]を取り上げます。当該産品は、次表のとおり税率差が存在する品目に該当しますが、税率差ルールの特別ルールに該当しない品目です。

	発効前	2022/1/1	2024/4/1		2031/4/1
ASEAN、オーストラリア及びニュージーランドに対する待遇	3.2％	無税	無税	〜	無税
中国及び韓国に対する待遇		2.9％	2.0％		無税

260 第3章 化学品

　当該産品について作成した「原産品申告書」を**図表3－34**に示します。注意点として、RCEPでは、原産地証明への必要的記載事項として、「原産性を与えることとなる基準として域内原産割合が用いられている場合には、FOB価額」があげられており、よって、付加価値基準を適用した本事例では、第8欄の「原産性の基準」に「RVC」と記載するとともに、第10欄にFOB価額を記載する必要があります。

　次に「原産品申告明細書」を**図表3－35**に示します。「原産品申告明細書」の第6欄（「上記4.で適用した原産性の基準を満たすこと及び上記5.のRCEP原産国の決定に関する説明」）には、まず、産品が第4欄にチェックした「原産性の基準」を満たし、輸出締約国の原産品と認められる事実を記載し、次に、RCEP原産国をどのように決定（輸出締約国又はそれ以外の締約国）したかについて記載します。

　この事例の場合、原産地規則を満たすことを確認するために作成した証明資料に基づいて、第4欄のRVC（付加価値基準）を満たすこと、すなわち、付加価値基準で設定されている一定の価値が付加されていることを確認できる事実として、

「**＜原材料＞**
① チタン酸化物：豪州産の天然ルチール（TiO_2）から豪州で生産したもの（原産材料）
② アンチモン酸化物：××国から輸入したもの（非原産材料）
③ クロム酸化物：△△国から輸入したもの（非原産材料）
＜原産資格割合＞
・ 非原産材料の総価額：別添製造原価計算書の記載のとおり、AUD1,500である。
・ 産品の価額：別添製造原価計算書の記載のとおり、AUD10,000である。

　豪州において非原産材料を使用し生産された本品が満たすべき品目別規則（第3206.11号）は、「原産資格割合40％以上」又は「号変更（第3206.19号からの変更を除く。）」である。なお、原材料、非原産材料の総価額及び産品の価額は上記のとおりである。

　よって、本品の原産資格割合（QVC）を計算すると、

ステップ６：原産地証明の作成　**261**

図表３−34　RCEP：調製顔料（原産品申告書）

＜原産品申告書の記載例＞

Declaration of Origin 原産品申告書

（Regional Comprehensive Economic Partnership Agreement 地域的な包括的経済連携協定）

1. Unique reference number　固有の参照番号	2. Authorization code（in the case of approved exporter） 認定番号（認定された輸出者の場合）			
3. Exporter's name, address（including country）and contact（phone or email address） 輸出者の氏名又は名称、住所（国名を含む）、連絡先（電話番号又は電子メールアドレス） Australia Pigment Co. Ltd.　XXX Burgess Crescent Belhus WA 6000, Australia, XXXXXX@ Khfactory.co.au				
4. Producer's name, address（including country）and contact（phone or email address）, if known 生産者の氏名又は名称、住所（国名を含む）、連絡先（電話番号又は電子メールアドレス）（判明している場合） Same as above				
5. Importer's or consignee's name, address（including country）and contact（phone or email address） 輸入者又は荷受人の氏名又は名称、住所（国名を含む）、連絡先（電話番号又は電子メールアドレス） Customs Corporation 2-7-68, Kaigan, Minato-ku, Tokyo, JAPAN 03-3456-XXXX XXXXXX@customs.co.jp				

No.	6. Description of the goods , Invoice numbers and date of invoice 産品の品名、仕入書番号・日付	7. HS Code（6-digit level, HS2022） 関税分類番号（6桁、HS2022）	8. Origin Conferring criterion 原産性の基準	9. RCEP country of origin RCEP原産国	10. Quantity and value（FOB）where RVC is applied 数量及びFOB価額
1	Prepared pigments (AB No.1-100) No.AB00001、2023.3.20	3206.11	RVC	Australia	2,500KG AUD10,000-

11. Remarks　その他の特記事項
12. Information on original Proof of Origin（in the case of a back to back Declaration of Origin） 最初の原産地証明に関する情報（連続する原産地申告の場合）

13. The undersigned hereby certifies that the above details and statements are correct and that the goods specified in this Declaration of Origin meet all the relevant requirements of Chapter 3（Rules of Origin）in the Regional Comprehensive Economic Partnership Agreement. These goods are exported from Australia（exporting country）to ＿＿＿＿＿＿（importing country）.
私は、上記の情報が正確であること及びこの申告に記載された産品が地域的な包括的経済連携協定第３章（原産地規則）に定める全ての関連する要件を満たしていることを証明します。これらの産品は（輸出締約国）から（輸入締約国）に向けて輸出されます。

Date of Declaration 作成年月日：　31 March 2023
Name of the certifying person 作成者の氏名又は名称：　Customs Corporation
Name of the agent of the certifying person 代理人の氏名又は名称：
Address of the agent of the certifying person 代理人の住所：
Signature 作成者の署名（日本への輸入の場合には不要）：

The certifying person　（□Approved exporter、□Exporter、□Producer、☑Importer）
本原産品申告書の作成者　　認定された輸出者　　輸出者　　生産者　　輸入者

化学品

出典：税関ホームページ（「自己申告制度」利用の手引き〜日豪EPA〜）の事例を基に作成

262 第3章　化学品

図表3−35　RCEP：調製顔料（原産品申告明細書）

＜原産品申告明細書の記載例＞

原産品申告明細書
（RCEP協定）

1. 仕入書の番号及び日付
No.AB00001 2023.3.20

2. 原産品申告書における産品の番号 [1]	3. 産品の関税分類番号 第3206.11号

4. 適用する原産性の基準
□WO　□PE　□CTC・☑RVC・□CR　□DMI　□ACU

5. RCEP原産国
豪州

6. 上記4. で適用した原産性の基準を満たすこと及び上記5. のRCEP原産国の決定に関する説明
＜原材料＞
①チタン酸化物：豪州産の天然ルチール（TiO2）から豪州で生産したもの（原産材料）
②アンチモン酸化物：××国から輸入したもの（非原産材料）
③クロム酸化物：△△国から輸入したもの（非原産材料）
＜原産資格割合＞
非原産材料の総価額：別添製造原価計算書の記載のとおり、AUD1,500 である。
産品の価額：別添製造原価計算書の記載のとおり、AUD10,000 である。
豪州において非原産材料を使用し生産された本品が満たすべき品目別規則（第3206.11号）は、
　「原産資格割合40％以上」、「号変更（第3206.19号からの変更を除く。）」である。なお、原材料、非原産
材料の総価額及び産品の価額は上記のとおりである。
　　よって、本品の原産資格割合（QVC）を計算すると、

$$\frac{10,000 - 1,500}{10,000} \times 100 = 85\%$$

となり、上記品目別規則に定める原産資格割合 40％以上を満たすことから、RCEP 協定上の豪州の原産
品である。
　　また、本品は日本の譲許表の付録に掲げる品目に該当しないことから、「RCEP 原産国」は豪州となる。
上記事実は別添の製造原価計算書によって確認することができる。

7. 上記6. の説明に係る証拠書類の保有者
□生産者、□輸出者、☑輸入者

8. その他の特記事項

9. 作成者　氏名又は名称及び住所又は居所
　税関商事株式会社 東京都江東区青海2−7−11
　　　（代理人の氏名又は名称及び住所又は居所）

　　作成日：2023 年 3 月 31 日

※WO：完全生産品、PE：原産材料のみから生産される産品、CTC：関税分類変更基準、RVC：付加価値
　基準（域内原産割合）、CR：加工工程基準（化学反応）、ACU：累積、DMI：僅少の非原産材料

出典：税関ホームページ（「自己申告制度」利用の手引き〜日豪EPA〜）の事例を基に作成

$$\frac{10,000 - 1,500}{10,000} \times 100 = 85\%$$

となり、上記品目別規則に定める原産資格割合 40％以上を満たすことから、RCEP協定上の豪州の原産品である。」

を記載します。

さらに、RCEP原産国の決定に関する説明として、

「また、本品は日本の譲許表の付録に掲げる品目に該当しないことから、

図表3－36　RCEP：調製顔料（関係書類）

<関係書類の例>

製 造 原 価 計 算 書

品　名：調製顔料
品　番：○○○○

項目		金額（AUD）	備考
原材料		2,500	
	チタン酸化物	1,000	
	アンチモン酸化物	800	※左記価額はCIF価格
	クロム酸化物	700	※左記価額はCIF価格
労務費		2,000	
経費		1,050	
	電力・燃料費	500	
	減価償却費	500	
	消耗品費	50	
製造費用（合計）		5,550	
産品の価額		10,000	

264　第3章　化学品

「RCEP原産国」は豪州となる。」[10]

を記載します。

　この事例では、原産品申告明細書に記載された事実を裏付ける関係書類として、製造原価計算書を添付します（**図表3-36**）。

ステップ7：日本又は相手国での輸入手続（EPA特恵税率の適用の要求）

ステップ8：証明書類の保存

ステップ9：輸入国税関の事後の確認（輸入事後調査、輸入国税関からの検証）への対応

　ステップ7～ステップ9については、第1章「機械類」及び第2章「繊維・繊維製品」で説明した内容が、化学品についても同様に適用されますので、そちらをご参照していただければと思います。

（注）

1　https://www.customs.go.jp/tariff/kaisetu/index.htm

2　https://www.customs.go.jp/tetsuzuki/bunruijirei/organic-chemicals/index.htm

3　前記3（1）で述べたように、CPTPPの第2905.45号の品目別規則には、「第2905.11号から第2905.59号までの各号の産品への他の号の材料からの変更」のみが規定され、加工工程基準については、附属書3-D品目別原産地規則の第6部注に規定されています。

4　2020年7月に発効した米国・メキシコ・カナダ協定（USMCA（United States-Mexico-Canada Agreement））を指します。

5　「累積」及び「十分な変更とはみなされない作業又は加工」については機械類と同様の規定が適用されますので、第1章「機械類」での説明をご参照下さい。

6　インド、モンゴル、豪州、EU及び英国とのEPAを除き、日本の多くのEPAにおいて、デミニミスの規定は関税分類変更基準に適用と明確に規定されています。例

えば、CPTPPでは、「産品が附属書3-D（品目別原産地規則）に定める適用可能な関税分類の変更の要件を満たさない非原産材料を含む場合であっても、当該産品に含まれる全ての当該非原産材料の価額が当該産品の価額（略）の10パーセントを超えず、かつ、（略）ときは、当該産品を原産品とすることを定める。」と明確に関税分類変更基準のみに適用すると規定している一方で、インド、モンゴル、EU及び英国とのEPAではそのような明確な規定はなく、加工工程基準への適用は排除されていないと考えられます。例えば、日EU・EPAでは、「産品の生産において使用される非原産材料が附属書3Bに定める要件を満たさない場合において、次のときは、当該産品は、締約国の原産品とみなす。」と規定され、関税分類変更基準に限定するとの記載はありません。なお、日豪EPAでは、第3.4条で加工工程基準にも適用すると明確に規定されています。

7　日インドEPAでは、品目によって10％又は7％（一部品目はデミニミスの適用除外とされています）と規定され、日スイスEPAでは、一部例外品目があります。

8　当該事例研究については、日本関税協会ホームページ（賛助会員専用ページ）：原産地規則オンライン説明会「【輸入編】日EU・EPA自己申告制度利用方法の紹介（化学品）」を参照しています。

9　税関ホームページ（「自己申告制度」利用の手引き～日豪EPA～）の事例を基に作成

10　「RCEP原産国」の決定方法については、第2章「繊維・繊維製品」で説明していますので、そちらをご参照下さい。この場合は、日本の譲許表の付録に掲げる品目に該当せず、また、「品目別規則を満たす産品」の基準を満たした産品ですので、輸出締約国（豪州）が「RCEP原産国」となります。

266 第 3 章　化学品

第4章
農 産 品

268 第4章 農産品

ステップ1 輸出入産品のHS番号の確定

1. 分類体系

　HS品目表において、農産品は第1部から第4部までに分類され、その分類体系の概要は**図表4－1**のとおりです。

　第1部には、生きている動物と動物性生産品が含まれます。この部には、魚等、酪農産品及び昆虫類なども含まれます。

　第2部には、植物性生産品の野菜、果実、コーヒー及び穀物などが含まれます。

　第3部には、動物性、植物性又は微生物性の油脂及びその分解生産物、調製食用脂並びに動物性又は植物性のろうが含まれます。

　第4部には、肉、魚等、砂糖、穀物、野菜、果実等の各種の調製食料品が含まれます。この部には、さらに、お酒や、動物の飼料及びたばこなども含まれます。

　農産品の特徴としては、生きている動物や植物及び動物性生産品や植物性生産品から始まり、加工・調製の程度により、原則、類及び項の番号が大きくなります。これらは、図表4－1のフローチャートに示すように、調製品の種類を基として大きく4つのグループに分けることができます。

（グループ＃1）

　第1類の生きた動物が肉になると第2類の物品となり、第3類の魚等の場合には、生きているものも、肉になったものも、第3類の中のそれぞれの項に分類されます。さらに、肉及び魚等が調理され調製品となれば、第16類に分類されます。

　HS2022改正において、昆虫類は、生きていない食用のものは第4類で、調理されると調製食料品として第16類に分類されることも明確化されました。

　このように、昆虫類も入れて、動物と魚等は、これらの調製品を分類する第16類をもとにグループ化できます。

（グループ＃2）

　同様に、第4類のミルク等も第10類の穀物等も、これらの調製品が分類され

図表4－1　農産品の分類体系

部の表題及び類の表題	
第1部　動物（生きているものに限る。）及び動物性生産品	
第1類	動物（生きているものに限る。）
第2類	肉及び食用のくず肉
第3類	魚並びに甲殻類、軟体動物及びその他の水棲無脊椎動物
第4類	酪農品、鳥卵、天然はちみつ及び他の類に該当しない食用の動物性生産品
第5類	動物性生産品（他の類に該当するものを除く。）
第2部　植物性生産品	
第6類	生きている樹木その他の植物及びりん茎、根その他これらに類する物品並びに切花及び装飾用の葉
第7類	食用の野菜、根及び塊茎
第8類	食用の果実及びナット、かんきつ類の果皮並びにメロンの皮
第9類	コーヒー、茶、マテ及び香辛料
第10類	穀物
第11類	穀粉、加工穀物、麦芽、でん粉、イヌリン及び小麦グルテン
第12類	採油用の種及び果実、各種の種及び果実、工業用又は医薬用の植物並びにわら及び飼料用植物
第13類	ラック並びにガム、樹脂その他の植物性の液汁及びエキス
第14類	植物性の組物材料及び他の類に該当しない植物性生産品
第3部　動物性、植物性又は微生物性の油脂及びその分解生産物、調製食用脂並びに動物性又は植物性のろう	
第15類	動物性、植物性又は微生物性の油脂及びその分解生産物、調製食用脂並びに動物性又は植物性のろう
第4部　調製食料品、飲料、アルコール、食酢、たばこ及び製造たばこ代用品、非燃焼吸引用の物品（ニコチンを含有するかしないかを問わない。）並びにニコチンを含有するその他の物品（ニコチンを人体に摂取するためのものに限る。）	
第16類	肉、魚、甲殻類、軟体動物若しくはその他の水棲無脊椎動物又は昆虫類の調製品
第17類	糖類及び砂糖菓子
第18類	ココア及びその調製品
第19類	穀物、穀粉、でん粉又はミルクの調製品及びベーカリー製品
第20類	野菜、果実、ナットその他植物の部分の調製品
第21類	各種の調製食料品
第22類	飲料、アルコール及び食酢
第23類	食品工業において生ずる残留物及びくず並びに調製飼料
第24類	たばこ及び製造たばこ代用品、非燃焼吸引用の物品（ニコチンを含有するかしないかを問わない。）並びにニコチンを含有するその他の物品（ニコチンを人体に摂取するためのものに限る。）

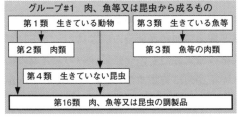

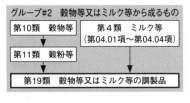

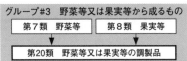

270 第4章 農産品

る第19類をもとにグループ化できます。

（グループ＃3）

　第7類の野菜等や第8類の果実等も、これらの調製品が分類される第20類を
もととして、多少の例外はあるもののグループ化できます。

（グループ＃4）

　最後に、第16類の肉、魚等及び昆虫類の調製品でもなく、第19類の穀物等又
はミルク等の調製品でもなく、第20類の野菜等又は果実等の調製品でもないよ
うな、その他の調製食料品を分類する、いわゆる、バスケットとして第21類が
控えているような、構造となっています。

　農産品の分類を検討する際は、このような原料から順次、加工・調製が進む
ことにより、分類番号が大きくなるこのフローチャートで示す構造を常に意識
することが重要です。
　「2．分類のポイント」では、この4つのグループからなる構造に基づきなが
ら、それぞれのグループの類及び項の物品の範囲に含まれるものと、含まれな
いものなどの違いを明確にすることにより、農産品の分類を確認します。
　さらに農産品については、関税率表解説にも書かれていますが、通則2（a）
の規定（未完成の物品であっても、提示の際に完成した物品としての重要な特
性を有するものを完成品の項に分類する）は、通常適用されません（関税率表解
説総説通則2（a）（Ⅲ）参照）。これは農産品の分類では、上記のグループ分けの
ところでも説明していますが、加工・調製の程度により分類が区分されている
ことから、未完成のものを加工・調製のレベルが進んだ完成品として分類する
通則2（a）の考え方が馴染まないためです。例えば、第2類の生鮮鶏肉を串に
刺したものを焼き鳥の未完成の物品と捉えて加熱調理後の焼き鳥として第16類
に分類するとか、第7類の生鮮野菜を各種集めたものを野菜炒めの未完成の物
品と見て加熱調理後の野菜炒めとして第20類に分類することになってしまうか
らです。

ステップ1　輸出入産品のHS番号の確定　**271**

2. 分類のポイント

(1) グループ＃1（肉、魚等又は昆虫から成るもの）

　このグループの第1類(生きている動物)に含まれる物品を**図表4-2**に示します。

　第1類注1にこの類に分類される物品の範囲が定義されており、この類には、以下の3つの物品を除いてすべての生きている動物が含まれます。

　＊　魚並びに甲殻類、軟体動物その他の水棲無脊椎動物➡これらは、生きているものも、生きていないものも第3類に分類されます。

　＊　培養微生物その他の物品➡これらは医療用品が分類される第30類の第30.02項に分類されます。

　＊　巡回動物ショーの動物➡これらはサーカス又は巡回動物園等の設備として第95.08項に分類されます。

　第1類には、動物の種類に応じて6つの項が用意されており、

図表4-2　第1類　生きている動物

＜分類される物品の範囲＞
注1
すべての生きている動物
ただし、以下を除く
・魚並びに甲殻類、軟体動物その他の水棲無脊椎動物（第3類）
・培養微生物その他の物品（第30.02項）
・巡回動物ショー（サーカス又は巡回動物園等）の動物（第95.08項）

（例）
第01.01項　馬等
第01.02項　牛
第01.03項　豚
第01.04項　羊及びやぎ
第01.05項　家きん（鶏（ガルルス・ドメスティクス）、あひる、がちょう、七面鳥及びほろほろ鳥のみ）
第01.06項　その他の動物
　　　　　　他の哺乳類
　　　　　　爬虫類
　　　　　　鳥類
　　　　　　昆虫類
　　　　　　その他（例えば、かえる）

農産品

272 第4章 農産品

* 第01.01項：馬等
* 第01.02項：牛
* 第01.03項：豚
* 第01.04項：羊及びやぎ
* 第01.05項：家きん

　家きんとは、その肉・卵・羽毛などを利用するために飼育する鳥の総称で、この項には、項のテキストで特掲された生きている家きん（鶏（ガルルス・ドメスティクス）、あひる、がちょう、七面鳥及びほろほろ鳥）のみが含まれます。

　第01.06項がその他の動物で

* 他の哺乳類
* 爬虫類
* 鳥類
* 昆虫類
* その他のもの、例えば、かえるのような両生類が含まれます。

　第2類(肉及び食用のくず肉)に分類される物品の範囲を**図表4－3**に示します。

　第2類には、食用に適するすべての動物（第3類の魚等を除く。）の肉及びくず肉並びに肉又はくず肉の粉及びミールが含まれます。

　食用に適さない肉及びくず肉は、その他の動物性生産品として第05.11項に分類され、同じ食用に適さない肉及びくず肉でも、形状が粉、ミール及びペレットとなると、動物の飼料や肥料の原料などを含む第23.01項に分類されます。

　なお、HS2022改正において、食用の生きていない昆虫類は、第2類ではなく、第04.10項に分類されることが明確化されました。

　第2類の分類で最も重要なのが、肉の調製品が分類される第16類との区分です。

　第2類の物品には、あらかじめ、さっと熱処理されたもの又は同様の処理がなされているものでもよいのですが、加熱による「調理」がなされたものは含まれません。

　第2類に含まれる物品の具体例は、

(1) 生鮮のもの(輸送中の一時的保存のために加塩して包装された肉及びくず肉を含む。)

(2) 冷蔵のもの(凍結することなしに、通常0度付近まで温度を低下させたも

ステップ１　輸出入産品のHS番号の確定　**273**

図表４－３　第２類　肉及び食用のくず肉

<分類される物品の範囲>
注１
食用に適するすべての動物（第３類の魚等を除く。）の肉及びくず肉並びに肉又はくず肉の粉及びミール
　・食用に適さない肉及びくず肉（第05.11項）
　・食用に適さないもので粉、ミール及びペレット（第23.01項）
　・食用の生きていない昆虫類（第04.10項）（HS2022改正）

第２類の物品（第16類（肉の調製品）との区分）
あらかじめ、さっと熱処理されたもの又は同様の処理がなされているものでもよいが、加熱による調理がなされたものは含まない。
　第２類に含まれる物品の具体例
　　(1) 生鮮のもの（輸送中の一時的保存のために加塩して包装された肉及びくず肉を含む。）
　　(2) 冷蔵のもの（凍結することなしに、通常０度付近まで温度を低下させたもの）
　　(3) 冷凍のもの（物品の凍結点以下に冷却し、全体を凍結させたもの）
　　(4) 塩蔵、塩水漬け、乾燥又はくん製のもの
　第16類の物品の例:
　　・ソーセージ及びこれに類する物品
　　・煮る、蒸す、焼く、油で揚げる、いる等の方法により、加熱調理したものなど

農産品

　　の)

　(3) 冷凍のもの（物品の凍結点以下に冷却し、全体を凍結させたもの）

　(4) 塩蔵、塩水漬け、乾燥又はくん製のもの

となります。

　一方、第16類の物品となる肉の調製品の例として、ソーセージ及びこれに類する物品並びに煮る、蒸す、焼く、油で揚げる、いる等の方法により加熱調理したものなどとなります。

　第16類には、第２類の各項に含まれないものが分類されることになるので、第２類に分類される肉又はくず肉の範囲を正確に理解することが大切となります。

　この関連では、**図表４－４**に示す国内分類例規２類－１（肉類の調製品の分類基準について）において、明確化が図られています。特に、第２類と第16類との関係では、次の(1)から(3)までが重要です。

　(1) 食塩のみの味付けは第２類の範囲と規定されています。実際、塩蔵肉は第02.10項の肉として分類されます。

274　第4章　農産品

図表4－4　第2類　肉及び食用のくず肉

国内分類例規（第2類と第16類との区分。下記（1）～（3））

第2類　1．肉類の調製品の分類基準について

（1）食塩のみにより味付したものは第2類に分類する。
（2）こしょう等の香辛料又は調味料を添加したものにあっては、添加物が分析の結果から
　　明らかに確認でき（塩及びこしょうのみにあっては、こしょうそのものの含有量0.3％を
　　もって目安とする。）、かつ、適度の味覚を有するものを第16類に分類する。
（3）肉塊に大豆たんぱく、でん粉等を単に結着剤として使用したものは第2類に分類す
　　る。ミンチ肉に大豆たんぱく、でん粉等を添加して均質化したものは第16類に分類す
　　る。この場合、大豆たんぱく、でん粉等の含有量は10％を目安とする。
（4）肉の小塊を動物のえさとして食品に適さないように肉塊の表面の大部分を着色した
　　ものは第5類に分類する。
（5）豚肉に牛肉を添加したか否かの判断は、分析及び味覚試験の結果明らかに牛肉を使用
　　したものと認められる場合とする。
（注）こしょうの含有量の分析は、こしょう中に含有されるピペリンの平均含有量5％を基
　　準に判定する。なお、市販の「こしょう」粉末には増量剤が含まれているものがあるので
　　注意を要する。

　（2）こしょう等の香辛料については、添加物が分析の結果から明らかに確認
　　　でき、特に、食塩及びこしょうのみが用いられた場合、こしょうそのも
　　　のの含有量0.3％をもって目安とし、適度の味覚を有するものが第16類に
　　　分類されると明確化されています。

　（3）大豆たんぱく、でん粉等を単に結着材として成形目的に使用したのなら
　　　第2類ですが、ミンチ肉に均質化を図るために添加したものは第16類に
　　　なると規定されており、これについても目安が10％と明確化されていま
　　　す。

　第3類（魚並びに甲殻類、軟体動物及びその他の水棲無脊椎動物）に分類され
る物品の範囲を**図表4－5**に示します。
　第3類の特徴は、すべての魚並びに甲殻類、軟体動物及びその他の水棲無脊
椎動物が、生きているかいないかを問わず、この類に分類されることです。た
だし、生きていないものでも、「食用に適さない種類又は状態のもの」はその他
の動物性生産品として第05.11項に分類されます。また、食用に適さない魚等
で、粉、ミール及びペレット状のものは、動物の飼料や肥料などが含まれる第
23.01項に分類されます。

ステップ１　輸出入産品のHS番号の確定　**275**

図表４－５　第３類　魚並びに甲殻類、軟体動物及びその他の水棲無脊椎動物

<分類される物品の範囲>
（注１）
すべての魚並びに甲殻類、軟体動物及びその他の水棲無脊椎動物（生きているかいないか
を問わない。）
ただし、次の物品を含まない（第３類注１（c））
・生きていない魚（肝臓、卵及びしらこを含む。）並びに生きていない甲殻類、軟体動物
　及びその他の水棲（せい）無脊椎（せきつい）動物で、**食用に適しない種類又は状態の**
　もの（第05.11項参照）
・魚又は甲殻類、軟体動物若しくはその他の水棲（せい）無脊椎（せきつい）動物の粉、
　ミール及びペレットで、**食用に適しないもの**（第23.01項参照）

第３類の物品（第16類（魚等の調製品）との区分）
この類の物品は、各項に規定※する状態の魚（肝臓、卵及びしらこを含む。）並びに甲殻類、
軟体動物及びその他の水棲（せい）無脊椎動物に限られる。
この限りにおいて、これらは、切断、細断、粉砕等の処理がなされているかいないかを問
わず、この類に属する。
　※項の規定：生鮮、冷蔵、冷凍、塩蔵、塩水漬け、乾燥、燻煙（事前又は最中の加熱調
　　　　　　理）した魚並びに甲殻類、軟体動物及びその他の水棲無脊椎動物、又、蒸気又は水煮
　　　　　　により調理した殻付きの甲殻類➡それぞれ第03.02項から第03.08項

（その他第３類に留まる加熱処理）
・軟体動物で、開殻のためや輸送又は凍結に先立つ安定化のために必要な熱湯処理その他
　の熱衝撃（heat shock）のみを施したものは、調理したものとはみなされず、この類に
　属する。➡第03.07項
・粉、ミール及びペレット（加熱調理した魚並びに甲殻類、軟体動物及びその他の水棲無
　脊椎動物から得られたものであっても）➡第03.09項

農産品

　第３類の物品と魚等の調製品が分類される第16類との区分については、第３
類の物品は、この類の各項に規定する状態の魚（肝臓、卵及びしらこを含む。）
並びに甲殻類、軟体動物及びその他の水棲（せい）無脊椎動物に限られます。こ
の限りにおいて、これらは、切断、細断、粉砕等の処理がなされているかいな
いかを問わず、第３類に属します。
　しかしながら、第３類の項の規定を超えて調製された場合には、第16類に分
類されます。
　具体的には、第３類の項の規定により、生鮮、冷蔵、冷凍、塩蔵、塩水漬け、
乾燥、燻煙（事前又は最中の加熱調理）した魚等、又、甲殻類については蒸気又
は水煮により調理したものであっても殻付きであれば、第３類に留まります。
これらについては、それぞれ第03.02項から第03.08項までに分類されます。

276 第4章 農産品

その他、第3類に留まる加熱処理として、軟体動物で、開殻のためや輸送又は凍結に先立つ安定化のために必要な熱湯処理その他の熱衝撃（heat shock）のみを施したものは、調理したものとはみなされず、第3類（第03.07項）に分類されます。

　第16類（肉、魚、甲殻類、軟体動物若しくはその他の水棲無脊椎動物又は昆虫類の調製品）の項の構造及び含まれる物品の範囲を**図表4-6**に示します。
　第16.01項は、第2類の肉等から調製されたソーセージその他これに類する物品などが含まれます。第16.02項は、第2類の肉等から調製されたもので第16.01項のソーセージ等以外の物品が含まれます。第16.03項は、第2類、第3類の物

図表4-6　第16類　肉、魚、甲殻類、軟体動物若しくはその他の水棲無脊椎動物又は昆虫類の調製品

＜分類される物品の範囲＞	
第16.01項	ソーセージその他これに類する物品（肉、くず肉、血又は昆虫類から製造したものに限る。）及びこれらの物品をもととした調製食料品
第16.02項	その他の調製をし又は保存に適する処理をした肉、くず肉、血及び昆虫類
第16.03項	肉、魚又は甲殻類、軟体動物若しくはその他の水棲（せい）無脊椎（せきつい）動物のエキス及びジュース
第16.04項	魚（調製し又は保存に適する処理をしたものに限る。）、キャビア及び魚卵から調製したキャビア代用物
第16.05項	甲殻類、軟体動物及びその他の水棲（せい）無脊椎（せきつい）動物（調製し又は保存に適する処理をしたものに限る。）

注2（20％ルール）
　ソーセージ、肉、くず肉、血、昆虫類、魚又は甲殻類、軟体動物若しくはその他の水棲無脊椎動物の一以上を含有する調製食料品で、これら物品の含有量の合計が全重量の20％を超えるものは、この類に属する。この場合において、これらの物品の二以上を含有する調製食料品については、最大の重量を占める成分が属する項に属する。前段及び中段のいずれの規定も、第19.02項の詰物をした物品及び第21.03項又は第21.04項の調製品については、適用しない。

＜関税率表解説＞
肉の重量は、提示の際の重量とし、調製前の重量としない。

（例外）
第19.02項の詰物食品、
第21.03項に記載するソース、ソース用の調製品その他の調味料
第21.04項に記載するスープ、ブロス及びこれらの調製品並びに均質混合調製食料品

品から得られたエキス及びジュースが含まれます。第16.04項は、第３類の魚の調製品が含まれます。第16.05項は、第３類の魚以外の調製品が分類されます。

第16類には、肉魚等の調製食料品としてこの類に属するものの範囲を重量割合で明確化した、一般に20％ルールと呼ばれる重要な規定を定めた注２があります。

注２（20％ルール）

ソーセージ、肉、くず肉、血、昆虫類、魚又は甲殻類、軟体動物若しくはその他の水棲無脊椎動物の一以上を含有する調製食料品で、これら物品の含有量の合計が全重量の20％を超えるものは、この類に属する。この場合において、これらの物品の二以上を含有する調製食料品については、最大の重量を占める成分が属する項に属する。前段及び中段のいずれの規定も、第19.02項の詰物をした物品及び第21.03項又は第21.04項の調製品については、適用しない。

この注２の20％ルールは重要なので、次の２事例について分類を考えてみます。

最初の事例（**図表４－７－①**）は、HS委員会で実際に検討されたもので、国際分類例規には同時に分類決定した３種類の商品について記載されていますが、この中でハンバーガーとポテトチップスが小売り包装されたものについて示します。

この商品は、

・ポテトチップス‥‥‥101.91グラム
・パン‥‥‥‥‥‥‥‥50.58グラム
・ビーフパテ‥‥‥‥‥35.51グラム

から成ります。

ビーフパテをパンで挟んだハンバーガーについては、肉の割合は41.2％で20％を超えることから、第16.02項に分類されます。

一方、ポテトチップスを含めて商品全体でみると、肉の割合は18.9％ととなり、注２の条件を満たさなくなるので、肉の調製品として第16.02項には分類できません。この場合、ハンバーガーとポテトチップスからなる本品が１つの調製品として一括分類できるのであれば、その他の調製食料品として第21.06項に分類されることになります。

HS委員会は、まず、ハンバーガーとポテトチップスからなる本品が通則３

278 第4章 農産品

図表4－7－① 第16類 肉、魚、甲殻類、軟体動物若しくは その他の水棲無脊椎動物又は昆虫類の調製品

＜国際分類例規＞
1602.50 1．ポテトチップス（フレンチフライ）付きのMicro-ready sandwiches

　本品は、ハンバーガー（パン付）、チーズバーガー（パン付）又はローストビーフサンドイッチ（パン付）でそれぞれ肉の重量が総重量の 20％を超えるものとポテトチップス（フレンチフライ）を小売用に包装したものである。

通則 3（b）の適用による。

検討された物品：
Bridgeford Micro-Ready® Hamburger
　ポテトチップス（フレンチフライ）　101.91グラム
　パン　　　　　　　　　　　　　　　 50.58グラム ⎫ ハンバーガー
　ビーフパッティー　　　　　　　　　 35.51グラム ⎭

小売り用のハンバーガーセット
通則3（b）を適用し分類

◎ハンバーガー中の肉の重量割合
　35.51g ／（50.58g + 35.51g）= 41.2%

◎ハンバーガーセット中の肉の重量割合
　35.51g ／（50.58g + 35.51g + 101.91g）= 18.9%

（通則 3（b）が適用される小売用のセットにした物品？）
　本品は、ハンバーガーとポテトチップスとの 2 つの物品からなるものを共に包装したもので、ハンバーガーがメインでポテトチップスが付け合わせの役割をするものであり、全体が一食分の食事をとるという特定の目的を達成するために小売用のセットにした物品と認められることから、通則 3（b）を適用して分類できる。
　小売用のセットにした物品であるハンバーガーとポテトチップスとの関係において、メインのハンバーガーが本品に重要な特性を与えていると認められることから、ハンバーガー（肉の重量20％以上の調製食料品）からなるものとして第16.02項に分類される。

（b）の適用対象である「小売用のセットにした物品」と認められるかについて検討しました。その結果、本品は、ハンバーガーがメインでポテトチップスが付け合わせの役割をするものであり、全体で一食分の食事をとるという特定の目的を達成するために小売用のセットにした物品と認められることから、その分類には通則 3（b）が適用されることとなりました。本品は、通則 3（b）を適用する上で、小売用のセットにした物品であるハンバーガーとポテトチップスとの関係において、メインのハンバーガーが本品に重要な特性を与えているものと認められることから、ハンバーガー（肉の重量20％を超える調製食料品）からな

ステップ１　輸出入産品のHS番号の確定　**279**

図表４－７－②　第16類　肉、魚、甲殻類、軟体動物若しくは
その他の水棲無脊椎動物又は昆虫類の調製品

冷凍シーフードピラフ（第16.05項）

貨物概要
　味付け米飯66％、シュリンプ11％、あさり11％、野菜12％から成る冷凍ピラフ。
分類
　関税率表第1605.56号－２（統計番号1605.56-990）のあさりの調製品
分類理由
　シュリンプ、あさりを合わせて全重量の22％となることから、第16類注２及び第19類注１の規定により第19.04項には分類されず、第16.05項に分類されます。
　第16.05項において、第1605.21号の「シュリンプ及びプローン」（シュリンプ11％が該当）と第1605.56号の「クラム、コックル及びアークシェル」（あさり11％が該当）が考えられますが、各号に該当する物品の重量が同量であることから、関税率表に関する通則６により通則３（c）を準用し、第1605.56号に分類されます。

出典：税関ホームページ（輸入貨物の品目分類事例）

注２（20％ルール抜粋）
　ソーセージ、肉、くず肉、血、昆虫類、魚又は甲殻類、軟体動物若しくはその他の水棲無脊椎動物の一以上を含有する調製食料品で、これら物品の含有量の合計が全重量の20％を超えるものは、この類に属する。この場合において、これらの物品の二以上を含有する調製食料品については、最大の重量を占める成分が属する項に属する。

農産品

るものとして第16.02項に分類されることになりました。

　２番目の事例（**図表４－７－②**）は、税関ホームページの輸入貨物分類事例に記載されている冷凍シーフードピラフについてです。

　この商品は、

・味付け米飯‥‥‥66％

・シュリンプ‥‥‥11％

・あさり‥‥‥‥‥11％

・野菜‥‥‥‥‥‥12％

から成ります。

　本品には、第３類の甲殻類のシュリンプと軟体動物のあさりが含まれていることから、注２の20％ルールを満たすと第16類の調製食料品となりますが、20％ルールを満たさない場合には、米飯として第19.04項に分類されることになります。

　本品に含まれるシュリンプ及びあさり共にその重量割合は11％ですが、注２

の第1文によれば、肉魚等の含有量の合計が全重量の20％を超えるものが第16類に分類されると規定されています。したがって、本品は、シュリンプ及びあさりの重量を合計すると重量割合が22％となることから、第16類の調製食料品として分類されることとなり、シュリンプもあさりも共に第16.05項の甲殻類及び軟体動物の調製品に含まれることから、この冷凍ピラフは、第16.05項に分類されることとなります。

なお、本品の号レベルの分類は、第16.05項に含まれる第1605.21号のシュリンプも第1605.56号のあさりも同じ重量割合なので、最大重量を占める成分が特定できないことから、通則6により通則3（c）を準用し、号番号が大きい第1605.56号に分類されます。

（2）グループ＃2（穀物等又はミルク等から成るもの）

このグループに含まれる第4類（酪農品、鳥卵、天然はちみつ及び他の類に該当しない食用の動物性生産品）の項の構造及び含まれる物品の範囲を**図表4－8**に示します。

第4類で重要な物品は、関税率も高く設定されているミルク関連物品であり、これらは第04.01項から第04.06項までに分類されます。

具体的には、所謂、生鮮のミルクそのものは第04.01項に分類され、濃縮若しくは乾燥したミルク又は砂糖等の甘味料が加えられたものは第04.02項に分類されることになります。

第04.03項にはバターミルク、凝固したミルク及びクリーム、ケフィアその他発酵させ又は酸性化したミルク及びクリーム並びにヨーグルト、第04.04項にはホエイ及びミルクの天然の組成分から成る物品、第04.05項にはミルクから得たバターその他の油脂及びデイリースプレッド及び第04.06項にはチーズ及びカードが分類されます。

第4類の関税率表解説（総説）に第04.01項から第04.04項までのミルク及びミルクから得られた物品に対する許容添加物の範囲が示されていますが（図表4－1中段）、輸送のための少量の安定剤など、非常に限定的です。

第04.01項から第04.04項までの物品がこの許容範囲を超えた処理がなされて調製品となると第4類には分類できなくなります。これらの調製品は、第19.01項に同項の規定（第04.01項から第04.04項までの物品の調製食料品）により分類されます。

一方、同じミルクから得られたものでも第04.05項のバター等や第04.06項の

ステップ１　輸出入産品のHS番号の確定　**281**

図表４－８　第４類　酪農品、鳥卵、天然はちみつ
及び他の類に該当しない食用の動物性生産品

分類される物品の範囲	
第04.01項	ミルク及びクリーム（濃縮若しくは乾燥をし又は砂糖その他の甘味料を加えたものを除く。）
第04.02項	ミルク及びクリーム（濃縮若しくは乾燥をし又は砂糖その他の甘味料を加えたものに限る。）
第04.03項	バターミルク、凝固したミルク及びクリーム、ケフィアその他発酵させ又は酸性化したミルク及びクリーム（濃縮若しくは乾燥をしてあるかないか又は砂糖その他の甘味料、香味料、果実、ナット若しくはココアを加えてあるかないかを問わない。）並びにヨーグルト
第04.04項	ホエイ（濃縮若しくは乾燥をしてあるかないか又は砂糖その他の甘味料を加えてあるかないかを問わない。）及びミルクの天然の組成分から成る物品（砂糖その他の甘味料を加えてあるかないかを問わないものとし、他の項に該当するものを除く。）
第04.05項	ミルクから得たバターその他の油脂及びデイリースプレッド
第04.06項	チーズ及びカード
第04.07項～第04.10項	鳥卵及び卵黄、天然はちみつ、食用の動物性生産品（例、生きていない昆虫類）等

（第04.01項から第04.04項の許容添加物（関税率表解説（総説））
・ミルクの天然成分（ビタミン、ミネラル塩等）
・液状輸送間の濃度維持用の少量安定剤（りん酸二ナトリウム、くえん酸三ナトリウム又は塩化カルシウム等）
・本来成分でない少量の酸化防止剤又はビタミン
・少量の化学品（重曹等）
・粉末又は細粒の形状物品（固形防止剤（リン脂質、無定形二酸化けい素等））

第04.01項～第04.04項の物品の調製品
➡第19.01項（項の規定による。関連部抜粋【第04.01項から第04.04項までの物品の調製食料品】）

第04.05項及び第04.06項の物品の調製品
➡第21.06項（その他の調製食料品）

農産品

チーズ等が調製品となった場合には、これらの調製品を分類する特定の項がないことから、その他の調製食料品として第21.06項に分類されることになります。

　ミルクの調製品については、**図表４－９**に示す国内分類例規　04.02項－２（第04.02項「ミルク及びクリーム（濃縮若しくは乾燥をし又は砂糖その他の甘味料を加えたものに限る。）」の分類解釈について）において、第04.02項に分類される物品の範囲を数値基準で規定することにより、第４類以外に分類されることとなるミルクの調製品との区分を明確化しています。

282 第4章 農産品

当該国内分類例規の1.（他の物品を加えた場合の基準）の第2文に記載されているように、第04.02項の物品に基準を超えて他の物品を加えたものは、主に第19類（第19.01項）に第04.02項の物品の調製食料品として分類されます。この1.の(1)から(6)までには、ミルクに用いられる代表的な添加物である安定剤、カラメル着色料、バニラフレーバー等について具体的な数値基準が示されています。

なお、1.の第3文には、砂糖、ミルクパウダー及びデキストリン（DE値10

図表4－9　第4類　酪農品、鳥卵、天然はちみつ
及び他の類に該当しない食用の動物性生産品

＜国内分類例規＞
04.02　2. 第04.02項「ミルク及びクリーム（濃縮若しくは乾燥をし又は砂糖その他の甘味料を加えたものに限る。）」の分類解釈について

1. 他の物品を加えた場合の基準
　　次の物品を加えたものは、それぞれに示す割合以内とする。なお、当該割合以外のものは、主として第19類に分類する。但し、砂糖、ミルクパウダー及びデキストリン（DE値10以下）からなるもの（この他の物品が加えられているかないかを問わない。）で、砂糖が全重量の50％を超え、デキストリン（DE値10以下）が全重量の2％以上のものについては、本規定にかかわらず第21.06項に分類する。
　　(1) 関税率表解説第4類で許容された安定剤、酸化防止剤等の食品添加物の含有量が5％以下のもの
　　(2) カラメル着色料の含有量が0.3％未満のもの（注1）
　　(3) バニラフレーバーの含有量が0.1％未満のもの（バニラ臭が官能できないもの。）（注2）
　　(4) ココナッツ脂等植物油の含有量が2％未満のもの
　　(5) デキストリン（DE値10以下）の含有量が5％未満のもの（ブドウ糖と共に加えた場合は、甘味料として取り扱う。）
　　(6) コーヒーエキスの含有量が2％未満のもの
2. 砂糖その他の甘味料の範囲
　　砂糖その他の甘味料には、関税率表第17類に分類される「砂糖及びその他の糖類」の他、人工甘味料（ソルビトール、エリスリトール、アスパルテーム等）及びブドウ糖とデキストリンの混合物でDE値が10％を超えるものを含む。

(注) 1. 「カラメル着色料」とは、砂糖又はブドウ糖を平釜による常圧法又はオートクレーブによる加圧法で、単にあるいは触媒を加えて加熱して得た粘ちょうな黒色液体、又はそれを粉末にしたものをいい、プリンのソース等に用いるカラメルソースと称するものは含まない。
　　　2. 「バニラフレーバー」とは、食品工業において一般に用いられている天然香料（バニラチンキ又はバニラオレオレジン）と合成香料（バニリンとエチルバニリン）を混合した香料ベースを天然ガムで乳化し、噴霧乾燥した粉末香料等の香料製剤をいう。

ステップ1　輸出入産品のHS番号の確定　**283**

以下）から成る特定の物品で、第21.06項に分類される場合も規定されています。

　第4類の説明の最後に、**図表4－10**に示すHS2022改正で物品の範囲が拡大されたヨーグルトと分類が明確化された昆虫類について触れます。

　最初は、第04.03項に分類されるヨーグルトについて、最近、貿易取引が増えてきている果実とかナットなどが添加されたヨーグルトの商品実態に合わせるために注2を新設し、「第04.03項においてヨーグルトは、濃縮し又は香味を付けてあるかないかを問わず、砂糖その他の甘味料、果実、ナット、ココア、チョコレート、香辛料、コーヒー若しくはそのエキス、植物若しくはその部分、穀物

図表4－10　第4類　酪農品、鳥卵、天然はちみつ及び他の類に該当しない食用の動物性生産品

＜2022年HS改正＞

第04.03項（第0403.20号）に分類されるヨーグルトの範囲の拡大

第4類　新しい注2
２．第04.03項においてヨーグルトは、濃縮し又は香味を付けてあるかないかを問わず、砂糖その他の甘味料、果実、ナット、ココア、チョコレート、香辛料、コーヒー若しくはそのエキス、植物若しくはその部分、穀物又はベーカリー製品を加えてあるかないかを問わない。ただし、ミルクの組成分の一部又は全部を置き換えるためにこれらの物品を加えたものではなく、かつ、ヨーグルトの重要な特性を保持しているものに限る。

04.03	バターミルク、凝固したミルク及びクリーム、ケフィアその他発酵させ又は酸性化したミルク及びクリーム（濃縮若しくは乾燥をしてあるかないか又は砂糖その他の甘味料、香味料、果実、ナット若しくはココアを加えてあるかないかを問わない。）並びにヨーグルト
~~0403.10~~ 0403.20	ヨーグルト

第04.10項（第0410.10号）食用の生きていない昆虫類の明確化

第4類　新しい注6
６．第04.10項において「昆虫類」とは、食用の生きていない昆虫類（全形のもの又は部分的なもので、生鮮のもの及び冷蔵し、冷凍し、乾燥し、くん製し、塩蔵し又は塩水漬けしたものに限る。）並びに昆虫類の粉及びミールで食用に適するものをいう。ただし、同項には、その他の方法により調製をし又は保存に適する処理をしたものを含まない（主として第4部に属する。）。

04.10	昆虫類その他の食用の動物性生産品（他の項に該当するものを除く。）
0410.10	昆虫類

第4類　注5 (a) 生きていない昆虫類のうち食用に適しないもの（第05.11項参照）

農産品

284 第4章　農産品

又はベーカリー製品を加えてあるかないかを問わない。ただし、ミルクの組成分の一部又は全部を置き換えるためにこれらの物品を加えたものではなく、かつ、ヨーグルトの重要な特性を保持しているものに限る。」と定義しました。更に、ヨーグルトをこれまで分類していた第0403.10号を削除し、新たに第0403.20号を新設しました。この号番号の変更は、改正によりヨーグルトの範囲が従来のヨーグルトの範囲を超えて拡大されることから、これまでのヨーグルトの号番号では、貿易統計の連続性を維持するのが困難になると判断したことによります。

　次は、食用に適する生きていない昆虫の分類明確化のための第04.10項の改正です。具体的には、第04.10項に昆虫類というテキストを追加するとともに、貿易量の把握も可能となるよう昆虫類を分類する第0410.10号を新設しました。

　さらに、第04.10項に分類される昆虫類の範囲を明確化するため新しい注6が設けられ、「第04.10項において「昆虫類」とは、食用の生きていない昆虫類（全形のもの又は部分的なもので、生鮮のもの及び冷蔵し、冷凍し、乾燥し、くん製し、塩蔵し又は塩水漬けしたものに限る。）並びに昆虫類の粉及びミールで食用に適するものをいう。ただし、同項には、その他の方法により調製をし又は保存に適する処理をしたものを含まない（主として第4部に属する。）。」と定義しました。

　この注6の範囲を超えて調製された食用に適する生きていない昆虫類は、第16類注2の20％ルールを満たす場合には、昆虫の調製食料品として、肉魚等の調製食料品と同様に第16類に分類されることになります。

　第10類（穀物）及び第11類（穀粉、加工穀物、麦芽、でん粉、イヌリン及び小麦グルテン）の項の構造及び含まれる物品の範囲を**図表4−11**に示します

　まず、第10類に分類される穀物について、その形状が注1に規定されています。

　注1（A）において、第10類の各項に含まれる物品は穀粒があるもの（穂又は茎に付いているかいないかを問わない。）に限ると規定されています。更に、注1（B）において、第10類には、殻の除去その他の加工をした穀物を含まないと規定されていますが、米は、玄米、精米、つや出しした米、研磨した米、パーボイルドライス又は砕米であっても、他の加工をしてない限り第10.06項に属します。同様に、HS2022改正において、サポニンを分離するために果皮を全部又は部分的に除去したキヌアで、他のいかなる加工もしてないものは、第10.08項

ステップ1　輸出入産品のHS番号の確定　**285**

図表4－11　第10類　穀物 及び 第11類　穀粉、加工穀物、麦芽、でん粉、イヌリン及び小麦グルテン

＜分類される物品の範囲＞

10.01	小麦及びメスリン
10.02	ライ麦
10.03	大麦及び裸麦
10.04	オート
10.05	とうもろこし
10.06	米
10.07	グレーンソルガム
10.08	そば、ミレット及びカナリーシード並びにその他の穀物

11.01	小麦粉及びメスリン粉
11.02	穀粉(小麦粉及びメスリン粉を除く。)
11.03	ひき割り穀物、穀物のミール及びペレット
11.04	その他の加工穀物(例えば、殻を除き、…)
11.05	ばれいしょの粉、ミール、フレーク、粒及びペレット
11.06	乾燥した豆(第07.13項のものに限る。)、サゴやし又は根若しくは塊茎(第07.14項のものに限る。)の粉及びミール並びに第8類の物品の粉及びミール
11.07	麦芽(いってあるかないかを問わない。)
11.08	でん粉及びイヌリン
11.09	小麦グルテン(乾燥してあるかないかを問わない。)

第10類　注

1 （A）この類の各項の物品は、穀粒があるもの(穂又は茎に付いているかいないかを問わない。)に限り、当該各項に属する。

　（B）この類には、殻の除去その他の加工をした穀物を含まない。ただし、第10.06項には、玄米、精米、研磨した米、つや出しした米、パーボイルドライス及び砕米を含み、第10.08項には、サポニンを分離するために果皮を全部又は部分的に除去したキヌアで、他のいかなる加工もしていないものを含む。(HS2022改正(キヌアの分類明確化))

2 　第10.05項には、スイートコーンを含まない(第7類参照)。

第11類

注2

　（A）第11類の物品：
　・でん粉の含有率45％超、且つ、灰分の含有量が注2の表に定められた数字(例えば、小麦の場合2.5％、米の場合1.6％)未満のもの
　・その他のものは第23.02項
　・但し、穀物の胚芽(全形のもの及びロールにかけ、フレーク状にし又は引いたもの)は第11.04項

　（B）第11.01項又は第11.02項の粉
　・目開き315μmのふるいの透過率80％以上(とうもろこし及びグレーンソルガムは500μmで90％以上)
　・その他のものは第11.03項又は第11.04項

注3
　・第11.03項のひき割り穀物・穀物のミール
　・とうもろこし2mmの透過率が95％以上及びその他の穀物1.25mmの透過率が95％以上
　・その他のもの第11.04項

農産品

286 第4章 農産品

に属することが明確化されました。

　第11類に分類される穀粉、加工穀物、麦芽、でん粉、イヌリン及び小麦グルテンについて、注2及び3の規定の概要が図表4－11に記載されています。

　まず、注2（A）において、この類に属するものと第23.02項のかすとの区分がでん粉及び灰分の含有率に基づき明確化されており、具体的には、『でん粉の含有率45％超、且つ、灰分の含有量が注2の表に定められた数字（例えば、小麦の場合2.5％、米の場合1.6％）未満のもの。』が第11部に属すると規定されています。一方、この要件を満たさないものは、かすとして第23.02項に分類されます。

　次に、注2（B）に規定するふるいの通過率の基準を満たすものが第11.01項又は第11.02項の粉です。第11.03項のひき割り穀物及び穀物のミールは、注3に規定するふるいの通過率の基準を満たすもので、この基準を満たさないものは第11.04項のその他の加工穀物に属することになります。この第11.04項に含まれるものは、例えば、第10.06項の米や第10.08項のキヌアを除く穀物で、殻を除いたもの、ロールにかけたもの、フレーク状にしたもの、ひいたものなどとなります。

　第11類の特徴として、第10類の穀物から得られる物品だけでなく、第11.05項には第7類のばれいしょが乾燥したものの粉、ミール、フレーク、粒及びペレット、並びに、第11.06項には第7類の乾燥した豆（第07.13項のものに限る。）、サゴやし又は根若しくは塊茎（第07.14項のものに限る。）の粉及びミール並びに第8類の物品（果実・ナット等）の粉及びミールが分類されることです。

　第19類（穀物、穀粉、でん粉又はミルクの調製品及びベーカリー製品）の項の構造及び含まれる物品の範囲を**図表4－12**に示します。

　まず、図表4－12の下の部分の第19類関税率表解説の総説に記載されているように、この類には、第10類の穀物、第11類の物品又は他の類の植物性の食用ミール及び粉（穀粉、ひき割り穀物、穀物のミール、でん粉、果実又は野菜の粉及びミール）並びに第04.01項から第04.04項までの物品から製造され、一般に食用に供せられる多くの調製品を含みます。また、この類には、ベーカリー製品及びビスケットで、穀粉、でん粉又はその他の穀物産品を含有しない物品も含みます。

　次に、各項に含まれる物品を見てみると、第19.01項は、麦芽エキスで始まっていますが、この項には、所謂、穀粉の調製食料品や第04.01項から第04.04項

ステップ1　輸出入産品のHS番号の確定　**287**

図表4−12　第19類　穀物、穀粉、でん粉又はミルクの調製品及びベーカリー製品

＜分類される物品の範囲＞

19.01	麦芽エキス並びに穀粉、ひき割り穀物、ミール、でん粉又は麦芽エキスの調製食料品（ココアを含有するものにあつては完全に脱脂したココアとして計算したココアの含有量が全重量の40％未満のものに限るものとし、他の項に該当するものを除く。）及び第04.01項から第04.04項までの物品の調製食料品（ココアを含有するものにあつては完全に脱脂したココアとして計算したココアの含有量が全重量の5％未満のものに限るものとし、他の項に該当するものを除く。）
19.02	スパゲッティ、マカロニ、ヌードル、ラザーニヤ、ニョッキ、ラビオリ、カネローニその他のパスタ（加熱による調理をし、肉その他の材料を詰め又はその他の調製をしたものであるかないかを問わない。）及びクースクース（調製してあるかないかを問わない。）
19.03	タピオカ及びでん粉から製造したタピオカ代用物（フレーク状、粒状、真珠形、ふるいかす状その他これらに類する形状のものに限る。）
19.04	穀物又は穀物産品を膨脹させて又はいつて得た調製食料品（例えば、コーンフレーク）並びに粒状又はフレーク状の穀物（とうもろこしを除く。）及びその他の加工穀物（粉、ひき割り穀物及びミールを除く。）であらかじめ加熱による調理その他の調製をしたもの（他の項に該当するものを除く。）
19.05	パン、ペーストリー、ケーキ、ビスケットその他のベーカリー製品（ココアを含有するかしないかを問わない。）及び聖さん用ウエハー、医療用に適するオブラート、シーリングウエハー、ライスペーパーその他これらに類する物品

第19類　主な注（概要）
1　この類には、次の物品を含まない。
　(a) 肉、魚等の調製食料品に関する20％ルールを満たすもの（第16類、但し、第19.02項の詰め物をしたもの（例えば、ラビオリ等（餃子、しゅうまい等も含まれる。）を除く。）
2　第19.01項において次の用語の意義は、それぞれ次に定めるところによる。
　(a)「ひき割り穀物」とは、第11類の「ひき割り穀物」をいう。
　(b)「穀粉」及び「ミール」とは、次の物品をいう。
　　(1) 第11類の穀粉及びミール
　　(2) 他の類の植物性の粉及びミール（乾燥野菜（第07.12項参照）、ばれいしょ（第11.05項参照）又は乾燥した豆（第11.06項参照）の粉及びミールを除く。）

　　従って、第12類の大豆の粉のような他の類の植物性の粉又はミールも含む

＜第19類　関税率表解説　総説＞
　この類には、第10類の穀物、第11類の物品又は他の類の植物性の食用ミール及び粉（穀粉、ひき割り穀物、穀物のミール、でん粉、果実又は野菜の粉及びミール）並びに第04.01項から第04.04項までの物品から製造され、一般に食用に供せられる多くの調製品を含む。また、この類には、ベーカリー製品及びビスケットで、穀粉、でん粉又はその他の穀物産品を含有しない物品も含む。

農産品

までのミルクを基とする調製食料品などが分類されます。なお、ココアの含有量がある一定の割合を超えると第18類（ココア及びその調製品）に分類されます。第19.02項には、各種パスタ及びパスタで詰め物をしたもの（例えば、ラビ

288　第4章　農産品

オリ、餃子、シュウマイなど）が分類されます。第19.03項には、でん粉の調製品が分類されます。第19.04項には、加熱膨張させた穀物の調製食料品等、例えば、米飯などが分類されます。第19.05項には、穀粉を練って焼いたベーカリー製品等が分類されます。

　第19類の主要な注を**図表4－12**にまとめています。注1は除外規定ですが、第16類注2の20％ルールを満たすものは、第19類から除かれ第16類に分類されます。ただし、第19.02項のラビオリ等（餃子、シュウマイ等も含まれる。）のようにパスタで肉を包んだものは、20％ルールを満たすものであっても、第19.02項に留まります。

　注2（b）から、第19.01項で扱われる「穀粉」及び「ミール」の範囲として、第11類の「穀粉」及び「ミール」だけでなく、他の類の植物性の粉及びミールも含まれます。例えば、第12類の大豆の粉も含まれます。ただし、乾燥野菜（第07.12項参照）、ばれいしょ（第11.05項参照）又は乾燥した豆（第11.06項参照）の粉及びミールは、第19.01項の「穀粉」及び「ミール」から除かれます。

　第19類について、HS委員会で実際に分類が検討された2事例を紹介します。
　最初の事例（**図表4－13－①**）は、未調理ピザです。

　本品は、まず、牛肉の重量割合が20％以下なことから、第16類の肉の調製食料品としては分類されません。本品は、ピザ生地（加熱していない練り生地（ドウ））に着目し、穀粉の調製食料品として、第19.01項に属します。更に、本品は、第19.01項の中で、練り生地を分類する第1901.20号に属します。なお、本品が焼かれて、加熱調理済みのピザとなった場合には、ベーカリー製品として第19.05項に分類されることとなります。

　次の事例（**図表4－13－②**）は、えびワンタン（調製品）です。えびは、第3類の甲殻類なので、20％ルールを満たすと第16類に分類されることとなります。しかしながら、本品ワンタンは詰め物をしたパスタと同じように第19.02項に分類される物品であり、第19類注1（a）の括弧書きの規定により、20％ルールが適用されない物品であることから、えびの含有割合にかかわらず、第19.02項に分類されることとなります。

（3）グループ＃3（野菜等又は果実等から成るもの）

　このグループに含まれる第7類（食用の野菜、根及び塊茎）の項の構造及び含まれる物品の範囲を**図表4－14**に示します。
　この類には、生鮮のもの、冷蔵したもの、冷凍（あらかじめ蒸気又は水煮に

ステップ1　輸出入産品のHS番号の確定　**289**

図表4−13　第19類　穀物、穀粉、でん粉又はミルクの調製品及びベーカリー製品

①

<国際分類例規>
1901.20　1．未調理ピザ

　本品は、ピザ生地（加熱調理していないドウ）とトッピングから成る。正味重量は580g
で、小売包装してある。成分は、小麦粉、水、チーズ、マーガリンチーズ、ホワイトマッ
シュルーム、牛肉（重量比4.7%）、玉ねぎ、トマトピューレ、植物（オリーブ）油、イー
スト、塩、砂糖、発酵剤、麦芽抽出物、部分的に硬化した植物油、変性でん粉、にんに
く、香辛料である。ピザを食する前に、（余熱したオーブンで）15分または（予熱してい
ないオーブンで）20〜25分加熱する必要がある。

通則1及び通則6を適用
商品名：“Findus Bake Up Pizza Bologness”

| 1901.20 | 第19.05項のベーカリー製品製造用の混合物及び練り生地 |

加熱調理済みのピザとなると第19.05項（ベーカリー製品）に分類

②

<国際分類例規>
1902.20　1．えびワンタン（調製品）

　本品は、シュリンプを詰めたパスタ（えびワンタン）と濃縮スープから成る調製品であ
る。本品は、冷凍したものであり、小売用のプラスチック容器に入れられている。水を
加え、電子レンジで加熱して食する。

通則1及び通則6を適用

| 1902.20 | パスタ（詰物をしたものに限るものとし、加熱による調理をしてあるかないか又はその他の調製をしてあるかないかを問わない。） |

詰め物をしたえびワンタンについては、えびの含有割合にかかわらず第19.02項に分類
（第19類注1（a）参照）

第19類　注
1　この類には、次の物品を含まない。
　（a）ソーセージ、肉、くず肉、血、昆虫類、魚又は甲殻類、軟体動物若しくはその他の水
　　　棲（せい）無脊椎動物の一以上を含有する調製食料品で、これらの物品の含有量の合
　　　計が全重量の20％を超えるもの（第16類参照。第19.02項の詰物をした物品を除く。）

農産品

より調理してあるかないかを問わない。)したもの、一時的な保存に適する処理
をしたもの又は乾燥(脱水し、水分を蒸発させ又は凍結乾燥したものを含む。)
したものであるかないかを問わず、野菜類が含まれます。

　項の規定から、第07.01項のばれいしょから第07.09項のその他の野菜までが
生鮮冷蔵のものを分類します。

　ここで第07.09項のその他の野菜の範囲として、注2に野菜の種類に基づく明
確な規定が設けられています。従って、関税率表の第7類における「野菜の範
囲」は、第07.01項から第07.08項のテキストで示された種類のものと、注2の中
で示された種類のものとなります。

　冷凍した野菜は第07.10項に分類され、一時的な保存に適する処理をした野菜
(使用に先立って専ら輸送又は貯蔵の間一時的な保存に適する処理をした野菜
(例えば、亜硫酸ガス又は塩水、亜硫酸水その他の保存用の溶液により保存に
適する処理をしたもの)で、そのままの状態では食用に適しないもののみを含
む。)は第07.11項に分類されます。

　乾燥した野菜は第07.12項に分類され、注3において、第07.12項の範囲が明
確化されており、具体的には、次の(a)から(d)の物品を除くほか、

　(a)乾燥した豆でさやを除いたもの(第07.13項参照)

　(b)第11.02項から第11.04項までに定める形状のスイートコーン

　(c)ばれいしょの粉、ミール、フレーク、粒及びペレット(第11.05項参照)

　(d)第07.13項の乾燥した豆の粉及びミール(第11.06項参照)

第07.01項から第07.11項までの野菜を乾燥した全てのものが第07.12項に分類さ
れます。例えば、乾燥したばれいしょは第07.12項に分類されます。しかしなが
ら、(c)の規定により、ばれいしょが粉やミール、フレーク、粒及びペレットに
なると第11.05項に分類されます。豆の乾燥したものは第07.13項分類されます
が、(d)の規定により、乾燥した豆についても、粉及びミールになると第11.06
項に分類されます。

　また、第07.14項には、カッサバ芋等のでん粉又はイヌリンを多量に含有す
る塊茎及び根が含まれます。なお、これらは、第7類の物品ですが、「野菜の範
囲」には含まれていないものです。

　第7類の関税率表解説の総説に規定されているように、文脈により別に解釈
される場合を除き、この類には、全形のもの、薄く切ったもの、細く切ったも
の、断片にしたもの、パルプ状にしたもの、すり砕いたもの又は皮をむいたも
のであっても含まれます。

ステップ1　輸出入産品のHS番号の確定　**291**

図表4-14　第7類　食用の野菜、根及び塊茎

＜分類される物品の範囲＞

07.01	ばれいしょ（生鮮のもの及び冷蔵したものに限る。）
07.02	トマト（生鮮のもの及び冷蔵したものに限る。）
07.03	たまねぎ、シャロット、にんにく、リーキその他のねぎ属の野菜（生鮮のもの及び冷蔵したものに限る。）
07.04	キャベツ、カリフラワー、コールラビー、ケールその他これらに類するあぶらな属の食用の野菜（生鮮のもの及び冷蔵したものに限る。）
07.05	レタス（ラクトゥカ・サティヴァ）及びチコリー（キコリウム属のもの）（生鮮のもの及び冷蔵したものに限る。）
07.06	にんじん、かぶ、サラダ用のビート、サルシファイ、セルリアク、大根その他これらに類する食用の根（生鮮のもの及び冷蔵したものに限る。）
07.07	きゅうり及びガーキン（生鮮のもの及び冷蔵したものに限る。）
07.08	豆（生鮮のもの及び冷蔵したものに限るものとし、さやを除いてあるかないかを問わない。）
07.09	その他の野菜（生鮮のもの及び冷蔵したものに限る。）
07.10	冷凍野菜（調理してないもの及び蒸気又は水煮による調理をしたものに限る。）
07.11	一時的な保存に適する処理をした野菜（そのままの状態では食用に適しないものに限る。）
07.12	乾燥野菜（全形のもの及び切り、砕き又は粉状にしたものに限るものとし、更に調製したものを除く。）
07.13	乾燥した豆（さやを除いたものに限るものとし、皮を除いてあるかないか又は割ってあるかないかを問わない。）
07.14	カッサバ芋、アロールート、サレップ、菊芋、かんしょその他これらに類するでん粉又はイヌリンを多量に含有する根及び塊茎（生鮮のもの及び冷蔵し、冷凍し又は乾燥したものに限るものとし、切ってあるかないか又はペレット状にしてあるかないかを問わない。）並びにサゴやしの髄

> 第7類　主な注
> 2　第07.09項から第07.12項までにおいて野菜には、食用きのこ、トリフ、オリーブ、ケーパー、かぼちゃ、なす、スイートコーン（ゼア・マユス変種サカラタ）、とうがらし属又はピメンタ属の果実、ういきょう、パセリ、チャービル、タラゴン、クレス及びスイートマージョラム（マヨナラ・ホルテンスィス及びオリガヌム・マヨラナ）を含む。
> 3　第07.12項には、次の物品を除くほか、第07.01項から第07.11項までの野菜を乾燥したすべてのものを含む。
> 　(a) 乾燥した豆でさやを除いたもの（第07.13項参照）
> 　(b) 第11.02項から第11.04項までに定める形状のスイートコーン
> 　(c) ばれいしょの粉、ミール、フレーク、粒及びペレット（第11.05項参照）
> 　(d) 第07.13項の乾燥した豆の粉及びミール（第11.06項参照）
>
> **＜関税率表解説　総説（抜粋）＞**
> 　この類の野菜は文脈により別に解釈される場合を除くほか、全形のもの、薄く切ったもの、細く切ったもの、断片にしたもの、パルプ状にしたもの、すり砕いたもの又は皮をむいたものであってもよい。
> 　この類に規定されていない方法で調製をし又は保存に適する処理をした野菜類は第20類に属する。

農産品

292 第4章 農産品

　ただし、この類に規定されていない方法で調製をし又は保存に適する処理をしたものは第20類に属することになります。

　第8類（食用の果実及びナット、かんきつ類の果皮並びにメロンの皮）の項の構造及び含まれる物品の範囲を**図表4－15**に示します。

　この類は、果実及びナット並びにかんきつ類の果皮又はメロン（すいかを含む。）の皮で、通常（提示された状態で又は加工後）食用に供されるものを含みます。これらは、生鮮（冷蔵を含む。）、冷凍（あらかじめ蒸気又は水煮による調理をしてあるかないか又は甘味料が添加されているかいないかを問わない。）又は乾燥（脱水、蒸発又は凍結乾燥を含む。）のものでもよく、また、そのままの状態では直接食用に適さないものには、一時的な保存に適する処理（例えば、亜硫酸ガス又は塩水、亜硫酸水その他の保存用の溶液による。）がなされているものがあります。

　項の規定から、第08.01項のココヤシの実等から第08.06項のぶどうまでが、生鮮のもの及び乾燥したものが分類されます。第08.07項のパパイヤ等から第08.10項のその他の果実までが生鮮のものが含まれます。

　ここで、注2の規定により、冷蔵した果実及びナットは生鮮のものに含まれることから、第08.01から第08.06項までには生鮮、冷蔵及び乾燥のものが含まれ、第08.07項から第08.10項までには生鮮及び冷蔵のものが含まれます。第08.07から第08.10項までの果実の乾燥は、第08.13項に分類されます。

　冷凍した果実及びナットは第08.11項に分類され、一時的な保存に適する処理をした果実及びナットは第08.12項に分類されます。

　第8類の関税率表解説の総説に規定されているように、この類の果実及びナットには、全形のもの、薄く切ったもの、細く切ったもの、断片にしたもの、パルプ状にしたもの、すり砕いたもの又は皮をむいたものであっても含まれます。また、少量の砂糖を添加したものも含まれます。しかしながら、「浸透脱水」（**図表4－15**最下部の説明参照）により保存処理した果物は含まれません。

　ただし、**図表4－16**に示すように、第8類には、他の類により特定して掲げてある植物性生産品を含みません。例えば、次のような物品があります。

(a) オリーブ、トマト、きゅうり、ガーキン、西洋かぼちゃ、その他のかぼちゃ、なす（egg-plant）、とうがらし属又はピメンタ属の果実（第7類）

(b) コーヒー、バニラ豆、ジュニパー・ベリーその他第9類の物品

(c) 落花生その他の採油用の果実、主として医療用又は香料用に供する果実

ステップ1　輸出入産品のHS番号の確定　**293**

図表4－15　第8類　食用の果実及びナット、かんきつ類の果皮 並びにメロンの皮

＜分類される物品の範囲＞

08.01	ココやしの実、ブラジルナット及びカシューナット（**生鮮のもの及び乾燥したものに限るものとし、殻又は皮を除いてあるかないかを問わない。**）
08.02	その他のナット（**生鮮のもの及び乾燥したものに限るものとし、殻又は皮を除いてあるかないかを問わない。**）
08.03	バナナ（プランテインを含むものとし、**生鮮のもの及び乾燥したものに限る。**）
08.04	なつめやしの実、いちじく、パイナップル、アボカドー、グアバ、マンゴー及びマンゴスチン（**生鮮のもの及び乾燥したものに限る。**）
08.05	かんきつ類の果実（**生鮮のもの及び乾燥したものに限る。**）
08.06	ぶどう（**生鮮のもの及び乾燥したものに限る。**）
08.07	パパイヤ及びメロン（すいかを含む。）（**生鮮のものに限る。**）
08.08	りんご、梨及びマルメロ（**生鮮のものに限る。**）
08.09	あんず、さくらんぼ、桃（ネクタリンを含む。）、プラム及びスロー（**生鮮のものに限る。**）
08.10	その他の果実（**生鮮のものに限る。**）
08.11	冷凍果実及び冷凍ナット（**調理してないもの及び蒸気又は水煮による調理をしたものに限るものとし、砂糖その他の甘味料を加えてあるかないかを問わない。**）
08.12	一時的な保存に適する処理をした果実及びナット（**そのままの状態では食用に適しないものに限る。**）
08.13	乾燥果実（第08.01項から第08.06項までのものを除く。）及びこの類のナット又は乾燥果実を混合したもの
08.14	かんきつ類の果皮及びメロン（すいかを含む。）の皮（**生鮮のもの及び冷凍し、乾燥し又は塩水、亜硫酸水その他の保存用の溶液により一時的な保存に適する処理をしたものに限る。**）

第8類　主な注
 2　**冷蔵した果実及びナット**は、当該果実及びナットで、**生鮮のものと同一の項に属する。**
　08.01〜08.06（生鮮、冷蔵、乾燥）
　08.07〜08.10（生鮮、冷蔵）　乾燥したもの　⇒　08.13（08.01から08.06以外の乾燥果実）

＜関税率表解説　総説（抜粋）＞

　この類の果実及びナットは、全型のもの、薄く切ったもの、細く切ったもの、断片にしたもの、核を除去したもの、パルプ状にしたもの、すり砕いたもの、皮をむいたもの又は殻をとったものであってもよい。

　少量の砂糖を添加しても、この類の果実の所属に影響しない。

　この類には、浸透脱水により保存処理された果物を含まない。「浸透脱水」とは、果物の小片を、濃い砂糖水に長時間浸し、その結果、果物中の水分と元々果物に含有する糖分の多くが、砂糖水中の糖分と置き換えられる処理のことをいう。この果物は、更に水分を減少させるため、続けて空気乾燥されることがある。このような果物は、第20類に分類される（20.08）。

農産品

294 第4章 農産品

図表4－16　第8類　食用の果実及びナット、かんきつ類の果皮並びにメロンの皮

```
＜関税率表解釈　総説（除外規定）＞
　この類には、また、他の類により特定して掲げてある植物性生産品を含まない。これに
は、例えば、次のような物品がある。
　（a）オリーブ、トマト、きゅうり、ガーキン、西洋かぼちゃ、その他のかぼちゃ、なす
　　　（egg-plant）、とうがらし属又はピメンタ属の果実（7類）
　（b）コーヒー、バニラ豆、ジュニパー・ベリーその他第9類の物品
　（c）落花生その他の採油用の果実、主として医療用又は香料用に供する果実及びローカ
　　　ストビーン並びにあんず又はその他類似の果実の核（12類）
　（d）カカオ豆（18.01）
　　　この類には、更に、次の物品を含まない。
　（i）果実の粉、ミール及び粉末（11.06）
　（ii）食用の果実及びナット並びにメロンの皮及びかんきつ類の果皮で、各項に定め
　　　る以外の方法で調製し又は保存に適する処理をしたもの（20類）
　（iii）いった果実及びナット（例えば、くり、アーモンド、いちじく）で、粉にしてあ
　　　るかないかを問わず、通常コーヒー代用物として使用するもの（21.01）
```

　　　　　及びローカストビーン並びにあんず又はその他類似の果実の核（第12類）
（d）カカオ豆（第18.01項）

さらに、次の形状又は処理をした物品も含みません。

（i）果実の粉、ミール及び粉末（第11.06項）、

（ii）食用の果実及びナット並びにメロンの皮及びかんきつ類の果皮で、各
　　　項に定める以外の方法で調製し又は保存に適する処理をしたもの（第20
　　　類）

（iii）いった果実及びナット（例えば、くり、アーモンド、いちじく）で、粉
　　　にしてあるかないかを問わず、通常コーヒー代用物として使用するもの
　　　（第21.01項）

　第20類（野菜、果実、ナットその他植物の部分の調製品）の項の構造及び含ま
れる物品の範囲を**図表4－17**に示します。

　まず、第20類から除外される物品を定めた注1（a）に「第7類、第8類又は
第11類に定める方法により調製し又は保存に適する処理をした野菜、果実及び
ナット」と規定されていますが、逆に言えば、これらの類に定める方法を超え
て調製又は保存の処理をされたものの多くは、第20類に分類されます。

　注3において、第20.01項、第20.04項及び第20.05項に含まれる物品について

ステップ1　輸出入産品のHS番号の確定　**295**

図表4－17　第20類　野菜、果実、ナットその他植物の部分の調製品

＜分類される物品の範囲＞

20.01	食酢又は酢酸により調製し又は保存に適する処理をした**野菜、果実、ナットその他植物の食用の部分**
20.02	調製し又は保存に適する処理をした**トマト**（食酢又は酢酸により調製し又は保存に適する処理をしたものを除く。）
20.03	調製し又は保存に適する処理をした**きのこ及びトリフ**（食酢又は酢酸により調製し又は保存に適する処理をしたものを除く。）
20.04	調製し又は保存に適する処理をした**その他の野菜**（冷凍したものに限るものとし、食酢又は酢酸により調製し又は保存に適する処理をしたもの及び第20.06項の物品を除く。）
20.05	調製し又は保存に適する処理をした**その他の野菜**（冷凍してないものに限るものとし、食酢又は酢酸により調製し又は保存に適する処理をしたもの及び第20.06項の物品を除く。）
20.06	砂糖により調製した**野菜、果実、ナット、果皮その他植物の部分**（ドレインしたもの、グラッセのもの及びクリスタライズしたものに限る。）
20.07	**ジャム、フルーツゼリー、マーマレード、果実又はナットのピューレー及び果実又はナットのペースト**（加熱調理をして得られたものに限るものとし、砂糖その他の甘味料を加えてあるかないかを問わない。）
20.08	**果実、ナットその他植物の食用の部分**（その他の調製をし又は保存に適する処理をしたものに限るものとし、砂糖その他の甘味料又はアルコールを加えてあるかないかを問わず、他の項に該当するものを除く。）
20.09	**果実、ナット又は野菜のジュース**（ぶどう搾汁及びココナッツウォーターを含み、発酵しておらず、かつ、アルコールを加えてないものに限るものとし、砂糖その他の甘味料を加えてあるかないかを問わない。）

第20類　主な注
1　この類には、次の物品を含まない。
　（a）第7類、第8類又は第11類に定める方法により調製し又は保存に適する処理をした野菜、果実及びナット
3　第20.01項、第20.04項及び第20.05項には、第7類、第11.05項又は第11.06項の物品（第8類の物品の粉及びミールを除く。）で1（a）に定める方法以外の方法により調製し又は保存に適する処理をしたもののみを含む。

	20.01	20.02	20.03	20.04	20.05	20.06	20.07	20.08	20.09
第7類 野菜、第11.05項（ばれいしょ粉）、第11.06項 豆等の粉（第8類の粉を除く）	○	トマト	キノコ	○	○	○	○		○
第8類 果実、ナット	○					○	○	○	○
その他の植物の部分（例、大豆、しょうが、花（すみれ、ミモザ等）	○					○	○		

農産品

規定されていますが、この規定も踏まえて、各項に分類される物品の範囲を例示したのが**図表4－17**下部の表です。この表から、第20.02項から第20.05項までは、野菜に特化された項であり、第20.08項には、野菜が含まれません。また、第20.09項のジュースに関しては、野菜、ナット及び果実に特化されており、そ

296 第4章 農産品

の他の植物の食用の部分は含まれません。

　図表4−18には、関税率表解説の総説を参考に、第20類に含まれる物品と含まれない物品とが示されています。

　国内分類例規（20.08項−1．かんしょ及びさといもの調製品の取り扱いについて）を図表4−19に示します。

　かんしょ及びさといもは、日本人にとっては、大変なじみの深いもので、野菜と考えられているものではないでしょうか。

　しかしながら、関税率表上の「野菜の範囲」は、第07.01項から第07.08項のテキストで示された種類のもの及び第7類注2で示された種類のものとなります。

　したがって、かんしょ（第0714.20号）及びさといも（第0714.40号）は、第7類の「野菜の範囲」のものとして定義されていないこととなります。

図表4−18　第20類　野菜、果実、ナットその他植物の部分の調製品

＜関税率表解釈　総説（除外規定）＞
この類には、次の物品を含む。
(1) 食酢又は酢酸により調製し又は保存に適する処理をした野菜、果実、ナットその他植物の食用の部分
(2) 砂糖により調製した野菜、果実、ナット、果皮その他植物の部分
(3) ジャム、フルーツゼリー、マーマレード、果実又はナットのピューレー、果実又はナットのペースト（加熱調理して得られたものに限る。）
(4) 均質に調製し又は保存に適する処理をした野菜及び果実
(5) 果汁又は野菜のジュースで未発酵のもの、アルコールを加えてないもの又はアルコール分が全容量の0.5％以下のもの
(6) 第7類、第8類、第11類その他この表の他の類に規定されていない方法によって調製された野菜、果実、ナットその他の食用の植物の部分
(7) 第07.14項、第11.05項又は 第11.06項の物品（第8類の物品の粉及びミールを除く。）で、第7類又は第11類に定める方法以外の方法によって調製し又は保存に適する処理をしたもの
(8) 浸透脱水により保存処理された果物
これらの物品は全形のもの、切ったもの又はつぶしたものでもよい。

この類には、次の物品を含まない。
(a) ソーセージ、肉、くず肉、血、昆虫類、魚又は甲殻類、軟体動物若しくはその他の水棲（せい）無脊椎動物の一以上を含有する調製食料品で、これらの物品の含有量の合計が全重量の20％を超えるもの（第16類）
(b) ペーストリーとして調製したフルーツタルトのような物品（第19.05項）
(c) 第21.04項のスープ、ブロス、スープ用又はブロス用の調製品及び均質混合調製食料品
(d) アルコール分が全容量の0.5％を超える果汁又は野菜ジュース（第22類）

ステップ１　輸出入産品のHS番号の確定　**297**

図表４−19　第20部　野菜、果実、ナットその他の植物の部分の調製品

<国内分類例規>
第20.08項　１．かんしょ及びさといもの調製品の取り扱いについて

(1) 本品は、第20.08項に分類する。

(2) その理由は、
- イ 「野菜」という語は第７類においてさといも、ヤム芋及びかんしょ（さつまいも）を含まない。第20類においても同義に解釈されるべきであり、第20類の注３及び注１(a)において「野菜」の範囲は拡大されない。
- ロ 第20類の注３における "as the case may be" という表現により、第20.04項及び第20.05項には「野菜」のみが分類され、第20.01項には野菜、果実、ナットその他食用の植物の部分が分類されると解釈される。この場合、かんしょ及びさといもは、第20.06項の関税率表解説にもあるとおり食用の植物の部分と解釈する。

(参考) 第７類の野菜の範囲（第07.01項〜第07.08項の物品＋注２の物品）

第７類　注２（その他の野菜の範囲に関する定義）
２　第07.09項から第07.12項までにおいて野菜には、食用きのこ、トリフ、オリーブ、ケーパー、かぼちゃ、なす、スイートコーン（ゼア・マユス変種サカラタ）、とうがらし属又はピメンタ属の果実、ういきょう、パセリ、チャービル、タラゴン、クレス及びスイートマージョラム（マヨナラ・ホルテンスィス及びオリガヌム・マヨラナ）を含む。

07.14	カッサバ芋、アロールート、サレップ、菊芋、かんしょその他これらに類するでん粉又はイヌリンを多量に含有する根及び塊茎（生鮮のもの及び冷蔵し、冷凍し又は乾燥したものに限るものとし、切ってあるかないか又はペレット状にしてあるかないかを問わない。）並びにサゴやしの髄

　　かんしょ（第0714.20号）及びさといも（第0714.40号）は、第７類に分類されるものの野菜の範囲のものとして定義されていない。
　　したがって、かんしょ及びさといもの調製品は、その他の植物の食用の部分からなる調製品として第20.08項に分類される。

　このことから、かんしょ及びさといもが調製品となったものについては、第20類の中では野菜の調製品が分類される第20.04項又は第20.05項に含まれるのではなく、その他の植物の食用の部分からなる調製品として第20.08項に分類されることになります。

(4) グループ＃４（その他の調製食料品（バスケット））

　このグループは、第21類（各種の調製食料品）のみから成ります。この類の項の構造及び含まれる物品の範囲を**図表４−20**に示します。

農産品

298　第4章　農産品

　第21類は、第21.01項から第21.06項までの6つの項から成りますが、特に重要なのが調製食料品のバスケットと呼ばれる第21.06項です。

　第21.06項の関税率表解説の抜粋によれば、この項には、この表で他の項に該当しない限り、（A）に記載されているように「直接又は加工（加熱による調理、水、ミルク等で溶解、煮る等）した後食用に供する調製品」、いわゆる、すでに説明したところのグループ＃1から＃3までに属しないその他の調製食料品が含まれます。まさに、第21.06項がバスケットと呼ばれる所以です。したがって、

図表4－20　第21類　各種の調製食料品

＜分類される物品の範囲＞

21.01	コーヒー、茶又はマテのエキス、エッセンス及び濃縮物並びにこれらをもととした調製品、コーヒー、茶又はマテをもととした調製品並びにチコリーその他のコーヒー代用物（いったものに限る。）並びにそのエキス、エッセンス及び濃縮物
21.02	酵母（活性のものであるかないかを問わない。）及びその他の単細胞微生物（生きていないものに限るものとし、第30.02項のワクチンを除く。）並びに調製したベーキングパウダー
21.03	ソース、ソース用の調製品、混合調味料、マスタードの粉及びミール並びに調製したマスタード
21.04	スープ、ブロス、スープ用又はブロス用の調製品及び均質混合調製食料品
21.05	アイスクリームその他の氷菓（ココアを含有するかしないかを問わない。）
21.06	調製食料品（他の項に該当するものを除く。）

＜関税率表解説＞
第21.06項（調製食料品のバスケット）

　この項には、**この表の他の項に該当しない限り**、次の物品を含む。
（A）直接又は加工（加熱による調理、水、ミルク等で溶解、煮る等）した後食用に供する調製品
（B）全部又は一部が食用品から成る調製品で、飲料又は調製食料品の製造に使用するもの
　この項には、化学品（有機酸、カルシウム塩等）と食用品（穀粉、砂糖、粉乳等）との混合物から成る調製品で、調製食料品に混入し、その構成成分として又はその性質（外観、品質保持等）を改良するために使用されるものも含みます（第38類注1（b）参照）。

　この項には、更に、次の物品を含まない。
（a）第20.08項の果実、ナットその他植物の食用の部分から成る調製品で、調製品としての重要な特性が、果実、ナットその他植物の食用の部分によって与えられるもの（20.08）
（b）食用に供するために食餌補助剤として調製した第21.02項の微生物（21.02）
（c）食用に供する食餌補助剤として製造された、ココアを含有する調製品（18.06）
（d）ニコチンを含有するチューイングガム（24.04）
（更に、第16類の肉魚等の20％ルールを満たすものも除かれる（第21類注1（e）））

ステップ1　輸出入産品のHS番号の確定　**299**

対象となる物品はさまざまです。

　また、（B）に記載されているように「全部又は一部が食用品から成る調製品で、飲料又は調製食料品の製造に使用するもの」も第21.06項に含まれます。

　この項には、化学品（有機酸、カルシウム塩等）と食用品（穀粉、砂糖、粉乳等）との混合物から成る調製品で、調製食料品に混合し、その構成成分として又はその性質（外観、品質保持等）を改良するために使用されるものも含みます（第38類注1（ｂ）参照）。

　第21.06項に含まれないものの例示もあります。例えば、（ａ）の第20.08項の果実、ナットその他植物の食用の部分から成る調製品で、調製品としての重要な特性が、果実、ナットその他植物の食用の部分によって与えられるもの（第20.08項）ですが、逆に言えば、果実、ナット、その他の植物の食用の部分の量が十分でなく、重要な特性がこれらによって与えられていないものは、その他の調製食料品として第21.06項に分類されることになります。

　調製品を分類する項として、第16類の肉、魚等又は昆虫の調製品や第19類の穀粉等又はミルク等の調製品等を分類する項もありますが、20％ルールを満たさないことから第16類に属さないものや、穀粉やミルク等が調製品としての重要な特性を物品に与えていると認められないことから第19類に属さないものについては、その多くのものがその他の調製食料品として第21.06項に分類されることになります。

　その他の調製食料品として第21.06項に分類される物品について、HS委員会で分類検討された3事例を示します。

　最初（**図表4−21−①**）は、国際分類例規2106.90-4に掲載のミルクと混合した後飲料として使用される調製品です。微粉末状で、主に糖類、果実粉、粉乳、りん酸カルシウム及びビタミンから成る2種類のインスタント飲料です。これらは植物の食用の部分（ハシバミの実の粉、木いちごの実の粉）が含まれていますが、含有量が僅かなため、「調製品としての重要な特性が、果実、ナットその他植物の食用の部分によって与えられているもの（第20.08項）とは、認められない。」ことから、その他の調製食料品として第21.06項に分類されます。

　2番目の事例（**図表4−21−②**）は、バターファットの調製品で、主にミルク成分のバターからなるものです。ミルクの調製品を分類する第19.01項は、同項の規定から第04.01項から第04.04項までの物品の調製食料品を含みますが、第04.05項のバターからなる調製品は、第19.01項の調製食料品には含まれないことから、その他の調製食料品として第21.06項に分類されます。

農産品

300 第4章　農産品

図表4－21　第21類　各種の調製食料品

①

<国際分類例規>
2106.90　4．ミルクと混合した後飲料として使用される調製品

　本品は、微粉末状で、主に糖類、果実粉、粉乳、りん酸カルシウム及びビタミンから成る。
検討された物品：
　(1)"Heliofit noisette"(登録商標名)　インスタント飲料
　　主成分(重量比)は次のとおりである。
　　　しょ糖　　　　　　　42.1％
　　　直接還元糖　　　　　24.0％
　　　はしばみの実の粉　　30.0％
　(2)"Heliofit framboise"(登録商標名)　インスタント飲料
　　主成分(重量比)は次のとおりである。
　　　しょ糖　　　　　　　43.8％
　　　直接還元糖　　　　　37.8％
　　　木いちごの実の粉　　14.0％

　調製品としての重要な特性が、果実、ナットその他植物の食用の部分によって与えられるもの（第20.08項）とは、認められない。

②

<国際分類例規>
2106.90　13．調製品

　本品は、バターファット 70％、精製して水素添加したココナッツオイル 15％及び微結晶砂糖15％から成る調製品で、ビスケット、チョコレート及び菓子の製造に使用されるものである。
商品名："Cream preparation（DMP 1193）"

　バターファット（第04.05項）の調製品は、19.01項（第04.01項～第04.04項の調製品）とは認められずに、その他の調製食料品（第21.06項）

　最後の事例（図表４－21－③）は、アルコールを乾燥して粉末状にしたもので、エチルアルコールを重量比で30.5％も含んでいます。
　第22類には、アルコール飲料が分類されますが、本品はアルコールを含有するものであっても、粉末状で飲む形状をしていないことから、飲料として第22

ステップ1　輸出入産品のHS番号の確定　**301**

③

<国際分類例規>
2106.90　31．調製食料品

　本品は、アルコールを乾燥し、粉状にしたもので、エチルアルコール（重量比 30.5％）及びデキストリン（重量比 69.5％）から成り、水分含有量は重量比 2.5（±1.5）％である。本品は噴霧乾燥によって得られ、デキストリンはエチルアルコールの担体（賦形剤）として使用されている。本品は、水に容易に溶解し、様々な調製食料品に使用される。

通則1及び6を適用

　アルコールを含有しない調製品又はアルコールを含有する調製品で、種々のアルコールを含有しない飲料又はアルコール飲料の製造に使用する種類のもの。
（関税率表解説　21.06（7）例示参照）

類には分類されません。

　関税率表に、粉末状のアルコールを分類する特定の項がないため、本品は、その他の調製食料品として第21.06項に分類されます。

　なお、本品の分類に関連して、第21.06項の関税率表解説の（7）に「アルコールを含有しない調製品又はアルコールを含有する調製品で、種々のアルコールを含有しない飲料又はアルコール飲料の製造に使用する種類のもの」が例示されています。

（5）グループ＃1から＃4までのもの以外の重要な物品の分類

　最初は、第15類（動物性、植物性又は微生物性の油脂及びその分解生産物、調製食用脂並びに動物性又は植物性のろう）です。この類の項の構造及び含まれる物品の範囲を**図表4−22**に示します。

　第15類には、次の物品が含まれます。

(1) 動物性油脂、植物性油脂又は微生物性油脂で粗製のもの、精製したもの又はある種の方法で処理（例えば、ボイル油化、硫化又は水素添加）したもの

(2) 油脂から製造したある種の物品、特にその分解生産物（例えば、粗製グリセリン（粗製グリセロール））

(3) 調製食用油脂（例えば、マーガリン）

(4) 動物性又は植物性のろう

302　第4章　農産品

(5) 脂肪性物質又は動物性若しくは植物性のろうの処理の際に生ずる残留物

ただし、この類には、次の物品を含みません。

(a) 第02.09項の家きんの脂肪及び豚の筋肉層のない脂肪（溶出その他の方法
　　で抽出してないもの）

(b) ミルクから得たバターその他の油脂（第04.05項）及び第04.05項のデイリー
　　スプレッド

(c) カカオ脂（第18.04項）

図表4－22　第15類　動物性、植物性又は微生物性の油脂及びその分解生産物、調製食用脂並びに動物性又は植物性のろう

＜分類される物品の範囲＞

15.01～15.06	動物性油脂
15.07～15.15	植物性の油脂（微生物性の油脂（第15.15項））
15.16～15.20	油脂を処理（例えば、ボイル油化、硫化又は水素添加）したもの、油脂から製造したもの（調製食用脂（例えばマーガリン（第15.17項）、分解生産物（例えばグリセリン））
15.21	植物性ろう（トリグリセリドを除く。）、みつろうその他の昆虫ろう及び鯨ろう（精製してあるかないか又は着色してあるかないかを問わない。）
15.22	デグラス及び脂肪性物質又は動物性若しくは植物性のろうの処理の際に生ずる残留物

＜関税率表解説　総説（抜粋）＞

この類には、次の物品を含む。

(1) 動物性油脂、植物性油脂又は微生物性油脂で粗製のもの、精製したもの又はある種
　　の方法で処理（例えば、ボイル油化、硫化又は水素添加）したもの

(2) 油脂から製造したある種の物品、特にその分解生産物（例えば、粗製グリセリン（粗
　　製グリセロール））

(3) 調製食用油脂（例えば、マーガリン）

(4) 動物性又は植物性のろう

(5) 脂肪性物質又は動物性若しくは植物性のろうの処理の際に生ずる残留物

この類には、次の物品を含まない。

(a) 第02.09項の家きんの脂肪及び豚の筋肉層のない脂肪（溶出その他の方法で抽出し
　　てないもの）

(b) ミルクから得たバターその他の油脂（第04.05項）及び第04.05項のデイリースプレッド

(c) カカオ脂（第18.04項）

(d) 獣脂かす（第23.01項）及びオイルケーキ、オリーブ油かすその他の植物性油脂又は
　　微生物性油脂を抽出した際に生ずる油かす（油さいを除く。）（第23.04項から第23.06項
　　まで）

(e) 脂肪酸、アシッドオイルで油脂の精製の際に生ずるもの、油脂性アルコール、グ
　　リセリン（粗製グリセリンを除く。）、調製ろう、医薬品、ペイント、ワニス、せっけ
　　ん、調製香料、化粧品類、硫酸化油又は第6部のその他の物品

(f) 油から製造したファクチス（第40.02項）

ステップ1　輸出入産品のHS番号の確定　**303**

(d) 獣脂かす (第23.01項) 及びオイルケーキ、オリーブ油かすその他の植物性油脂又は微生物性油脂を抽出した際に生ずる油かす (油さいを除く。)(第23.04項から第23.06項まで)

(e) 脂肪酸、アシッドオイルで油脂の精製の際に生ずるもの、油脂性アルコール、グリセリン (粗製グリセリンを除く。)、調製ろう、医薬品、ペイント、ワニス、せっけん、調製香料、化粧品類、硫酸化油又は第6部のその他の物品

(f) 油から製造したファクチス (第40.02項)

　次は、第22類 (飲料、アルコール及び食酢) です。この類の項の構造及び含まれる物品の範囲を**図表4-23**に示します。

　この類には水を含みますが、注1 (c) に規定されているように、蒸留水、伝導度水その他これらに類する純水は含みません。これらの水は、無機化学品を分類する第28類の中に設けられた第28.53項に属します。

　注2及び3の規定から、アルコール飲料が分類される第22.03項から第22.06項まで及び第22.08項の物品は、温度20度におけるアルコール分が0.5%を超える飲料となります。

　参考までに、国際分類例規の事例 (ニュートラルアルコールベース) を載せています。

　本品は、飲料の調製用に供する種類のもので、エタノールの特徴 (におい等) を示すアルコール分を12%含む無色透明の液体です。

　果実の発酵酒、例えば、ぶどう酒は第22.04項に分類されますが、本品のように、果汁を発酵させ、それに続く清浄、ろ過の工程により、発酵酒としての特性は失われ、エタノールの特性のみを有するものは、エチルアルコールとして第22.08項に分類されることになります。

　次は、第23類 (食品工業において生ずる残留物及びくず並びに調製飼料) です。この類の項の構造及び含まれる物品の範囲を**図表4-24**に示します。

　この類には、食品製造工業で使用される植物性材料からでる各種のかす及びくず並びにある種の動物性生産品を含みます。これらの物品は一部食用に適するものがありますが、大部分のものの主な用途は、単独又は他の材料と混合して、動物の飼料用となるものです。ただし、ある一部の物品 (例えば、ぶどう酒かす、アーゴル、オイルケーキ) は、工業用にも供されます。

農産品

304 第4章 農産品

参考までに、国際分類例規の事例（粉末状の調製品）を載せています。

本品は、噴霧乾燥により得られた粉末状の調製品で、植物性たんぱく質及び
マルトデキストリンから成るマトリックス中にきめ細かく分散させたビタミン

図表4－23　第22類　飲料、アルコール及び食酢

＜分類される物品の範囲＞

22.01	水（天然又は人造の鉱水及び炭酸水を含むものとし、砂糖その他の甘味料又は香味料を加えたものを除く。）、氷及び雪
22.02	水（鉱水及び炭酸水を含むものとし、砂糖その他の甘味料又は香味料を加えたものに限る。）その他のアルコールを含有しない飲料（第20.09項の果実、ナット又は野菜のジュースを除く。）
22.03	ビール
22.04	ぶどう酒（強化ぶどう酒を含むものとし、生鮮のぶどうから製造したものに限る。）及びぶどう搾汁（第20.09項のものを除く。）
22.05	ベルモットその他のぶどう酒（生鮮のぶどうから製造したもので、植物又は芳香性物質により香味を付けたものに限る。）
22.06	その他の発酵酒（例えば、りんご酒、梨酒、ミード及び清酒）並びに発酵酒とアルコールを含有しない飲料との混合物及び発酵酒の混合物（他の項に該当するものを除く。）
22.07	エチルアルコール（変性させてないものでアルコール分が80％以上のものに限る。）及び変性アルコール（アルコール分のいかんを問わない。）
22.08	エチルアルコール（変性させてないものでアルコール分が80％未満のものに限る。）及び蒸留酒、リキュールその他のアルコール飲料
22.09	食酢及び酢酸から得た食酢代用物

第22類　主な注
注1
　この類には、次の物品を含まない。
　(c) 蒸留水、伝導度水その他これらに類する純水（第28.53項参照）
注2
　第20類からこの類までにおいてアルコール分は、温度20度におけるアルコールの容量分による。
注3
　第22.02項において「アルコールを含有しない飲料」とは、アルコール分が0.5％以下の飲料をいう。アルコール飲料は、第22.03項から第22.06項まで又は第22.08項に属する。

＜国際分類例規＞
2208.90　5. ニュートラルアルコールベース

　本品は、飲料の調製用に供する種類のものである。アルコール分が12％で、エタノールの特徴（におい等）を示す、無色透明の液体。果汁を発酵させ、それに続く清浄、ろ過の工程により得られるものであり、発酵して得られた物品の特性は失っている。

通則1及び6を適用

ステップ1　輸出入産品のHS番号の確定　**305**

D3 12.5mg/gを含有するものです。本品は、プレミックス、配合飼料、ミルク代替物及び流動食における動物用栄養素として使用されます。このように、動物の健康増進目的などで飼料にビタミン等を添加するために調製されたものは商取引上プレミックスと呼ばれており、これらは飼料用に供する調製品として第23.09項に分類されます。

図表4－24　第23類　食品工業において生ずる残留物及びくず並びに調製飼料
＜分類される物品の範囲＞

23.01	肉、くず肉、魚又は甲殻類、軟体動物若しくはその他の水棲（せい）無脊椎（せきつい）動物の粉、ミール及びペレット（食用に適しないものに限る。）並びに獣脂かす
23.02	ふすま、ぬかその他のかす（穀物又は豆のふるい分け、製粉その他の処理の際に生ずるものに限るものとし、ペレット状であるかないかを問わない。）
23.03	でん粉製造の際に生ずるかすその他これに類するかす、ビートパルプ、バガスその他の砂糖製造の際に生ずるかす及び醸造又は蒸留の際に生ずるかす（ペレット状であるかないかを問わない。）
23.04	大豆油かす（粉砕してあるかないか又はペレット状であるかないかを問わない。）
23.05	落花生油かす（粉砕してあるかないか又はペレット状であるかないかを問わない。）
23.06	その他の植物性又は微生物性の油かす（粉砕してあるかないか又はペレット状であるかないかを問わないものとし、第23.04項又は第23.05項のものを除く。）
23.07	ぶどう酒かす及びアーゴル
23.08	飼料用に供する種類の植物材料、植物のくず、植物のかす及び植物性副産物（ペレット状であるかないかを問わないものとし、他の項に属するものを除く。
23.09	飼料用に供する種類の調製品

農産品

＜関税率表解説　総説（抜粋）＞

　この類には、食品製造工業で使用される植物性材料からでる各種のかす及びくず並びにある種の動物性生産品を含む。これらの物品は一部食用に適するものがあるが、大部分のものの主な用途は、単独又は他の材料と混合して、動物の飼料用とする。ただし、ある一部の物品（例えば、ぶどう酒かす、アーゴル、オイルケーキ）は、工業用にも供される。

＜国際分類例規＞
2309.90　8.　粉末状の調製品

　本品は、噴霧乾燥により得られた粉末状の調製品で、植物性たんぱく質及びマルトデキストリンから成るマトリックス中にきめ細かく分散させたビタミンD3 12.5mg/gを含有する。ビタミンD3は、ブチル化ヒドロキシトルエン（BHT）により安定化されている。
　本品は、プレミックス、配合飼料、ミルク代替物及び流動食における動物用栄養素として使用される。

通則1（第29類注1（f））及び6を適用

306 第4章　農産品

　最後は、第24類（たばこ及び製造たばこ代用品、非燃焼吸引用の物品（ニコチンを含有するかしないかを問わない。）並びにニコチンを含有するその他の物品（ニコチンを人体に摂取するためのものに限る。））です。この類の項の構造及び含まれる物品の範囲を**図表4-25**に示します。

　第24類は、HS2022改正により、新たに第24.04項（たばこ、再生たばこ、ニコチン又はたばこ代用物若しくはニコチン代用物を含有する物品（非燃焼吸引用の物品に限る。）及びニコチンを含有するその他の物品（ニコチンを人体に摂取するためのものに限る。））が追加されました。

　同時に注2と3とが新設され、注2では、第24類の中で第24.04項が最も高いプライオリティを有すること、即ち、物品が第24.04項と第24類の他の項に同時に属する場合には、第24.04項に分類されることを明確化しています。

図表4-25　第24類　たばこ及び製造たばこ代用品、非燃焼吸引用の物品（ニコチンを含有するかしないかを問わない。）並びにニコチンを含有するその他の物品（ニコチンを人に摂取するためのものに限る。）

＜分類される物品の範囲＞

24.01	たばこ（製造たばこを除く。）及びくずたばこ
24.02	葉巻たばこ、シェルート、シガリロ及び紙巻たばこ（たばこ又はたばこ代用物から成るものに限る。）
24.03	その他の製造たばこ及び製造たばこ代用品、シートたばこ並びにたばこのエキス及びエッセンス
24.04	たばこ、再生たばこ、ニコチン又はたばこ代用物若しくはニコチン代用物を含有する物品（非燃焼吸引用の物品に限る。）及びニコチンを含有するその他の物品（ニコチンを人体に摂取するためのものに限る。）

＜HS2022改正＞
新第24.04項
新注2及び3
2　第24.04項及びこの類の他の項に同時に属するとみられる物品は、第24.04項に属する。
3　第24.04項において「非燃焼吸引」とは、加熱供給その他の方法を通じた吸引で、燃焼を伴わないものをいう。

新第24.04項は、2つのカテゴリーからなる。
①　たばこ、再生たばこ、ニコチン又はたばこ代用物若しくはニコチン代用物を含有する物品（非燃焼吸引用の物品に限る。）
　　　電子たばこ及びこれに類する個人用の電気的な気化用器具（Device）が単独（上記物品を含有するカートリッジ等とは別）に提示された場合は、第8543.40号に分類
②　ニコチンを含有するその他の物品（ニコチンを人体に（非燃焼吸引用以外の方法で）摂取するためのものに限る。）

注３は、第24.04項のテキストの中で言及されている「非燃焼吸引」を『加熱供給その他の方法を通じた吸引で、燃焼を伴わないものをいう。』と定義しています。

第24.04項は、①のたばこ、再生たばこ、ニコチン又はたばこ代用物若しくはニコチン代用物を含有する物品（非燃焼吸引用の物品に限る。）と②ニコチンを含有するその他の物品（ニコチンを人体に（非燃焼吸引用以外の方法で）摂取するためのものに限る。）との２つのカテゴリーからなります。

なお、電子たばこ及びこれに類する個人用の電気的な気化用器具（Device）が単独（上記物品を含有するカートリッジ等とは別）に提示された場合は、その他の電気機器として第85.43項（第8543.40号）に分類されます。

第24.04項の構造を**図表４−26**に示します。

上記の①と②に記載したように、第24.04項の中で５桁レベルの分類の第2404.1号と第2404.9号とは、この項に分類される物品が非燃焼吸引の物品かその他のものかにより区分されています。

第2404.1号の中で６桁の分類は、「たばこ又は再生たばこを含有するもの」、「その他のもので（ニコチンを含有するものに限る。）」及び「その他のもの」と含有物質の種類により区分されています。

一方、第2404.9号の中で６桁分類は、「経口摂取用のもの」、「経皮摂取用のもの」及び「その他のもの」とニコチンの摂取方法（非燃焼吸引用以外の方法）の違いにより区分されています。

参考までに、国際分類例規の２事例を載せています。

最初の事例（**図表４−27−①**）は、たばこカプセルの分類についてです。本品は、円筒形（長さ 22.9mm、直径 9.5mm/8.4mm）で、粒状のシートたばこ、水、香料、炭酸カリウム及び結合剤約0.31gが充填されたポリプロピレン製の外装カプセルと、アセチルセルロース製のマウスピースから成るものです。本品は、たばこを燃焼させることなく、カートリッジの内側の粒状のシートたばこをバッテリーなどを用いて加熱し、放出されるフレーバーとニコチンを吸収するものであることから、非燃焼吸引用の物品でたばこを含有するものとして第2404.11号に分類されます。

２番目の事例（**図表４−27−②**）は、経皮投与剤で、ニコチンパッチとも呼ばれています。本品は、禁煙しようとする喫煙者がニコチンを摂取するための方法の一つとして用いられるもので、有効成分のニコチンが皮膚を通して循環系に吸収されるものであることから、経皮摂取用のものとして第2404.92号に分類されます。

308 第4章 農産品

図表4－26 第24.04項の構造

（第24.04項の構造）

＊5桁分類（2404.1と2404.9）：この項に分類される物品（非燃焼吸引の物品⇔その他のもの）で区分

＊2404.1内の6桁分類（2404.11～19）：含有物質により区分

＊2404.9内の6桁分類（2404.91～99）：摂取方法で区分

24.04		たばこ、再生たばこ、ニコチン又はたばこ代用物若しくはニコチン代用物を含有する物品（非燃焼吸引用の物品に限る。）及びニコチンを含有するその他の物品（ニコチンを人体に摂取するためのものに限る。）	
		非燃焼吸引用の物品	
2404.11		たばこ又は再生たばこを含有するもの	
	100	シートたばこ	
	200	その他のもの	
2404.12	000	その他のもの（ニコチンを含有するものに限る。）	含有物質で区分
2404.19		その他のもの	
	100	製造たばこ代用品	
	200	その他のもの	
		その他のもの	
2404.91		経口摂取用のもの	
	100	チューインガム	
	200	その他のもの	摂取方法で区分
2404.92	000	経皮摂取用のもの	
2404.99	000	その他のもの	

図表4−27　第24類　たばこ及び製造たばこ代用品、非燃焼吸引用の物品（ニコチンを含有するかしないかを問わない。）並びにニコチンを含有するその他の物品（ニコチンを人体に摂取するためのものに限る。）

①

> ＜国際分類例規＞
> 2404.11　1．たばこカプセル
>
> 　本品は、カートリッジ及びバッテリーから成る電気加熱式デバイスと共に使用されるもので、分離して提示される。
>
>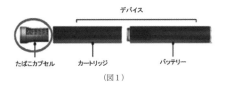
> （図1）
>
> 　本品は、円筒形（長さ22.9mm、直径9.5mm/8.4mm）で、粒状のシートたばこ、水、香料、炭酸カリウム及び結合剤約0.31gが充填されたポリプロピレン製の外装カプセルと、アセチルセルロース製のマウスピースから成る。本品の総重量は約0.56gである。
>
> 　本品は、プロピレングリコール、グリセロール及び水から成る液体を含むカートリッジの末端に挿入される。カートリッジをバッテリーに接続した後、本品は吸気のために口にくわえられる。吸い込むと同時にバッテリーのセンサーが反応し、カートリッジの内側が加熱されることにより、カートリッジ内の液体が蒸気となる。カートリッジから生じた蒸気が本品を通り抜けることにより（図2）、粒状のシートたばこを加熱し、粒状のシートたばこから放出されるフレーバーとニコチンを吸収する。ニコチン含有の煙霧（蒸気）は、従って、たばこを燃焼させることなく生み出される。
>
>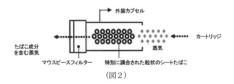
> （図2）
>
> 通則1（第24類注2及び3）及び6を適用

310 第4章 農産品

②

> <国際分類例規>
> 2404.11　1．経皮投与剤
>
> 　本品は、禁煙しようとする喫煙者がニコチンを摂取するための方法の一つとして用いられるもので主に次のようなものから成る。
> （ⅰ）有効成分（ニコチン）の漏出を防ぐための透明なプラスチックの保護フィルム
> （ⅱ）皮膚を通じて循環器系に吸収されるニコチンの保留剤
> （ⅲ）ニコチンが体内に継続的にかつ制御されつつ放出されるための、有効成分が浸透できる放出制御メンブレン
> （ⅳ）使用と同時に有効成分を浸透させ吸収を可能にするための接着層
> （ⅴ）使用時までそのままの状態で維持するための取外し可能な保護フィルム
>
> 通則1及び6を適用
>
> 検討された物品
> 　"Nicotinell® TTS20"（登録商品名）
> 　　ニコチン　35 mg
> 　"Nicotinell® TTS10"（登録商品名）
> 　　ニコチン　17.5mg
> 　"Nicotinell® TTS30"（登録商品名）
> 　　ニコチン　52.5mg

ステップ2（EPA特恵税率の対象品目か否かの確定）

ステップ3（特恵マージン（一般税率と特恵税率の差）の確認）

ステップ4（関税割当制度等の対象か否かの確認）

　これらステップについては、第2章「繊維・繊維製品」で説明した内容が同様に適用できますので、そちらの説明をご参照下さい。今回は、農産品の事例として、ベトナムからトマトケチャップを輸入する場合を用いて、これら一連のステップの適用事例を説明します。

1. 産品のHS番号の確定

　最初に、トマトケチャップのHS番号は第2103.20号として特定されており、日本の関税率表番号はHS番号に国内細分の3桁を加えた合計9桁の2103.20-010と既に確定されているとします。なお、輸入時に適用されるHS番号は、輸入国の税関の判断に基づくことから、過去の輸入実績等があればそれを参考に、また、新規商品でHS番号が不明な場合等では、日本への輸入であれば、通関業者等専門家に確認（必要な場合には日本税関において事前教示を取得）を、輸出であれば、輸出相手国の輸入者に確認する（可能であれば、輸出相手国において事前教示を取得してHS番号を確定）等の方法により、輸出先国のHS番号を調査・特定することが大変重要です。

2. EPA特恵税率の対象の有無の確認

（1）税関ホームページの実行関税率表（**図表4-28**）の第21類の当該番号のと

図表4-28　EPA特恵税率の対象か否かのチェック方法①

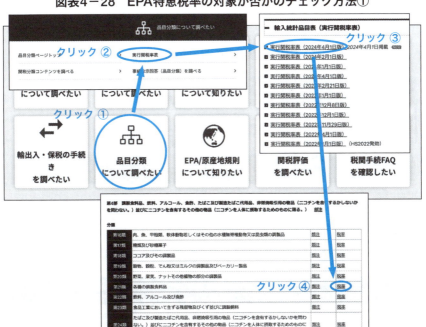

ころを開くと**図表４－29**のように、トマトケチャップに適用される一般税率（基本税率：25％、WTO協定税率：21.3％）と（右へスクロールすると）合計20の発効済EPAの税率をすべて確認することができます。EPA特恵税率の欄に何も記載がないものは、当該EPAに対してEPA特恵税率を譲許していないということです。例えば、日スイスEPAや日インドEPAの欄はブランクなので非譲許です。また、日ペルーEPAでは「関税割当数量以内のもの　無税」と記載されており、関税割当を有していればEPA特恵税率で無税が適用され、有していない場合WTO協定税率（21.3％）が適用されます。

(2) ベトナムからトマトケチャップを輸入する場合、以下の４つのEPA特恵税率のいずれかを利用することが可能となります（**図表４－30**参照）。

① 日ベトナムEPA：19.2％（EPA譲許表[1]には、「基準税率（21.3％）から19.2％までの６回の毎年均等な引下げにより、削減する。」とされており、日ベトナムEPAは2009年10月に発効し、すでに６年以上経過していることから現在は19.2％と記載。）

② 日アセアンEPA：21.3％（EPA譲許表[2]には、「21.3％を譲許」とされている。）

図表4－29　EPA特恵税率の対象か否かのチェック方法②

統計番号 Statistical code 番号 H.S.code		品名 Description	関税率 Tariff rate 基本 General	暫定 Temporary	WTO協定 WTO	特恵 GSP	特別特恵 LDC
21.03		ソース、ソース用の調製品、混合調味料、マスタードの粉及びミール並びに調製したマスタード					
2103.10	000	醤油	9.6%		7.2%	6%	無税
2103.20		トマトケチャップその他のトマトソース					
	010	1 トマトケチャップ	25%		21.3%		
	090	2 その他のトマトソース	20%		17%		

↓横にスクロール

基本税率　25%
WTO協定税率　21.3%

統計番号 Statistical code 番号 H.S.code		品名 Description	関税率（経済連携協定） Tariff rate (EPA) アセアン ASEAN	フィリピン Philippines	スイス Switzerland	ベトナム Viet Nam	インド India	ペルー Peru	豪州 Australia	モンゴル Mongolia	CPTPP	欧州連合 EU	英国 UK	RCEP(アセアン/豪州/ニュージーランド)	RCEP (中国)	RCEP (韓国)
21.03		ソース、ソース用の調製品、混合調味料、マスタードの粉及びミール並びに調製したマスタード														
2103.10	000	醤油	無税	無税	無税	無税	無税	無税	無税	無税	無税	無税	無税	5.4%	5.4%	
2103.20		トマトケチャップその他のトマトソース														
	010	1 トマトケチャップ	21.3%	19.2%		19.2%		関税割当数量以内のもの 無税	17%		7.7%	7.7%	7.7%	21.3%		
	090	2 その他のトマトソース	17%	8.5%		8.5%		関税割当数量以内のもの 無税	8.5%		6.1%	6.2%	6.2%	17%		

図表4－30　ベトナムからトマトケチャップを輸入する際の適用可能なEPA税率

統計番号 Statistical code 番号 H.S.code		品名 Description	関税率（経済連携協定） Tariff rate (EPA) アセアン ASEAN	フィリピン Philippines	スイス Switzerland	ベトナム Viet Nam	インド India	ペルー Peru	豪州 Australia	モンゴル Mongolia	CPTPP	欧州連合 EU	英国 UK	RCEP(アセアン/豪州/ニュージーランド)	RCEP (中国)	RCEP (韓国)
21.03		ソース、ソース用の調製品、混合調味料、マスタードの粉及びミール並びに調製したマスタード														
2103.10	000	醤油	無税	無税	無税	無税	無税	無税	無税	無税	無税	無税	無税	5.4%	5.4%	
2103.20		トマトケチャップその他のトマトソース														
	010	1 トマトケチャップ	21.3%	19.2%		19.2%		関税割当数量以内のもの 無税	17%		7.7%	7.7%	7.7%	21.3%		
	090	2 その他のトマトソース	17%	8.5%		8.5%		関税割当数量以内のもの 無税	8.5%		6.1%	6.2%	6.2%	17%		

ステップ2〜4（事例） **313**

③ CPTPP：7.7％（EPA譲許表[3]には、「基準税率（21.3％）から11回かけて関税を撤廃」とされており、CPTPPは、2018年12月30日に発効し、2024年4月1日現在7回目の削減後の7.7％が適用されている。

④ RCEP（対アセアン・豪州・ニュージーランド）：21.3％（EPA譲許表[4]には、「21.3％を譲許」とされている。）

(3) 上記例のベトナムからトマトケチャップを輸入する場合、CPTPPを利用すると最も低い税率で輸入することができ、さらに今後も毎年関税率が引き下げられ、2028年4月以降は関税率が撤廃されることが分かります。

各協定のステージング表は税関ホームページのトップページの「EPA/原産地規則について知りたい」をクリックすることにより表示されるポップアップ画面の「ステージング表[5]」からアクセスすることができますのでご利用ください。

3. 特恵マージン（一般税率と特恵税率の差）の確認

利用できるEPA特恵税率の確認ができたら、次のステップとして特恵マージンの確認を行います。その目的は、EPA特恵税率を利用するために必要な書類の作成や保存、各種手続きに要する人件費等のコストと節税効果を比較検討して、会社としてEPA特恵税率を利用するか否か決定する判断材料の提供です。

特恵マージン及びそれに伴う節税効果は次の計算式で算出します。

節税額 ＝ 対象商品の輸入額 × 特恵マージン率（WTO協定税率 － EPA特恵税率）

例えば、前記のトマトケチャップをベトナムから年間5,000万円分輸入する場合を想定すると節税額は以下のようになります。

節税額 ＝ 5,000万円 ×（21.3％ － 7.7％（CPTPP））＝ 680万円

他にもEPA特恵税率が適用可能な対象産品を輸入している場合、一定のコストを支払ってもEPA特恵税率の利用に基づく節税額により、コストのカバーが可能との判断を行うこととなると思われます。

また、当該産品は、特恵税率が段階的に引下げ・撤廃されるステージングの

314 第4章 農産品

対象であり、特恵税率は段階的に引下げられて11年目（2028年4月1日）に撤廃されます。よって、現在のEPA特恵税率は2024年4月1日現在、7年目の7.7％ですが、今後さらに引下げられていくので、将来的にはより特恵マージンが増大していくことに留意が必要です。

4. 関税割当制度等の対象か否かの確認

　次のステップとして、関税割当制度等の対象か否かの確認を行います。前記のトマトケチャップを輸入する場合、日メキシコEPA及び日ペルーEPAの欄に「関税割当数量以内のもの　無税」との記載があり、当該2つのEPAには関税割当が設けられていることが分かります。

　EPAに基づく関税割当制度とは、EPA締約相手国に対して一定の輸入数量（関税割当数量）に限り、一般税率よりも低い特恵税率（枠内税率）を適用する一方、この一定の輸入数量を超える輸入分については、原則として、一般税率（枠外税率）を適用する仕組みです。日メキシコEPA及び日ペルーEPAの場合、関税割当制度の輸入枠を有している輸入者がEPA特恵税率を利用して輸入する場合は関税無税が適用され、それ以外の者が輸入する場合は、WTO協定税率である21.3％が適用されることとなります。

　このため、輸出入しようとする対象産品が輸入国において関税割当制度の対象となっているか否か、また、対象となっている場合、輸入者が当該割当数量枠を有しているか否かを確認する必要があります。日本への輸入についての関税割当の数量枠の詳しい取得方法は農林水産省へお問い合わせください[6]。

　日本への輸入について、関税割当制度の対象か否かは、ステップ2で説明したEPA特恵税率の確認の方法（実行関税率表）で確認するのが最も簡便な方法と思われます。具体的には、税関ホームページの実行関税率表のEPA税率欄に「関税割当数量以内のもの」との記載があれば、関税割当制度の対象品目となります。

ステップ5：原産地規則を満たすか否かの確認

　このステップで満たすか否かを確認する原産地規則として、産品がEPAの原

ステップ5：原産地規則を満たすか否かの確認　**315**

産品であるかどうか判断する基準(原産性判断基準)を満たす否かの確認が最も重要となります。

1. 農産品の原産性判断基準

　原産性判断基準として、「完全生産品」、「原産材料のみから生産される産品」、及び「品目別規則を満たす産品」の3つの基準があり、農産品は、その生産工程の最も上流にある産品には多くの場合「完全生産品」の定義が適用されます。さらに生産工程が進んだ産品については、産品の生産に直接使用される材料（一次材料）がすべて原産材料と認められる場合には「原産材料のみから生産される産品」の基準が適用できますが、多くの場合、他の品目セクター同様、一次材料がすべて原産材料かどうか明確でないことから、一次材料に非原産材料を使用する場合に適用される「品目別規則を満たす産品」の基準が用いられます。

　次に、農産品に適用される完全生産品及び品目別規則について説明します。

2. 完全生産品

　原産性判断基準の3つの基準のうち、「完全生産品」とは、当該産品の生産に使用されたすべての材料が当該EPA締約国において完全に得られたもの、すなわち、生産工程をどこまで遡っても当該締約国の原産品のみを使用している場合が完全生産品ですが、何が完全生産品であるかについて各EPAにおいて具体的に定義されています。

（1）完全生産品の定義

　日本のEPAに共通した完全生産品の定義のうち、農産品にかかるものを大きく分けると、以下の3つがあります。

① **当該領域内の自然界に存在するもの、生まれ・成育するもの**
（例）
* 生きている動物（生まれ、かつ、成育されたもの）、生きている動物から得られる産品（卵や羊毛等）、狩猟、捕獲、漁ろう等により得られた動物（水産物を含む）等
* 収穫や採取された植物及び植物性生産品（果実、花、野菜等）

316 第4章 農産品

② 生産が締約国で完結しないものであっても、締約国の完全生産品として扱うもの

(例)

* 領海の外側の海域、海底又はその下で得られた魚介類その他の海洋生物

③ それら (①・②) から生産された産品

(例)

* 完全生産品のみから生産された調製食料品
* 生きている動物をとさつして得られたステーキ等の産品 (日EU・EPAのように完全生産品の規定がある場合を除く。)

(2) 魚介類その他の海洋生物

　魚介類については得られた海域が「領海」か「領海の外側の海域」なのかにより異なります。締約国の領海で捕獲された魚介類その他の海洋生物は当該締約国の完全生産品となります。締約国の領海の外側に位置し (排他的経済水域を含む)、かつ、国際法に基づく第三国の領海の外側に位置する海、海底又はその下から得られる魚介類その他の海洋生物については、その魚介類その他の海洋生物を捕獲した船舶の属する締約国の完全生産品とされ、締約国の船舶になるための、「登録」、「旗国」、「所有」、「乗組員の数」等の要件に係る詳細な規定がEPA

図表4-31　締約国の船舶・工船の要件 (比較)

	締約国の船舶・工船の要件
CPTPP	①締約国において登録、名簿に掲載又は記録され、及び、②当該締約国を旗国とすること
日EU・EPA	①締約国において登録され、②当該締約国を旗国とすること、及び、③当該締約国の自然人が50％以上の持分を所有していること、又は次の要件を満たす法人が所有していること。 (a) 当該締約国内に本店及び主たる営業所を有すること、かつ、 (b) 当該締約国の自然人又は法人が50％以上の持分を所有していること
日タイEPA	①締約国において登録され、②当該締約国の旗を掲げて航行すること、③締約国の国民又は法人 (締約国に本店を有する法人であって、代表者、役員会の長及び当該役員会の構成員の過半数が締約国の国民であり、かつ、締約国の国民又は法人が50％以上の持分を所有) が50％以上の持分を所有していること、及び、④船長、上級乗組員及び乗組員の総数の75％以上が締約国又はアセアン加盟国の国民であること。
RCEP	①締約国において登録され、及び②当該締約国を旗国とすること (注) 豪州の排他的経済水域で操業する工船又は船舶については特別の規定有り

ごとに定められています。

　その要件として、例えば、CPTPPでは「登録、名簿に掲載又は記録、及び旗国」、日EU・EPAでは「登録、旗国、及び締約国の自然人又は法人が50％以上所有」、日タイEPAでは、「登録、旗国、締約国の自然人又は法人が50％以上所有、及び船員の総数の75％以上がアセアン加盟国の国民」、RCEPでは「登録及び旗国」と規定されています（**図表４−31参照**）。

　このように、締約国の船舶及び工船の規定はEPAごとに異なっていますので、利用されるEPAの規定を詳しくお読みください。

（3）養殖

　近年のEPAであるCPTPP、日EU・EPA及びRCEPは、完全生産品の定義の１つに「当該締約国において養殖により得られる産品」が設けられています。養殖では、卵や稚魚を締約国以外の第三国（非締約国）から輸入し、締約国内で養殖し、成長した魚やエビ等を他の締約国に輸出することも想定されますが、そのような場合でも完全生産品と認められます。

　「養殖」の具体的な定義に関しては、CPTPP、日EU・EPA及びRCEPともほぼ同様に定義されており、餌やりや捕食生物からの保護を通じて、卵、稚魚、幼魚等から水生生物（魚、エビ等）を飼育することとされています。代表例として以下にRCEPの養殖の定義を記載します。

RCEP第3.1条（定義）（抄）

(a)「養殖」とは、成育又は成長の過程に対する生産を高めるための関与（通常の備蓄、給餌、捕食生物からの保護等）により、種苗（卵、稚魚、幼魚、幼生等）から水生生物（魚、軟体動物、甲殻類その他水棲無脊椎生物、水生植物等）を飼養することをいう。

　なお、その他のEPAの完全生産品の定義には「養殖」の規定は設けられておらず、「品目別規則を満たす産品」（第三基準）によって養殖された産品が原産品か否かを判断することとなります。

　なお、第３類（魚並びに甲殻類、軟体動物及びその他の水棲無脊椎動物）に適用される「品目別規則を満たす産品」（第三基準）は、多くのEPAにおいて関税分類変更基準（類の変更）を採用しており、非締約国から輸入した卵、稚魚、幼魚等から養殖した産品ついては当該基準を満たさず、ほとんどのEPAで原産品と

農産品

318 第4章 農産品

は認められない扱いとなっています[7]。

3. 主要な農産品の品目別規則

(1) 農産品の生産工程とHS品目表

　農産品には、牛などの生きた動物、魚、肉、ミルクなどの酪農品といった動物性生産品、野菜、果物、穀物などの植物性生産品、さらには、それらを原料とした調製食料品などがあります。

　HS品目表は、これら産品について、例えば、生きた動物は第1類、魚などは第3類、肉は第2類に、肉、魚などの調製品は第16類に分類されるなど、加工度に応じた分類体系が採用されています。

　ここで、調製食料品の生産工程を、肉の調製品を例としてみると、大きく分けて、と殺により生きた動物から肉を得る工程、加熱などの調製又は保存に適

図表4－32　農産品の生産工程とHS品目表

当初材料	中間生産品					調製品
	工程	肉(第2類)	工程	肉(第2類)	工程	肉等の調製品
生きている動物(第1類)	➡と殺切断	生鮮、冷蔵、冷凍	➡加工	乾燥、くん製、塩蔵、塩水漬け	調製又は保存に適する処理等	16.01、16.02、16.03 ソーセージ、その他の調製品、エキス・ジュース
		酪農品(第4類)				
	➡搾乳	04.01 生乳	➡加工	クリーム、ヨーグルト、バター、ホエイ、チーズ		
生きている水産物(魚)(第03.01項)	03.02、03.03 生鮮、冷蔵、冷凍		➡切断加工	03.04 フィレその他の魚肉	➡調製又は保存に適する処理等	魚等の調製品 16.03、16.04 魚の調製品、エキス・ジュース
				03.05 (03.09：HS2022新設) 粉、ミール、ペレット、乾燥、くん製、塩蔵、塩水漬け		
食用の野菜等(第7類)	07.01～07.10、07.14 生鮮、冷蔵、冷凍		➡加工	07.11、07.12、07.13、07.14 一次的な保存に適する処理、乾燥 ⬇加工	➡調製又は保存に適する処理等	野菜等の調製品 (第20類)
穀物(第10類)	➡製粉加工	穀粉・でん紛等(第11類) 小麦粉(11.01)、でん粉(11.08)等			➡混合、加熱、加工	穀物等の調製品(第19類) パスタ(19.02)等

する処理により肉から調製品を製造する工程があり、主要な農産品のHS品目番号と生産工程を整理すると**図表4−32**のとおりです。

日本のEPAの農産品の品目別規則の具体的な規定方法として、生産段階に対応したHS品目表の構成を活用し、多くの場合、関税分類変更基準が採用されています。

ここで、主要な農産品として、動物・肉・肉の調製品、魚・魚の調製品、野菜・野菜の調製品を取り上げ、日本のEPAの品目別規則について説明します。

(2) 動物・肉・肉の調製品

肉の調製品が分類される第16.01項〜第16.03項、肉が分類される第2類及び生きている動物が分類される第1類のCPTPP、日EU・EPA及びRCEPの品目別規則の比較を**図表4−33**に示します。

これによると、RCEPの第16.01項〜第16.03項の品目別規則はCCであり、非原産品である第2類の肉の使用が認められます。一方、CPTPPの品目別規則では、鶏、豚、牛のものについては、第2類からの変更が除外され、非原産の第2類の肉の使用した場合に原産品としての資格は得られませんが、第1類からの変更は除外されていないので、非原産の第1類の生きている動物を使用することができます。日EU・EPAは、「第2類及び第16類の全ての材料が締約国で

図表4−33　メガEPAの品目別規則（動物、肉、肉の調製品）

産品	HS番号	CPTPP	日EU・EPA	RCEP
肉の調製品	第16.01項〜第16.03項	・第1602.32項、第1602.41〜50項（鶏、豚、牛のもの）：CC（第2類からの変更を除く）又はRVC45%（控除方式） ・その他：CC	・第16.01項〜第16.02項：使用される第2類、第3類、第16類、第10.06項（米）の全ての材料が締約国で完全に得られるもの ・第16.03項：第2類、第3類、第16類の全ての材料が締約国で完全に得られるもの	・第1602.31項（七面鳥のもの）、第16.03項（エキス・ジュース）：CC又はRVC40% ・その他：CC
↑				
肉	第2類	CC ➡と殺のみで原産品資格付与	生産において使用される第1類及び第2類の全ての材料が締約国において完全に得られるもの	CC（第1類からの変更を除く） ➡動物が原産品であることが必要
↑				
生きている動物	第1類	CC ➡完全生産品の基準が適用	第1類の全ての動物が締約国において完全に得られるもの	WO ➡完全生産品の基準が適用

320　第4章　農産品

図表4−34　肉の調整品の例（第1602.50号）の品目別規則

EPA相手国等	品目別規則の内容	原産品が付与される工程
インド	WO（注1）	完全生産
スイス	CC（第1類、第2類、第5類を除く）	原産品である生きた動物からの製造
インドネシア	CC（第1類、第2類、第10類を除く）	
EU	CC（第1類、第2類、第3類、第10.06項を除く）（注2）	
シンガポール、メキシコ、チリ、タイ、ブルネイ、アセアン、ベトナム、ペルー、豪州、モンゴル	CC（第1類、第2類を除く）	
フィリピン	CC（第1類、第2類（牛のもの以外のもの）を除く）	原産品である生きた動物からの製造。ただし、牛については非原産品である肉からの製造
日米（日本側）	CC（第2類の非原産材料が使用される場合、CPTPP締約国で完全に生産されるもの）	原産品である肉からの製造。ただし、CPTPP締約国の完全生産品である肉は使用可能。
英国	CC（第2類を除く）、又はMaxNOM60%又はRVC45%	
CPTPP	CC（第2類を除く）又はRVC45%（控除方式）	付加価値基準を満たせば非原産品である肉を使用可能
マレーシア、RCEP	CC	非原産品である肉からの製造

(注1) 締約国において製造され、かつ、製造に使用する全ての材料が当該締約国において完全に得られるものであること。
(注2) 生産において使用される第2類、第3類、第16類及び第10.06項の全ての材料が締約国において完全に得られるものであること。

完全に得られるもの」とされ、肉の調製品について、締約国の完全生産品である生きている動物から完全に生産されることが必要となります。

　さらに、日本のEPAについて、肉の調製品の例（第1602.50号）の品目別規則の内容及び原産品資格が付与される工程を**図表4−34**に整理します。

(3) 魚・魚の調製品

　魚の調製品が分類される第16.03項〜第16.04項、魚が分類される第3類のCPTPP、日EU・EPA及びRCEPの品目別規則の比較を**図表4−35**に示します。

　これによると、RCEPの第16.03項〜第16.04項の品目別規則（関税分類変更基準）はCCであり、非原産品である第3類の魚の使用が認められ、CPTPPの品目別規則では、一部の魚種については、非原産品である第3類の魚の使用が認められます。日EU・EPAは、「第3類及び第16類の全ての材料が締約国で完全に得られるもの」とされ、魚の調製品について、使用した材料が締約国の完全生産品である魚から完全に生産されることが必要となります。

ステップ5：原産地規則を満たすか否かの確認　**321**

図表4－35　メガEPAの品目別規則（魚、魚の調製品）

産品	HS番号	CPTPP	日EU・EPA	RCEP
魚の調製品	第16.03項～第16.04項	・第16.03項、第1604.11～12号、第1604.13号*、第1604.15号、第1604.16号*、第1604.17号、第1604.19号*、第1604.20号*、第1604.31～32号：CC ・第1604.20号の一部（マラバールいわし等、すりみ及びその調製品）：CC又はRVC40%（控除方式） ・その他：CC（第3類からの変更を除く） *一部の魚種に限る。	・第16.03項：使用される第2類、第3類、第16類の全ての材料が締約国で完全に得られるもの ・第16.04項：使用される第2類、第3類、第16類、第10.06項の全ての材料が締約国で完全に得られるもの	・第1603項、第1604.19～20号：CC又はRVC40% ・その他：CC
↑				
魚（フィレ等）	第03.04項～第03.05項	・第0304.31～39号、第0304.42～43号、第0304.44号*、第0304.46号、第0304.49号*、第0304.51号、第0304.52号*、第0304.53号*、第0304.55号、第0304.59号*、第0304.61～73号、第0304.74号*、第0304.75～79号、第0304.82～83号、第0304.85～86号、第0304.89号*、第0304.92～94号、第0304.95号*、第0304.99号*、第0305.10～31号、第0305.32号*、第0305.39号*、第0305.42～44号、第0305.49号*、第0305.51号、第0305.59号*、第0305.61～62号、第0305.64号*、第0305.69号*、第0305.71号*、第0305.72*～79号*：CTH ・その他：CC *一部の魚種に限る。	・大西洋くろまぐろ：締約国で完全に得られるもの、又は3カ月以上いけすで給餌し、肥育・飼養 ・その他：締約国で完全に得られるもの	・第0304.41～46号、第0304.71～73号、第0304.75～89号、第0305.20号、第0305.32号、第0305.41～43号、第0305.51号、第0305.62号、第0305.71～79号：CC又はRVC40% ・第0304.49号、第0304.74号、第0305.10号、第0305.61号、第0305.63号：CTH ・その他：CC
↑				
魚（生鮮、冷蔵、冷凍）	第03.02項～第03.03項	CC ➡完全生産品の基準が適用		CC ➡完全生産品の基準が適用
↑				
生きている魚	第03.01項	CC ➡完全生産品の基準が適用		WO ➡完全生産品の基準が適用

農産品

　さらに、日本のEPAについて、魚の調製品の例（第1604.14号）の品目別規則の内容及び原産品資格が付与される工程を**図表4－36**に整理します。

322 第4章 農産品

図表4－36 魚の調整品の例（第1604.14号）の品目別規則

EPA相手国等	品目別規則の内容	原産品が付与される工程
インド	WO（注1）	完全生産
EU、英国	CC（第1類、第2類、第3類、第10.06項を除く）	原産品である生きた魚からの製造
シンガポール、メキシコ、チリ、タイ、インドネシア、ブルネイ、アセアン、ベトナム、スイス、ペルー、豪州、モンゴル、CPTPP	CC（第3類を除く）	原産品である生きた魚からの製造
タイ、フィリピン	CC（第3類の非原産材料を使用する場合、当該非原産材料のそれぞれがIOTCの登録簿への登録により漁獲することを認められた漁船によって得られる場合に限る。）	一定の要件を満たした船舶が漁獲した非原産の魚を使用可能
マレーシア、RCEP	CC	非原産品である魚からの製造

(注1) 締約国において製造され、かつ、製造に使用する全ての材料が当該締約国において完全に得られるものであること。
(注2) 生産において使用される第2類、第3類、第16類及び第10.06項の全ての材料が締約国において完全に得られるものであること。
(注3) IOTC：インド洋まぐろ類委員会（Indian Ocean Tuna Commission）

図表4－37 メガEPAの品目別規則（野菜、野菜の調製品）

産品	HS番号	CPTPP	日EU・EPA	RCEP
野菜の調製品	第20.01項～第20.06項	（例）第20.01項 ・第2001.10項：CC ・ex第2001.90号（野菜の調製品（二以上の野菜から得たものを除く。））：CC（第0703.10号、第0709.60号、第0709.91～92号、第0711.20号、第0711.90号のアーティチョーク、たまねぎ、ピーマンからの変更を除く） ・ex第2001.90項（その他）：CC（第0703.10号、第0709.60号、第0709.91～92号、第0711.20号、第0711.90号のアーティチョーク、たまねぎ及びピーマンの価額が産品の価額の40%を超えない）	・第20.01項：CC ・第20.02～03項：生産において使用される第7類の全ての材料が締約国において完全に得られるもの ・第20.04～06項：CTH（使用材料のささげ属又はいんげんまめ属の豆、えんどう、パイナップル、オレンジ、ばれいしょ、アスパラガスが締約国において完全に生産）	CC
↑				
野菜（一次的な保存に適する処理、乾燥）	第07.11項～第07.14項	CC ➡完全生産品の基準が適用	生産において使用される第7類の全ての材料が締約国において完全に得られるもの	CC ➡完全生産品の基準が適用
↑				
野菜（生鮮、冷蔵、冷凍）	第07.01項～第07.10項、第07.14項	CC ➡完全生産品の基準が適用		CC ➡完全生産品の基準が適用

ステップ５：原産地規則を満たすか否かの確認　**323**

（4）野菜・野菜の調製品

　野菜・野菜の調製品が分類される第20.01項～第20.06項、野菜が分類される第７類のCPTPP、日EU・EPA及びRCEPの品目別規則の比較を**図表４−37**に示します。

　これによると、RCEPの第20.01項～第20.06項の品目別規則はCCであり、非原産品である第７類の野菜の使用が認められますが、CPTPPの品目別規則では、非原産品である第７類の野菜の使用が認められる場合や条件が個別に規定されています。日EU・EPAは、一部の野菜の調製品について、使用される全ての材料が「締約国で完全に得られるもの」とされ、使用した材料が締約国の完全生産品である野菜から完全に生産されることが必要となります。

　さらに、日本のEPAについて、野菜の調製品の例（第2002.10号）の品目別規則の内容及び原産品資格が付与される工程を**図表４−38**に整理します。

図表４−38　野菜の調整品の例（第2002.10号）の品目別規則

EPA相手国等	品目別規則の内容	原産品が付与される工程
インド	WO（注1）	完全生産
EU、英国	生産において使用される第７類の全ての材料が締約国において完全に得られるもの	原産品である野菜からの製造
メキシコ、インドネシア	CC（第７類、第８類を除く）	原産品である野菜からの製造
フィリピン、ブルネイ、アセアン、ベトナム、ペルー、スイス、豪州、モンゴル	CC（第７類からの変更を除く）	原産品である野菜からの製造
チリ	CC（第07.02項、第07.10～12項を除く）	原産品である野菜からの製造
マレーシア、シンガポール	CC（第07.02項を除く）	原産品である野菜からの製造（注2）
タイ	CC（第７類の非原産材料を使用する場合、アセアン加盟国である第三国において収穫、採取、採集又は完全に生産される場合に限る）	非原産の野菜であってもアセアン加盟国の完全生産品は使用可能
CPTPP、日米（日本側）、RCEP	CC	非原産品である野菜からの製造

（注1）締約国において製造され、かつ、製造に使用する全ての材料が当該締約国において完全に得られるものであること。
（注2）第07.10項～第07.12項（冷凍の野菜等）を除外しておらず、規則上は非原産の冷凍野菜等から製造が可能となっている。

農産品

324 第4章 農産品

4. 日本のEPAの原産地規則(農産品に関連が深い規定)

(1)基礎的基準の例外

ここでは、原産性判断基準の3つの基準の例外規定である「基礎的基準の例外」[8]のうち、僅少の非原産材料(デミニミス)の規定について、補足的に説明します。

「僅少の非原産材料」(「デミニミス」と呼ばれています。)とは、生産に使用した非原産材料がごく僅かであるにもかかわらず、当該非原産材料の使用により品目別規則を満たさない場合に、当該非原産材料が全体として特定の割合を超えないときには、品目別規則の適用(通常、関税分類変更基準にのみに適用)対象から除外する規定です。

農産品(第1類～第24類)の場合には、EPAによって適用除外とされている品目がありますので、当該品目にデミニミスが適用可能かは、各EPAの規定をよく確認していただく必要があります。

なお、付加価値基準では、非原産材料の価額は、そのまますべての価額が計算式に用いられ、デミニミスの対象とならないので注意が必要です。

(2)RCEPの品目別規則の概要

農産品の品目別規則は、基本的に「完全生産品」の基準が適用される産品(第1類(生きている動物)、第03.01項(生きている魚)、第04.07項(生鮮の卵)、第7類(生鮮・冷蔵の野菜)、第10類(穀物)等)には「WO」が、その他の品目については、「CC」(類変更基準)による関税分類変更基準を基本とし、一部で付加価値基準(RVC40)を選択肢として認める簡素な規則となっています(**図表4-39**)。

品目別規則の頭書において、「WO」には、第3.3条の「完全生産品」の定義を満たす産品に加え、「原産材料のみから生産される産品」を含まれると定義されています。

5. 証明資料の作成

証明資料とは、EPAの原産地規則(原産性判断基準)を満たしていることを具体的に確認するために作成する資料です。証明資料は、ステップ6で作成され

ステップ５：原産地規則を満たすか否かの確認　**325**

図表4-39　RCEPの品目別規則

HS	関税分類変更基準	付加価値基準（RVC40%）
第1類	WO	―
第2類	CC（第1類の材料からの変更を除く）	―
第3類	WO（生きているもの）、CC（その他）、[一部例外]CTH	フィレ等の一部（選択可）
第4類	WO（鳥卵）、CC（乳製品、その他）、[一部例外]CTSH	乳製品（選択可）
第5類	CC、[一部例外]CC（第1類からの変更を除く）	―
第6類	CC	選択可
第7類	WO（生鮮・冷蔵）、CC（その他）	―
第8類	CC	ナット（殻を除いたもの）等（選択可）
第9類	WO（緑茶（発酵していないもの）等）、CC（その他）	・コーヒー（カフェインを除いたもの、いったもの）（付加価値基準のみ） ・紅茶等（直接包装したもの）、その他の香辛料（選択可）
第10類	WO	―
第11類	CC、CC（第10類からの変更を除く）	―
第12類	WO、CC、[例外]CTH	―
第13類	CC、[例外]CC（第1211.20号（おたねにんじん）からの変更を除く）	―
第14類	CC	―
第15類	WO（パーム油（粗油）等）、CC（その他）	マーガリン、グリセリン等（選択可）
第16類	CC	七面鳥のもの、肉のエキス等（選択可）
第17類	WO（甘しゃ糖）、CTH（砂糖菓子）、CC（その他）、[てん菜糖]CC（第1212.91号（てん菜）からの変更を除く）	第17.01項（粗糖以外のもの）（選択可）
第18類	CC（カカオ豆、カカオ豆の殻、皮等）、CTH（その他）	ココアペースト、チョコレート等（選択可）
第19類	CTH（ベーカリー製品等（第19.05項））、CC（その他）	ベーカリー製品等（第19.05項）（選択可）
第20類	CC	トマトジュース、ぶどうジュース等（選択可）
第21類	CTH（その他の調製食品）、CC（その他）	全品目（選択可）
第22類	CTSH（スパークリングワイン）、CTSH（瓶詰め等による変更を除外）（その他のワイン）、CTH（発酵酒、蒸留酒等）、CC（水、ビール等）	蒸留酒（選択可）
第23類	CTH（飼料用の調製品等）、CC（その他）	飼料用の調製品（選択可）
第24類	CTH（一部の品目からの変更を除外）（第24.04項）、CTH（第24.02項及び第24.03項）、CC（第24.01項）	第24.04項の一部の品目（選択可）

農産品

326 第4章 農産品

る原産地証明の基となる資料であり、根拠資料とその根拠資料に記載された内容の裏付けとなる資料（裏付資料）から構成されます。

　証明資料の作成については、第1章「機械類」で、関税分類変更基準と付加価値基準についての証明資料の作成方法及び証明資料作成において特に留意すべき事項を、第2章「繊維・繊維製品」の事例研究においても、関税分類変更基準についての証明資料作成の具体例を示しましたので、そちらをご参照下さい。

　農林水産品が完全生産品であることの証明資料の具体例については、日本での第3者証明申請時に必要されるものとして、生産証明書、製造証明書、漁獲・養殖証明書等[9]が示されています。これらは、ステップ6で後述しますが、日本の輸入時に「原産品申告明細書」の「関係書類」として求められる資料と同様のものとなります。

6. 事例研究

　具体的な事例として、サウザンアイランドドレッシングの日本からの輸出の事例を取り上げて、品目別規則適用のポイント及び証明資料の作成について説明します。

（事例1）サウザンアイランドドレッシング[10]

（1）産品：サウザンアイランドドレッシング

　仕様書、製造工程表、総材料表等の書類で以下の情報を確認しています。

① 　輸出先国：フランス、ニュージーランド、タイ
② 　HS番号：第2103.90号
③ 　材料

01 植物性油	中国からの輸入品
02 ピクルス	国内サプライヤーが製造
03 ぶどう糖	韓国からの輸入品
04 トマトケチャップ	イタリアからの輸入品
05 醸造酢	国内サプライヤーから購入
06 食塩	中国からの輸入品
07 卵黄	国内サプライヤーから購入
08 レモン	アメリカからの輸入品

ステップ5：原産地規則を満たすか否かの確認　**327**

09 ウスターソース	ベトナムのサプライヤーが製造
10 でん粉	中国からの輸入品
11 香辛料	国内の複数のサプライヤーから調達（産地不明）

④　製造工程：

原材料受入→計量→ブレンド→加熱殺菌→冷却→攪拌→充填→梱包
日本国内輸出者自社工場にて製造。

(2) 第1段階：全ての材料についてHS番号を確認

01 植物性油	第15類
02 ピクルス	第20類
03 ぶどう糖	第17類
04 トマトケチャップ	第2103.20号
05 醸造酢	第22類
06 食塩	第25類
07 卵黄	第04類
08 レモン	第08類
09 ウスターソース	第2103.90号
10 でん粉	第11類
11 香辛料	第09類

（注）本事例では、簡略化のために、必要な関税分類変更の有無の確認に必要なHS番号のみ記載

(3) 第2段階：産品に適用される品目別規則を確認

産品（第2103.90号）に適用されるCPTPP、日EU・EPA、RCEPの品目別規則及びその適用方法は**図表4－40**のとおりとなります。

図表4－40　メガEPAの品目別規則

HS番号	CPTPP	日EU・EPA	RCEP
第2103.90号	CTSH、又はRVC30%（積上げ方式）RVC40%（控除方式）	CTSH	CC、又はRVC40%

328 第4章　農産品

（4）第3段階：全ての材料について品目別規則（関税分類変更基準）を満たすかを確認

　最初に、CPTPP、日EU・EPA及びRCEPのすべての場合に選択可能な関税分類変更基準の適用を検討します。この場合、CPTPP及び日EU・EPAでは第2103.90号以外、RCEPでは第21類以外であれば、使用された材料が非原産材料であっても関税分類変更基準を満たすことから、非締約国から調達した材料のみならず、締約国内で調達したが、どこで生産されたか分からない材料、締約国内で生産されたが、EPAの原産性判断基準を満たしているか不明な材料を全て非原産材料と扱った場合であっても必要な関税分類変更基準を満たすかどうかをまず確認します。その理由として、材料を非原産材料として扱う場合、その価額又は原産情報は必要とされませんが、後述するように、当該材料にデミニミスの適用する場合、又は、当該材料を原産材料として扱う場合、価額又は原産情報の確認・証明を行う必要が生じるためです。

　CPTPP及び日EU・EPAについては、第2103.90号に分類される材料09のみが品目別規則を満たさず、RCEPについては、第21類に分類される材料04及び材料09のみが品目別規則を満たしません。

（5）第4段階：品目別規則（関税分類変更基準）を満たさない材料がある場合

　まず、選択肢1として、デミニミスを適用して、その規定を満たすかを確認し、デミニミスの規定を満たさない場合に、当該材料が原産材料と認められるかを確認します。

選択肢1　デミニミスの規定を満たすかを確認

　当該産品（「サウザンアイランドドレッシング」（第2103.90号））に適用される基準は、CPTPPについては、附属書3-C（第3.11条（僅少の非原産材料）の規定の例外）（**図表4－41**参照）に規定する場合を除き、全ての当該非原産材料の価額が当該産品の価額の10％を超えないときとされ、当該産品はこの例外に該当しないことから、全ての非原産材料の価額が当該産品の価額の10パーセントを超えないときとなります。また、日EU・EPA及びRCEPについても、全ての非原産材料の価額が当該産品の価額の10パーセントを超えないときと規定されています。

ステップ５：原産地規則を満たすか否かの確認　**329**

図表4−41　デミニミス規則の例外（CPTPP）

デミニミス規定を適用できない 非原産材料	デミニミス規定を適用できない生産
第04.01項〜第04.06項 第1901.90号又は第2106.90号の酪農調製品（乳固形分の含有量が乾燥状態において全重量の10％を超えるものに限る。）	＊第04.01項から第04.06項までの各項の産品の生産（第0402.10号から第0402.29号までの各号又は第0406.30号の産品を除く。） （注）第0402.10号から第0402.29号までの各号の粉乳又は第0406.30号のプロセスチーズで、第3.11条の僅少の非原産材料の規定を適用した結果産品としての資格を得るものを使う場合は、原産材料とする。
第04.01項〜第04.06項 第1901.90号の酪農調製品（乳固形分の含有量が乾燥状態において全重量の10％を超えるものに限る。）	以下の産品の生産 １．第1901.10号の育児食用の調製品（乳固形分の含有量が乾燥状態において全重量の10％を超えるものに限る。） ２．第1901.20号の混合物及び練り生地（乳脂肪の含有量が乾燥状態において全重量の25％を超えるものに限り、小売用にしたものを除く。） ３．第1901.90号又は第2106.90号の酪農調製品（乳固形分の含有量が乾燥状態において全重量の10％を超えるものに限る。） ４．第21.05項の産品 ５．第2202.90号の飲料（ミルクを含有するものに限る。） ６．第2309.90号の飼料（乳固形分の含有量が乾燥状態において全重量の10％を超えるものに限る。）
第08.05項 第2009.11号〜第2009.39号	以下の産品の生産 １．第2009.11号から第2009.39号までの各号の産品 ２．第2106.90号又は第2202.90号の単一の果実若しくは野菜を使用したジュース（ミネラル又はビタミンを加えたものに限り、濃縮したものかどうかを問わない。）
第15類	第15.07項、第15.08項、第15.12項又は第15.14項の産品の生産
第8類の桃、梨又はあんず 第20類の桃、梨又はあんずの調製品	第20.08項の産品の生産

農産品

　材料09（ウスターソース）、材料04（トマトケチャップ）の輸入時のインボイス、サウザンアイランドドレッシングの仕様書、製造工程表等により、産品及び当該材料の価額情報を確認して計算すると、

産品：サウザンアイランドドレッシング（１本180ml）

　　　価額：FOB @130JPY

材料09：ウスターソース（1,000ml）

　　　　輸入時価額　CIF @200JPY　　　産品１本当たり使用量 10ml

材料04：トマトケチャップ（1,000ml）
　　　　　輸入時価額　CIF @300JPY　　　産品1本当たり使用量 15ml

⬇

CPTPP及び日EU・EPA

$$\frac{200円 ÷ 1,000ml × 10ml}{130円} × 100 = 1.5\% ≦ 10\%$$

RCEP

$$\frac{200円÷1,000ml×10ml ＋ 300円÷1,000ml×15ml}{130円} × 100 = 5\% ≦ 10\%$$

　材料09及び材料04は僅少の非原産材料の基準を満たすため、産品「サウザンアイランドドレッシング」は原産品と認められます。

　図表4－42に、RCEPの品目別規則を適用する場合の当該産品の対比表の作成例を示します。

選択肢2　品目別規則を満たさない材料が、原産材料と認められるかを確認

　関税分類変更基準の要件は、非原産材料についてのみ適用されるため、原産材料であれば、その要件を満たす必要はありません。よって、もう一つの選択肢として、ここでは、CPTPPの品目別規則を満たさない材料09（ウスターソース）が、原産材料と認められるか否かを確認します。当該材料は、CPTPPの締約国であるベトナムのサプライヤーが製造していますが、締約国内で生産された事実だけでは、原産材料とは認められず、原産材料と認められるためには、当該材料がCPTPPの原産地規則を満たした原産品であることが必要です。

　具体的には、当該材料が分類されるCPTPPの第2103.90号の品目別規則を満たすかどうかを確認するために必要な情報をサプライヤーから入手します。

サプライヤーから入手した情報

　ウスターソース輸入時のインボイス、サプライヤーから提供を受けたウスターソース生産にかかる総材料表・製造工程表等の書類で確認します。

製造工程：ベトナム国内（ホーチミン市）の工場で、下記原材料を使用して以下の工程で製造

　　　　　原材料受入→蒸煮→うらごし→調合→加熱→冷却→充填→梱包

図表4－42　＜選択肢1：デミニミス適用＞対比表（作成例）

利用協定	RCEP
生産国	日本
実際の生産場所	○○県（○○工場）
適用原産地規則	関税分類変更基準（CC）

HSコード	産品名	HSコード	部品（材料）名	価額		原産地情報等
2103.90	サウザンアイランドドレッシング	15.07	01 植物性油			
		20.01	02 ピクルス			
		17.02	03 ぶどう糖			
		2103.20	04 トマトケチャップ	2	非原産	仕入書、仕様書、製造工程表
		22.09	05 醸造酢			
		25.01	06 食塩			
		04.08	07 卵黄			
		08.05	08 レモン			
		2103.90	09 ウスターソース	4.5	非原産	仕入書、仕様書、製造工程表
		11.08	10 でん粉			
		09.10	11 香辛料			

FOB価格				130	—	取引契約書

価額（産品の生産に投入された材料の単価）を裏付ける資料が必要。この場合、輸入時の仕入書（インボイス）、（産品の生産に投入された単価を示すものとして）仕様書、製造工程表を資料として記載。

産品のFOB価額を裏付ける資料が必要。この場合は、買手との取引契約書を資料として記載。

デミニミスの規定を適用した材料については、価額情報を記載。その他の材料は、関税分類変更基準（CTH）を満たすため、価額情報の記載は不要。

332　第4章　農産品

原材料

野菜（トマト、たまねぎ、にんじん）	第07類
果実（りんご、レモン、プルーン）	第08類
醸造酢	第22類
砂糖	第17類
塩	第25類
香辛料	第09類

　材料09（ウスターソース）は、第2103.90号の品目別規則（CTSH）を満たすため、CPTPP上の原産品となり、原産材料と認められ、産品「サウザンアイランドドレッシング」はCPTPPの原産品と認められます。
　図表4−43に、当該産品の対比表の作成例を示します。

選択肢3　品目別規則を満たさない材料の生産が累積の規定を満たすかを確認
　CPTPPでは、締約国全体を一つの領域として原産品か否かの判断を行う「協定原産」[11]を採用しており、品目別規則を満たさない材料の生産が他の締約国で行われている場合、その生産を考慮に入れることができます。
　CPTPP締約国（日本及びベトナム）におけるサウザンアイランドドレッシングの製造工程は以下のとおり。

製造工程1：原材料受入→蒸煮→うらごし→調合→加熱→冷却→充填→梱包→（＊）
　　　　　　ベトナム国内（ホーチミン市）の工場でウスターソースを製造
製造工程2：原材料受入（＊）→計量→ブレンド→加熱殺菌→冷却→攪拌→充填→梱包
　　　　　　日本国内の工場でサウザンアイランドドレッシングを製造
生産に使われた材料は以下のとおり。

01 植物性油	第15類
02 ピクルス	第20類
03 ぶどう糖	第17類
04 トマトケチャップ	第2103.20号
05 醸造酢	第22類
06 食塩	第25類
07 卵黄	第04類

図表４−４３　＜選択肢２：原産材料と確認＞対比表（作成例）

利用協定	CPTPP
生産国	日本
実際の生産場所	○○県（○○工場）
適用原産地規則	関税分類変更基準（CTSH）

HSコード	産品名	HSコード	部品（材料）名		原産	—
2103.90	サウザンアイランドドレッシング	15.07 20.01 17.02 2103.20 22.09 25.01 04.08 08.05 2103.90 11.08 09.10	01 植物性油 02 ピクルス 03 ぶどう糖 04 トマトケチャップ 05 醸造酢 06 食塩 07 卵黄 08 レモン 09 ウスターソース 10 でん粉 11 香辛料		原産	仕入書、総材料表、製造工程表
FOB価格		—				

品目別規則を満たさないベトナムのサプライヤーから調達した材料09が原産材料であることを裏付ける資料として、輸入時の仕入書（インボイス）、ベトナムのサプライヤーから入手した総材料表、製造工程表を記載。

その他の材料は、関税分類変更基準（CTSH）を満たすため、原産情報の記載は不要。

08 レモン	第08類
09 ウスターソースの材料（ベトナムでの生産の材料）	
野菜（トマト、たまねぎ、にんじん）	第07類
果実（りんご、レモン、プルーン）	第08類
醸造酢	第22類
砂糖	第17類
塩	第25類
香辛料	第09類
10 でん粉	第11類
11 香辛料	第09類

　すべての材料が第2103.90号の品目別規則を満たすため、産品「サウザンアイランドドレッシング」はCPTPPの原産品と認められます。

（6）付加価値基準の適用

　CPTPP及びRCEPについては、品目別規則にもう一つの選択肢として付加価値基準が規定されています。今回は、関税分類変更を適用することにより、CPTPP及びRCEP上の原産品であることが確認されましたので、付加価値基準の適用は行いませんが、付加価値基準の適用方法については、第1章「機械類」及び第3章「化学品」の事例研究の事例をご参照願います。

ステップ6：原産地証明の作成

　ここでは、日本への輸入における原産地証明（原産品申告書、原産品申告明細書及び関係書類）の作成事例として、完全生産品の事例を説明します。さらに、第2章「繊維・繊維製品」において、RCEPで採用されている「税率差ルール」について説明しましたが、日本への輸入において特別ルールの対象となる100品目[12]のうち56品目が農産品であることから、そのうちのイチゴジャムを事例として説明します。

ステップ6：原産地証明の作成　**335**

（事例1）日豪EPA：冷凍牛肉（骨なし）（完全生産品）

　完全生産品の基準を満たした産品の例として、豪州から輸入する冷凍牛肉（骨なし）を取り上げます。当該産品は、以下のとおり、協定の発効日を起算日として、次の表のとおりEPA税率が適用されます。

発効前	2015/1/15	2015/4/1	～	2024/4/1	～	2031/4/1
38.5%	30.5%	28.5%		25.3%		19.5%

出典：税関ホームページ（「自己申告制度」利用の手引き～日豪EPA～）

　当該産品について作成した「原産品申告書」を**図表4－44**に示します。

　完全生産品の基準を満たした産品については、当該産品が締約国において完全に得られ、又は生産された産品であることを確認できる事実を記載した「原産品申告明細書」及び「関係書類」として、契約書、生産証明書、製造証明書、漁獲証明書等（当該産品が完全に得られた、又は生産された産品を確認した事実を裏付けるもの）が必要となります。これらはステップ5で作成する証明資料にあたるものとなります。

　なお、原産品申告書及び通常の輸入申告の際に提出される仕入書等の通関関係書類によって完全生産品であることが確認できる場合には、原産品申告明細書及び関係書類（原産品であることを明らかにする書類）の提出を省略できるとされており、本事例では、通関関係書類によって完全生産品であることが確認できるとして、原産品申告明細書及び関係書類の提出は省略されています（その場合は、輸入（納税）申告書の添付書類欄又は記事欄に「EPA WO」と記載することになります。）。

　注意点として、完全生産品の基準を満たす場合には、原産品申告明細書及び関係書類の提出を省略できるとされているわけではないことに留意する必要があります。また、原産品申告明細書及び関係書類の提出が省略された場合であっても、事後の確認等の際には、必要に応じてより詳細な情報を求められる場合があることから、上記証明資料を確実に作成・保存しておくことが必要となります。

農産品

336 第4章　農産品

図表4−44　原産品申告書：日豪EPA−冷凍牛肉（骨なし）

＜原産品申告書の記載例＞

<h1 style="text-align:center">原 産 品 申 告 書</h1>

（経済上の連携に関する日本国とオーストラリアとの間の協定）

1. 輸出者又は生産者の氏名又は名称及び住所 オーストラリアビーフ株式会社 ○○○ Burgess Crescent Belhus WA 600			
No.	2. 産品の概要 品名、包装の個数及び種類、包装の記号及び番号、重量及び数量、仕入書の番号及び日付並びに積送される貨物を確認するための情報（判明している場合）	3. 関税分類番号 （6桁、HS2012）	4. 適用する原産生の基準 （WO、PE、PSR） 適用するその他の原産生の基準（DMI、ACU）
1	冷凍牛肉（骨なし） 1,000カートン、20,000Kg、AB No.1-1000 仕入書番号・日付：No.AB00001、2024.3.20 B/L（船荷証券）：No.AB00001	第0202.30号	WO

5. その他の特記事項

　□ 第三国インボイス

6. 以上のとおり、2.に記載する産品は、経済上の連携に関する日本国とオーストラリアとの間の協定に基づくオーストラリアの原産品であることを申告します。

作成年月日：　2024年3月31日

作成者の氏名又は名称：　税関商事株式会社

作成者の住所又は居所：　東京都港区海岸2−7−11

代理人の氏名又は名称：

代理人の住所又は居所：

本原産品申告書の作成者（☑輸入者、□輸出者、□生産者）

※WO: 完全生産品、PE: 原産材料のみから生産される産品、PSR: 品目別規則を満たす産品、DMI: 僅少の非原産材料、ACU: 累積

出典：税関ホームページ（「自己申告制度」利用の手引き〜日豪EPA〜）

ステップ6：原産地証明の作成　**337**

（事例2）RCEP：イチゴジャム（関税分類変更基準）（税率差有・特別ルール該当）

　関税分類変更基準を満たした産品の例として、タイから輸入するイチゴジャムを取り上げます。当該産品は、以下のとおり税率差が存在する品目に該当するとともに、税率差ルールの特別ルールにも該当する品目です。

	発効前	2022/1/1	2024/4/1		2036/4/1
ASEAN、オーストラリア、中国及びニュージーランドに対する待遇	16.8%	15.8%	12.6%	～	無税
韓国に対する待遇		非譲許	非譲許		非譲許

出典：税関ホームページ（「自己申告制度」利用の手引き～RCEP協定～）

　当該産品について作成した「原産品申告書」を**図表4－45**に示します。

　次に「原産品申告明細書」を**図表4－46**に示します。「原産品申告明細書」の第6欄（「上記4．で適用した原産性の基準を満たすこと及び上記5．のRCEP原産国の決定に関する説明」）には、まず、産品が第4欄にチェックした「原産性の基準」を満たし、輸出締約国の原産品と認められる事実を記載し、次に、RCEP原産国をどのように決定（輸出締約国又はそれ以外の締約国）したかについて記載します。

　この事例の場合、原産地規則を満たすことを確認するために作成した証明資料に基づいて、第4欄のCTC（関税分類変更基準）を満たすこと、すなわち、すべての非原産材料のHS番号と産品のHS番号との間に特定のHS番号の変更があることを確認できる事実として、

「＜製造工程＞
　タイの工場にて、次の材料を使用して製造する。
　・いちご（第8類）・・・ラオスの原産材料（完全生産品）
　・砂糖（第17類）・・・非原産材料
　・レモン果汁（第20類）・・・中国の原産材料（中国にて第8類のレモンから搾汁）
　・ペクチン（第13類）・・・非原産材料
　非原産材料を使用し生産した本品は、第20.07項の品目別規則のうち、「CC」（類変更）を満たしていることから、RCEP協定上のタイの原産品である。」

農産品

338 第4章　農産品

図表4−45　RCEP：イチゴジャム（原産品申告書）

＜原産品申告書の記載例＞

Declaration of Origin 原産品申告書
（Regional Comprehensive Economic Partnership Agreement 地域的な包括的経済連携協定）

1. Unique reference number　固有の参照番号 59CUS0058792	2. Authorization code (in the case of approved exporter) 認定番号 (認定された輸出者の場合)

3. Exporter's name, address (including country) and contact (phone or email address)
輸出者の氏名又は名称、住所 (国名を含む)、連絡先 (電話番号又は電子メールアドレス)
Thai Fruits co.,ltd.　　XXXXXXX Bangkok Thailand
XXXXXXX@thai.co.th

4. Producer's name, address (including country) and contact (phone or email address), if known
生産者の氏名又は名称、住所 (国名を含む)、連絡先 (電話番号又は電子メールアドレス) (判明している場合)
Same as above

5. Importer's or consignee's name, address (including country) and contact (phone or email address)
輸入者又は荷受人の氏名又は名称、住所 (国名を含む)、連絡先 (電話番号又は電子メールアドレス)
Customs Corporation 2-7-68, Kaigan, Minato-ku, Tokyo, JAPAN　03-3456-XXXX　XXXXXX@customs.co.jp

No.	6. Description of the goods , Invoice numbers and date of invoice 産品の品名、仕入書番号・日付	7. HS Code (6-digit level, HS2022) 関税分類番号 (6桁、HS2022)	8. Origin Conferring criterion 原産性の基準	9. RCEP country of origin RCEP原産国	10. Quantity and value (FOB) where RVC is applied 数量及びFOB価額
1	Strawberry jam ABC01234 20 March 2024	2007.99	CTC	Lao PDR*	1,500 kg

11. Remarks　その他の特記事項

12. Information on original Proof of Origin (in the case of a back to back Declaration of Origin)
最初の原産地証明に関する情報 (連続する原産地申告の場合)

13. The undersigned hereby certifies that the above details and statements are correct and that the goods specified in this Declaration of Origin meet all the relevant requirements of Chapter 3 (Rules of Origin) in the Regional Comprehensive Economic Partnership Agreement. These goods are exported from Thailand (exporting country) to _____ (importing country).
私は、上記の情報が正確であること及びこの申告に記載された産品が地域的な包括的経済連携協定第3章 (原産地規則) に定める全ての関連する要件を満たしていることを証明します。これらの産品は (輸出締約国) から (輸入締約国) に向けて輸出されます。

Date of Declaration 作成年月日：　31 March 2024
Name of the certifying person 作成者の氏名又は名称：　Customs Corporation
Name of the agent of the certifying person 代理人の氏名又は名称：
Address of the agent of the certifying person 代理人の住所：
Signature 作成者の署名(日本への輸入の場合には不要)：

The certifying person　（☐Approved exporter、☐Exporter、☐Producer、☑Importer）
本原産品申告書の作成者　　認定された輸出者　　輸出者　　生産者　　輸入者

出典：税関ホームページ（「自己申告制度」利用の手引き〜RCEP協定〜）

ステップ6：原産地証明の作成　**339**

図表4−46　RCEP：イチゴジャム（原産品申告明細書）

＜原産品申告明細書の記載例＞

原産品申告明細書
（RCEP協定）

1. 仕入書の番号及び日付
ABC01234 2024年3月20日

2. 原産品申告書における産品の番号	**3. 産品の関税分類番号**
1	2007.99-111

4. 適用する原産性の基準
☐WO　☐PE　☑CTC　☐RVC・☐CR　☐DMI　☐ACU

5. RCEP原産国
ラオス（RCEP協定第2.6条6 6（a）に基づく最高税率適用国）

6. 上記4. で適用した原産性の基準を満たすこと及び上記5. のRCEP原産国の決定に関する説明
＜製造工程＞
タイの工場にて、次の材料を使用して製造する。

・いちご	第8類	ラオスの原産材料（完全生産品）
・砂糖	第17類	非原産材料
・レモン果汁	第20類	中国の原産材料（中国にて第8類のレモンから搾汁）
・ペクチン	第13類	非原産材料

　非原産材料を使用し生産した本品は、第20.07項の品目別規則のうち、「CC」（類変更）を満たしていることから、RCEP協定上のタイの原産品である。
　本品の原材料であるいちごはラオスで栽培されたものであることからラオスの原産材料（完全生産品）である。また、レモン汁は中国において品目別規則（第2009.89号）に定める「CC」（類変更）を満たしていることから中国の原産材料である。産品の生産にラオス及び中国の原産材料が使用されていることから、協定第2.6条6（a）に該当する締約国はラオス又は中国である。
　上記事実は別添の材料一覧表によって確認することができる。

最初に、産品がRCEP上、輸出締約国の原産品と認められるかを確認する。その次のステップとして、輸出締約国が「RCEP原産国」かどうか決定するために「税率差ルール」を適用する。

7. 上記6. の説明に係る証拠書類の保有者
☐生産者、☐輸出者、☑輸入者

8. その他の特記事項

9. 作成者　氏名又は名称及び住所又は居所
税関商事株式会社　東京都港区海岸2−7−68

（代理人の氏名又は名称及び住所又は居所）

作成日：2024年3月31日

※WO：完全生産品、PE：原産材料のみから生産される産品、CTC：関税分類変更基準、RVC：付加価値基準（域内原産割合）、CR：加工工程基準（化学反応）、ACU：累積、DMI：僅少の非原産材料

農産品

出典：税関ホームページ（「自己申告制度」利用の手引き〜RCEP協定〜）

340 第4章　農産品

を記載します。さらに、RCEP原産国の決定に関する説明として、

> 「本品の原材料であるいちごはラオスで栽培されたものであることからラオ
> スの原産材料（完全生産品）である。また、レモン汁は中国において品目別規
> 則（第2009.89号）に定める「CC」（類変更）を満たしていることから中国の原産
> 材料である。産品の生産にラオス及び中国の原産材料が使用されていること
> から、協定第2.6条6（a）に該当する締約国はラオス又は中国である。」

を記載します。

　この事例のイチゴジャムは、特別ルールの該当品目であり、輸出締約国であ
るタイにおける付加価値が産品の価額の総額の20％以上であれば「RCEP原産
国」はタイとなり、20％未満の場合には、「RCEP原産国」は最高価額の原産材料
提供国となります。

　この事例の場合、原産品申告書の作成者が「RCEP原産国」の決定に必要な情
報（すなわち、タイにおける付加価値の情報）を有していないため、「RCEP原産
国」に代わってRCEP第2.6条6に基づく最高税率の適用国を記載することがで
きます。そのうち、(a)に規定される、生産に関与した締約国に適用する税率の
うち最高税率を記載する場合には、国名に「*」を、(b)に規定される、すべての
締約国に適用する税率のうち最高税率を記載する場合には、国名に「**」を付け
ます。この事例の場合、ラオスと中国が生産に関与していますが、適用される
税率はどちらも同じであることから、原産品申告書には、「RCEP原産国」とし
てラオスを記載し、「*」が付けられています。

　この事例では、原産品申告明細書に記載された事実を裏付ける関係書類とし
て、材料一覧表及び製造工程表を添付します（**図表4－47**）。

図表4-47　RCEP：イチゴジャム（関係書類）

<関係書類の例>

材料一覧表

	材料名	HSコード	備考
①	いちご	08	ラオス産
②	砂糖	17	
③	レモン果汁	20	中国産
④	ペクチン	13	

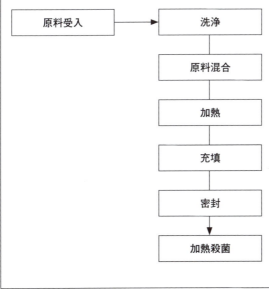

製造工程表

原料受入 → 洗浄 → 原料混合 → 加熱 → 充填 → 密封 → 加熱殺菌

出典：税関ホームページ（「自己申告制度」利用の手引き～RCEP協定～）

ステップ７：日本又は相手国での輸入手続（EPA特恵税率の適用の要求）

ステップ８：証明書類の保存

ステップ９：輸入国税関の事後の確認（輸入事後調査、輸入国税関からの検証）への対応

　ステップ７〜ステップ９については、第１章「機械類」及び第２章「繊維・繊維製品」で説明した内容が、農産品についても同様に適用されますので、そちらをご参照していただければと思います。

　なお、ステップ９（輸入国税関の事後の確認（輸入事後調査、輸入国税関からの検証）への対応）に関して、日本税関は、事後の確認等により、EPA特恵税率の適用対象となる原産品ではないことが明らかになった事例（非違事例）を税関ホームページに公表していますが、その半数以上は農産品が占めており、参考としてください。

（注）
1　日ベトナムEPAに基づく譲許表
　（https://www.mofa.go.jp/mofaj/gaiko/fta/j_asean/vietnam/pdfs/fuzoku01.pdf）
2　日アセアンEPAに基づく譲許表
　（https://www.mofa.go.jp/mofaj/gaiko/fta/j_asean/pdfs/ajcep_k1.pdf）
3　CPTPPに基づく譲許表
　（https://www.cas.go.jp/jp/tpp/tppinfo/kyotei/tpp_text_yakubun/pdf/160308_yakubun_02-3.pdf）
4　RCEPに基づく譲許表（https://www.mofa.go.jp/mofaj/files/100129081.pdf）
5　税関ホームページ「経済連携協定（EPA/FTA等）：ステージング表」（EPA等のステージング表（日本側関税率一覧）へのリンク
　（https://www.customs.go.jp/kyotsu/kokusai/gaiyou/chui.htm）
6　税関ホームページ
　（https://www.customs.go.jp/kyotsu/kokusai/seido_tetsuduki/wariate.htm）
　農林水産省（https://www.maff.go.jp/j/kokusai/boueki/index.html）

ステップ9：輸入国税関の事後の確認（輸入事後調査、輸入国税関からの検証）への対応　**343**

7　ただし、日シンガポールEPAの観賞用の魚（こい及び金魚を除く）、日ペルーEPA
　　の一部の魚種等、日EU・EPAの大西洋マグロ（トゥヌス・ティヌス）については、一
　　定条件・期間の成育等によって原産品としての資格が与えられる扱いとなってい
　　ますので、各EPAの規定を詳しくお読みください。

8　「累積」及び「十分な変更とはみなされない作業又は加工」については機械類と同
　　様の規定が適用されますので、第1章「機械類」での説明をご参照下さい。

9　求められる資料の詳細は、「申請手続における提出書類等の例示と留意事項（農林
　　水産品編）」（経産省ホームページ）をご参照下さい。

10　当該事例研究については、日本関税協会ホームページ（賛助会員専用ページ）：
　　原産地規則オンライン説明会「【輸出編】CPTPP自己申告制度利用方法の紹介（食料
　　品）」を参照しています。

11　CPTPP第3.2条（原産品）（c）（品目別規則を満たす産品（第三基準））で「一又は二以
　　上の締約国の領域において非原産材料を使用して完全に生産される産品であって、
　　附属書3-D（品目別原産地規則）に定める全ての関連する要件を満たすもの」と規定
　　されています。詳細については、「基礎から学ぶ原産地規則」（日本関税協会発行）を
　　ご参照下さい。

12　RCEP附属書Ⅰ（関税に係る約束の表）の付録（第2.6条（関税率の差異）3の規定に
　　関する付録）参照

農産品

＜著者紹介＞

長谷川 実也
Jitsuya Hasegawa

（公財）日本関税協会 教育・セミナーグループ部長、元長崎大学経済学部教授、青山学院大学経営学部客員教授、WCO認定専門家（基準の枠組み）。我が国最初のEPAである日シンガポールEPA交渉に従事して以降、長年にわたり原産地規則に関する国際交渉、政策の策定及び税関における執行に従事し、また、研究者としての立場で原産地規則に係る論文を多数執筆。在米国大使館一等書記官、インドネシア財務省（JICA専門家）、東京税関業務部総括原産地調査官、財務省関税局関税課原産地規則専門官、横浜税関調査部長、長崎大学経済学部教授等を経て、2019年東京税関調査部長を歴任。2020年10月から現職。

尾本 薫
Kaoru Omoto

貿易・通関コンサルタント、関税協会客員講師、国連環境計画（UNEP）在ジュネーブ事務局アドバイザー、WCO認定専門家（HS関税品目分類）。WCO事務局での2回（延べ10年間）の勤務も含め、20年超にわたりHS関税品目分類の適用・見直し等に従事。特に、2022HSでは、WCO貿易関税局にてHS改正マネジャーとして、品目表改正文、関税率表解説、国際分類例規及び相関表の作成責任者。財務省関税局関税分類調査官、国際協力専門官、名古屋税関業務部長を経て、2014年～2021年WCO関税貿易局（HS分類担当上級テクニカル・オフィサー）、2021年夏から個人事業主として開業。

原産地規則と品目分類
―HS番号の確定から原産地証明書類の作成・保存まで―

2025年3月24日発行　ISBN 978-4-88895-528-7

発行所　公益財団法人 日本関税協会

〒101-0062 東京都千代田区神田駿河台3-4-2
日専連朝日生命ビル6F
https://www.kanzei.or.jp/

© Jitsuya Hasegawa, Kaoru Omoto 2025 Printed in Japan

本書の全部または一部を無断で複製・転載すること等は、著作権法上の例外規定を除き、禁じられています。複製・転載等をする場合は、あらかじめ当協会あてに許諾をお求め下さい。